예수의 콤플렉스

예수의 콤플렉스

2011년 6월 30일 초판 1쇄 펴냄

펴낸곳 (주)도서출판 **삼인**

지은이 송상호
펴낸이 신길순
부사장 홍승권
편집 김종진 오주훈 양경화
마케팅 이춘호 한광영
관리 심석택
총무 서장현

등록 1996.9.16. 제 10-1338호
주소 121-837 서울시 마포구 서교동 339-4 가나빌딩 4층
전화 (02) 322-1845
팩스 (02) 322-1846
전자우편 saminbooks@naver.com
홈페이지 www.saminbooks.com

표지디자인 (주)끄레어소시에이츠
제판 스크린그래픽센터
인쇄 영프린팅
제책 성문제책

ISBN 978-89-6436-031-6 03230

값 14,000원

예수의 콤플렉스

송상호 지음

삼인

세계 4대 성인 중 한 명인 예수에게 콤플렉스가 있다니. 적어도 기독교인들에겐 이런 불경스러운 책이 또 있을까. 허접한 논리로 기독교를 까부수자는 심사가 아니라면, 기독교에 무슨 억하심정을 가진 안티가 아니라면 어찌 이런 종류의 책을 쓸 수 있을까. 그것도 명색이 개신교의 '목사'라는 타이틀을 가진 사람이.

책 제목을 보고 얼마든지 이렇게 이야기할 수 있다. 또는 책 내용을 보고도 마찬가지다. 하지만 나의 입장에서 이 책을 쓰면서 두 가지를 기대해 보고자 한다.

첫째, 이 책을 읽고 나면 기독교를 포함한 종교 등과 멀어지는 게 아니라 오히려 친근해질 거라고 기대해 본다. 이 책을 편견이 아닌 열린 마음으로 찬찬히 보기만 한다면 말이다. 멀게만 느껴졌던 기독교의 교조 예수뿐만 아니라 다른 종교들의 교조들을 바라보는 시선들이 달라질 것이다. 자신과 연관성이 없이 대단하게만 느껴졌던 성인들이 어느새 친구가 되어 있을 수 있다.

이 글을 썼던 나 자신 또한 예수에 대한 가치관, 즉 '예수관'이 변해 왔다. 이른바 모태 신앙인이었던 나는 어렸을 적엔 예수를 하느님의 아들이라고 배웠다. 하늘에 사는 아주 고귀한 분으로서 근접할 수 없는, 그러나 나를 위해 십자가에서 돌아가신 아주 성스러운 분으로 마음에 담아 왔었다.

그러다가 19세 무렵, 가정 형편이 어려워 고등학교를 그만두고 사회에서 방황하다 예수를 만났다. 고민하던 나에게 예수는 "상호야, 내가 너를 위해 십자가에서 죽지 않았니. 힘내라. 내가 너를 사랑한다"며 용기를 주었다. 내면으로부터 그 목소리를 듣는 순간 너무나 기뻤다. 아직 어둑어둑한 그날 새벽, "상호야 축하한다. 내가 만날 분을 만났구나"라며 환하게 웃어 주던 보름달의 미소는 30년이 다된 지금도 아주 쌩쌩하다. 그 후 거리를 걸었더니 세상이 그렇게 깨끗해 보였고, 사람들이 모두 천사 같다는 느낌에 꽉 찼었다. 이런 기분이 한 달 정도 이어졌다.

그 경험 이후로 나의 성격과 삶이 송두리째 변해 갔다. 알 수 없는 기운에 의해서. 적어도 나에겐 천지개벽하는 체험이었다. 이 책에서 다루는 콤플렉스 측면에서 본다면, 예수를 만난 그 사건 이후로 콤플렉스와의 화해가 이루어졌다고 할 것이다. 콤플렉스가 더 이상 나에게 약점이 아니라 오히려 강점으로 승화되었다고나 할까.

그 후로 예수는 나의 친구였고, 동반자였고, 주님이었다. 그에 대한 노래, 특히 '십자가 은혜'를 담은 노래는 감동으로 다가왔다. 교회 노래 중 "나의 사랑 나의 생명 나의 예수님, 영원토록 정성 다해 사랑합니다"라는 노래를 부를 때면 눈물을 흘리곤 했다.

말 그대로 예수는 내가 살아갈 이유였고, 목적이었고, 방식이었다. 예수를 믿는다는 것은 곧 예수를 따른다는 것이라고 확신했기 때문이다. 예수를 따른다는 것은 예수의 정신, 예수의 마음, 예수의 가치관, 예수의 방식을 닮아 간다는 것이라고 깨달았기 때문이다.

하지만, 조금씩 예수에 대한 나의 생각에 빈틈이 생기기 시작했다. 잡식성을 가진 나의 '독서열' 때문이었다. 개신교 신학자인 폴 틸리히(Paul Tillich)를 만나면서 '어쩌면 내가 만난 예수는 기독교만의 경험이 아니라 인류 보편의 경험일 수 있겠다'는 마음이 들었다. 내가 그토록 찬양했던 하느님은 기독교만의 신이 아니라 인류 보편의 '존재의 근원, 존재의 뿌리'일 수 있겠다는 생각이 들었다. 그런 생각의 빈틈들이 나로 하여금 불교, 이슬람교, 유교를 포함한 동양 사상 등의 서적에 손이 가게 했다.

그 후 노자의 『도덕경』을 만나며 무릎을 쳤고, 장자를 만나면서 기쁨을 느꼈다. 공자를 만나면서 '아하'라는 즐거움이 있었고, 맹자를 만나면서 '그래 맞아'라는 공감으로 웃었다. 이슬람교 서적들을 만나면서 '이슬람교에 대한 편견이 우리에게 참 많구나'라는 깨달음으로 의기양양했다. 무엇보다 불교 서적들은 나의 마음을 설레게 했다. 마치 예전에 예수를 만나서 매일 데이트 하는 마음으로 살았던, 바로 그 마음이었다. 사실 두 마음 사이에 무슨 차이가 있을까.

이런 이유들로 인해 예수는 나에게 주관적인 존재에서 객관적인 존재로 자리 잡아 가고 있었다. 내가 예수를 특별하게 생각하는 것은 어렸을 적부터 알았기에 그랬을 뿐이라는 것이다. 만약 똑같은 이유로 불교를 먼저 만났다면, 나의 주님은 석가였으리라.

이제 나에게 기독교는 '친정'이다. 지인들을 만나면 나는 당당하게 그렇게 이야기한다. 내가 아무리 기독교와 예수를 부인하려 해도, 나의 기본 정서와 가치관이 예수와 연관 있음을 부인할 수 없다. '기독교 출신'이라는 것은 나의 평생 꼬리표다. 한땐 기독교를 나에게서 지울까도 생각했지만, 이젠 아무 갈등 없이 내 안에서 잘 살고 있다. '친정'을 떠나 '시집'을 사는 것이 자연스럽고, 그 후로도 서로 왕래하는 것이 자연스러운 일이듯.

그러다가 심리학자 카를 융(Carl Jung)을 만나면서 예수에 대한 나의 생각은 또 달라졌다. 융이 제시한 '개성화의 길, 대극 통합의 길' 등은 예수를 다르게 보게 만들었다. 예수가 갔던 길과 내가 가야 할 길은 엄연히 다르다는 것을. 똑같은 논리로 석가가 갔던 길과 공자가 갔던 길과 나의 길은 다르다는 것을. 그들은 그들만의 길을 갔고, 나는 나만의 가야 할 길이 있다는 것을. 예수가 오롯이 자신만의 길을 갔던 것처럼, 나는 나만의 길을 가는 것이라는 것을. 그런 면에서 예수는 좋은 본을 보인 인류의 스승이며, 나의 스승이라는 것을.

사실 나의 생각이 앞으로 또 어떻게 달라질지 나는 장담할 수 없다.

하여튼 독자들이 이 책을 읽으면서 나의 이러한 깨달음과 만나지 못한다 할지라도, 적어도 예수의 길이 평범한 우리와 다를 바 없다고 느껴진다면 그것으로 족하다.

둘째, 이 책을 통해 예수를 보는 것이 아니라 사실은 자기 자신을 만나게 될 것이라고 기대해 본다.

예수의 콤플렉스, 석가의 콤플렉스, 공자의 콤플렉스, 마호메트의 콤플렉스라는 말들은 결국 성인이나 범인이나 콤플렉스가 있긴 마찬가지라는 의미를 내포하고 있다. 그것은 그들이나 우리 자신이나 별반 다를 게 없는 '사람'이라는 점에서 만나게 된다.

그것은 왜일까. 사실 사람들은 예수를 통해서 자신을 보고 만나게 되는 것이다. 예수의 이야기가 감동스럽고, 기쁘고, 때론 화나고 괴로운 것은 바로 이 때문이다. 인간 모두는 예수에게 관심이 있는 것이 아니라 실은 자신에게 관심이 있는 것이다.

성인들이라 함은 콤플렉스를 어떤 식으로든 극복한 사람들이다. 좀 더 정확하게 말하면 그런 콤플렉스와 화해한 사람들이 바로 그들이다. 좀 더 고상하게 말하면 그런 콤플렉스를 승화시킨 사람들이다. 어떤 면에선 평범한 사람보다 더 콤플렉스가 심하고 강도가 높은 사람들이라 할 수 있다. 그렇기에 한 사람에게 콤플렉스를 완전하게 없앨 수는 없다. 왜냐하면 그와 콤플렉스는 둘이 아니기 때문이다. 콤플렉스를 없앤다고 하는 것은 어쩌면 자기 자신을 없애는 것이라 말할 수 있다.

이렇듯 우리는 이 책을 통해서 자신의 콤플렉스와 대면하게 될 것이다. 예수가 걸었던 '콤플렉스의 길'을 따라 우리 자신의 콤플렉스와 손잡고 거닐게 될 것이다. 예수가 어떻게 콤플렉스와 싸워 나갔고, 화해해 나갔는지를 보면서 우리 자신이 가야 할 길을 가늠해 낼 것이다.

그런 면에서 콤플렉스가 있다고 하는 것은 약점일 수도 있지만, 오히려 강점이 된다. 콤플렉스는 평생 그에게 있어서 그의 삶을 이끌어 가는 에너지가 된다. 어쩌면 성인들의 콤플렉스가 없었다면 성인 예수, 부처, 마호메트, 공자는 없었다. 콤플렉스가 성인들을 만들어 냈다고 할 수 있다. 마찬가지로 콤플렉스는 우리 속에서 오늘도 숨 쉬면서 우리를 만들어 가고 있는 것이다.

헤르만 헤세는 『데미안』이란 소설에서 "모든 인간의 일생은 자기에 도달하는 길, 자기실현의 길이다"라고 했다. 그런 면에서 앞으로 만날 '예수의 콤플렉스' 이야기는 예수의 이야기가 아니라 나의 이야기며, 너의 이야기며, 우리의 이야기다.

2011년 5월 안성 '더아모의집'에서
일해 두 손 모음

1. 예수에게도 콤플렉스가 있는가

내재과거아와 콤플렉스

미국 오하이오 주립대학교 의과대학 교수와 미국 정신신경의학회의 전문의를 지냈던 W. 휴 미실다인(W. Hugh Missildine). 그는 심리학 분야, 특히 내재과거아 분야에서 탁월한 심리학자다. 그는 메릴랜드 주 볼티모어 시에 소재한 존스홉킨스 병원에서 정신과 의사로서 수련을 쌓았다. 9년 동안 오하이오 주 콜럼버스 시의 어린이정신건강센터의 책임자로 일했으며, 이곳에서 성인의 정서적인 문제들에 대한 새로운 접근을 구상하게 되었다. 그는 미국 내 수천 명의 의사들에게 매달 배포되는 『감정과 그 의학적 중요성』이라는 잡지의 편집인으로 일하면서 이 책에 나오는 개념들을 자주 발표하기도 했다. 앞으로 소개될 그의 불후의 명저 『몸에 밴 어린 시절』은 그의 오랜 임상 경험과 탄탄한 이론이 바탕이 된 책이다. 우리는 이 책을 통해 콤플렉스가 어떻게 우리에게 그토록 질기게 남아 살아 움직이는지를 발견하게 될 것이다.

"누군들 자기 인생이 맘에 들까"

　　　　　　2008년 KBS 2TV에서 방영한 〈엄마가 뿔났다〉라는 주말연속극이 있다. 이 드라마에서 주인공으로 나오는 김한자(김혜자 분)가 자신의 큰딸 나영수(신은경 분)가 아이가 딸린 유부남과 사귀는 걸 확인하고 돌아오는 길거리에서 내뱉는 독백 대사가 있다. 이른바 명대사다. "누군들 자기 인생이 맘에 들까." 그녀가 그렇게 말하는 데는 그만한 이유가 있다. 그녀는 시집와서 40년 동안 홀시아버지를 모셨고, 딸 둘에 아들 하나를 건사했으며, 자신의 시누이(강부자 분)와 그녀의 딸과 함께 살았다. 그렇게 대가족을 뒷바라지만 하던 그녀에게 자녀들이 결혼하면 괜찮을까 싶었는데, 맏딸은 유부남과 결혼하려 하고, 작은딸은 부자 사위와 결혼하는 과정에서 마음고생이 심하고, 아들은 결혼도 하기 전에 연상의 여인 사이에서 아기가 생기는 등 악재가 겹친다. 이런 일들을 겪으면서 그녀가 한숨을 쉬며 내뱉은 대사였다.

　조금만 관심 가져 보면 사실 그녀가 내뱉은 말은 당시 자신의 모습을 한탄했다기보다는 자신의 과거사를 두고 한탄한 것이다. 표면적으로는 고되고 힘들었던 시집살이를 한탄한 것으로 보이지만, 사실은 그녀의 어린 시절과 엮어져 있다. 왜 그녀는 고생할 줄 알면서 대가족에 시집갔을까. 대가족이 있어도 자신이 수발하는 입장에 서지 않고 얼마든지 자신도 대접받는 자리에 설 수도 있다. 세상의 엄마들이, 며느리들이 모두가 희생적이고 헌신적이지 않다. 그럼에도 그녀는 그렇게 했다. 그것은 바로 그녀의 어린 시절과 연관지어서 설명할 수밖에 없다. 예컨대 고아로 커서 대가족이 좋았다든지, 아니면 역으로 대가족에서 자랐기에 대가족 분위기가 좋아서 등이다.

　마찬가지로 우리는 살아가면서 이런 내적 갈등과 충돌을 수시로 만나게 된다. 좀 더 잘하고 싶고, 좀 더 잘되고 싶지만, 어느 순간 자신도 모르게 지금의 모습을 하고 있는 자신을 발견하게 된다. 놀라기만 하면 다행이지만, 뭔가 엉망이 되어 버린 느낌은 자신을 우울하게 만들거나 분노하게 한다. 어디에서부터 단추를 잘못 끼웠는지, 어디서부터 뒤틀렸는지 몰라서 어안이 벙벙할 때가 있다. 때로는 그 문제점을 발견했다 할지라도 뜻대로 되지 않는다. 뭐가 잘못된 걸까. 그래서 우리는 '엄마가 뿔난 것'처럼 "난들 이러고 싶었을까, 난들 내 인생이 다 맘에 들까"라며 막막한 벽에 부딪치게 된다.

결혼할 때도 두 명이 아닌 네 명이 하는 이유

　　　　　　　이러한 현상들을 선명하게 설명해 주는 심리학자가 바로 휴 미실다인이다. 그는 그의 저서 『몸에 밴 어린 시절』에서 "때때로 우리는 이렇게 말하는 경우가 있다. '내가 생각하는 방식과 내가 느끼는 방식이 전혀 딴판이다.' '나는 진정으로 바라지 않을 때도 왜 이런 식으로 행동하고 마는가.' 이런 말은 과거의 어린 시절과 성인이 된 지금의 안목이 마찰을 빚을 때면 예사롭게 들을 수 있는 불만이다"[1]라는 사례를 들면서 내재과거아의 세계로 우리를 초대한다.

그는 이러한 갈등과 고민이 바로 내재과거아와 현재 자아의 충돌에서 기인한다고 보았다. 우리는 끊임없이 자신의 성장과 발전을 바라며 앞으로 나아가려 하지만, 잊을 만하면 우리의 발목을 잡는(?) 존재가 우리 안에 있다는 것이다.

---

1) W. 휴 미실다인, 이석규 옮김, 『몸에 밴 어린 시절』(가톨릭출판사, 2005), 27쪽.

휴 미실다인은 "당신의 어린 시절에는 무슨 일이 일어났던가? 그 시절은 아예 죽어 버렸는가? 당신은 어린 시절의 탈을 벗어 버렸으며, 낡아 빠진 장난감이나 덧버선이나 썰매를 치워 버리듯 어린 시절도 치워 버렸는가? 당신은 어린 시절을 유기했는가? 아니면 어느 순간엔가 잊어버렸고, 결국에는 완전히 망각해 버렸는가?"[2]라고 우리에게 도발적인 질문을 던진다. 우리가 지금 살기에 너무 바빠서, 또는 앞으로 살아갈 일을 도모하는 데 너무 바빠서 우리 자신 안에 있는 또 다른 자신을 망각하느냐고 묻고 있다.

그는 "지난날의 어린 시절은 그 시절의 모든 감정이나 태도들과 더불어 우리의 삶이 끝나는 날까지 실질적으로 이어지고 있다. 어른이 된 지금 당신에게는 그러한 감정이 바람직스럽지 않고 또한 납득조차 가지 않는 것처럼 보일지는 모르겠으나 어릴 적에는 그것도 특별히 당신의 어린 시절과 당신이 살아온 정서적 분위기 속에는 그러한 감정이 싹트게 된 그럴 만한 이유가 있었던 것"[3]이라며 망각하는 우리를 일깨우고 있다. 분명히 보았는가. 지난날의 어린 시절의 감정과 태도가 실질적으로 이어지고 있다는 것을. 말 그대로 실질적이다.

우리는 이러한 사실을 놓치고 산다. 고의로든 몰라서든 부인하려 한다.

하지만 휴 미실다인은 "우리의 문화에 있어서 어린이와 관련해서 가장 강력하고 가장 일반화된 태도는 어느 시점에 이르면 당신은 더 이상 어린이가 아니며 그 이후부터 줄곧 어른이라는 생각이다. 그런데 이런

---

2) 위 책, 16쪽.
3) 위 책, 24쪽.

태도는 정서적 성장 및 발달이라는 사실과는 완전히 반대되는 것으로서, 이로써 갖가지 혼란과 때로는 엄격성 및 성인 생활에서 불필요한 자기 멸시를 초래하게 된다"[4]라며 우리에게 상담을 해 온다. 그에 의하면 우리는 어른이 되더라도 결코 철부지한 면이 사라지지 않는다는 것이다.

그는 계속해서 "우리는 어린 시절이 몸에 밴 나머지 성인 생활을 통해서도 우리가 소아기에 누렸던 가정의 분위기에서 생활하고자 끈질기게 노력하게 된다"[5]는 사실을 주지시킨다. 보았는가. 어릴 적 가정의 분위기를 그냥 누리려는 정도가 아니라 끈질기게 노력하기조차 하는 우리의 모습을. 우리가 그렇게 하는 이유를 "그렇게 해야 친숙함에서 오는 안정감을 가진다. 그것을 우리는 현실이라고 규정지으며 평생 거기에 적응시켜 나가고자 한다"[6]라고 진단해 준다. 그렇게 해야 친숙하고 안정감을 느끼기 때문이란다. 한마디로 편하다는 것이다. 시쳇말로 "고기도 먹어 본 놈이 잘 먹는다"는 이야기와 상통한다. 현재 '고기를 잘 먹고 좋아하는 것'은 어릴 적 고기를 먹어 본 바로 그 자신이 좋아하기 때문이다. 그에게 있어서 지난 경험은 지나간 과거가 아니라 바로 지금 현재인 것이다. 그래서 휴 미실다인은 "내재과거아를 탈피해 버렸거나 혹은 너무 나이든 나머지 그 시절의 의미가 없게 되어 버린 사람은 아무도 없다"[7]라고 과감하게 선언한다.

휴 미실다인은 이 책에서 결혼도 네 사람이 하는 것이라는 놀라운

---

4) 위 책, 40쪽.
5) 위 책, 27쪽.
6) 위 책, 29쪽.

사실을 세상에 알리고 있다. 그에 의하면 "우리 각자는 자기 안에 내재과거아를 지니고 있기 때문에 네 사람이—두 사람이 아니다—서로에게 순응할 것을 요청한다"[8]는 것이다. 한 쌍의 커플이 결혼을 하게 되면 4명이 살게 된다는 것이다. 말하자면 남자 쪽의 현재 자아와 내재과거아 2명과, 여자 쪽의 현재 자아와 내재과거아 2명이라는 이야기다. 커플은 처음 만났을 때는 현재 자아만을 서로 보게 되고, 그 자아와 데이트를 한다. 하지만, 결혼해서 같이 부대끼게 되면 사정은 다르다. 연애할 때 보지 못했던 면이 보이기 시작한다. 그렇다. 그게 바로 내재과거아, 특히 부정적인 내재과거아다. 물론 연애할 때 보았던 내재과거아는 적당히 포장된 장점만을 서로가 공개했고, 또 소위 콩깍지가 씌어서 달콤한 내재과거아만을 보았다. 연애할 때는 그런 부정적인 내재과거아를 본다고 할지라도 문제는 없었다. 하지만 결혼하면 두 명이 아니라 네 명이라는 사실을 부정할 수 없게 된다.

내재과거아, 최고의 공급자는 부모

휴 미실다인은 자신의 오랜 정신과 의사 경험을 통해 수많은 정신과 환자들을 만났다. 그는 자신의 경험을 통해서 확신 있게 말한다. "성인 환자들도 역시 자기가 성장하면서 영향 받았고 계속적으로 자신에게 적용시켜 온 자기네 부모들의 태도와 아직까지도 씨름하는 모습을 관찰할 수 있었다. 이러한 태도는 자기네 부모가 곁에서 더 이상 강요하지 않음에도 불구하고 여전히 맹위를 떨치고

---

7) 위 책, 29쪽.
8) 위 책, 64쪽.

있음은 말할 필요조차 없었다. 그러면서 그들은 어린 시절에 대응했던 그런 태도로써 계속해서 대응하고 있었다. 이렇게 볼 때 내재과거이란 개념은 성인 생활에서도 살아 있어 발전해 온 것이다"[9]라고. 그는 그의 성인 환자들이 지금도 아주 실제적으로 과거 자신의 부모들의 태도와 싸우고 있음을 발견한 것이다. 그러면서 공간적으로(결혼, 분가 등)나 시간적으로(사별) 자신의 부모의 영향권에서 벗어났다고 보이는 사람조차도 예외가 없었다. 소위 정신질환자일수록 부모의 태도는 더욱 강하게 그의 현재 속에서 되살아난다고 보고하고 있다.

그가 과거 부모의 태도로부터 고통 받는 전형적인 경우를 다음과 같이 소개하고 있다. 그에 따르면 "어린이가 계속해서 이런 소리를 듣다 보면, 결국에는 자신에게 똑같은 방식으로 말하기 시작한다. '너는 못생긴 아이야'라는 말은 '나는 못생긴 사람이다'로 바뀐다. 또한 '너는 어리석고 도무지 쓸 만한 구석이라곤 없는 아이다'라는 말은 '나는 어리석고 도무지 쓸 만한 구석이라곤 없는 사람이다'로 바뀐다. 이렇게 말로 하는 의사 표시는 흔히 말없이 넌더리가 난다는 듯한 부모의 감정을 드러내는 표정이나 몸짓으로 뒷받침된다"[10]는 것이다. 부모의 말과 태도는 고스란히 어린이의 것으로 내면화되어 평생을 간다는 이야기다.

〈우리 아이가 달라졌어요〉라는 SBS의 방송 프로그램이 있다. 그 프로그램에 출연하는 어린이들은 이른바 문제 아동들이다. 부모에게 반항하는 것은 기본이고 주위가 산만하고 물건을 집어 던지며 동생을 때리고 이웃 어른들에게도 막무가내로 폭행을 가하기도 한다. 하지만, 그

---

9) 위 책, 21쪽.
10) 위 책, 59쪽.

프로그램에서 언제나 해답은 똑같았다. 아이에게 문제가 있었던 게 아니라 그 아이를 대하는 부모의 태도에 문제가 있었다는 것을. 부모가, 특히 아이의 엄마가 아이를 대하는 태도를 달리하고부터 해결의 실마리는 있었다. 신기하지 않은가. 프로그램에 나온 그 많은 어린이들이 모두 하나같이 그랬다는 것이. 그런 면에서 사실 그 프로그램 자체가 '우리 아이'가 달라질 수밖에 없는 결정적인 요인을 제공하고 있다. 자신의 가정을 전 국민이 보는 텔레비전 방송 앞에 공개하려고 하는 의지를 품기 시작한 시점부터 부모는 벌써 객관적으로 자기 자신을 바라볼 준비가 되어 있는 것이다. 아이에게 문제가 있는 것이 아니라 자신들의 태도에 문제가 있다는 인식에 눈을 뜨기 시작한 셈이다. 그러니 어찌 '우리 아이'가 달라지지 않을까.

휴 미실다인은 바람직하지 못한 부모들의 태도와 그에 따른 성격 형성의 유형을 아홉 가지로 소개한다. 1) 완전주의 : 물질적·지적·사회적 성취를 위한 한없고, 진지한 지나친 몰두 2) 강압 : 빈둥거리기, 공상, 늑장부리기, 기타 반항들 3) 유약 : 충동적인 행위, 발끈하는 기질, 다른 사람들의 권리에 대한 존중심 결여 4) 과잉보호 : 권태감, 끈기 부족, 개인적인 노력을 기울이기 어려움 5) 심기증 : 비활동과 불참의 구실을 제공하는 건강에 대한 걱정 6) 징벌 : 보복하고자 하는 강한 원망과 적개심 7) 방임 : 불안, 고독, 다른 사람에게 친근감을 느끼기 어려움 8) 거부 : 다른 사람과 자신에게 받아들여지지 않는다고 느낌 9) 성적 자극 : 성의 인격적인 관계에는 불만족하며 육체적인 측면만 강조 등이다. 굳이 이렇게 자세하게 소개하는 이유는 우리가 다음 장에서 만날 예수의 내재과거아와 콤플렉스와 밀접한 관계가 있기 때문이다. 특히 '거부'에 관한 내용은 예수에게 정확히 적용되는 부분이다.

부모 탓만 하기엔 뭔가 찜찜하다

위의 논리대로 하면 자신이 지금 잘못되어 있는 것은 오로지 부모 탓이란 말인가. '잘되면 자기 탓, 못 되면 조상 탓'을 하는 것이 바람직한가. 휴 미실다인은 그렇지 않다고 말한다. 그는 "부모들도 문제를 가지고 있는 평범한 인간이다"라고 못 박는다. 말하자면 부모들도 역시나 내재과거아를 가지고 있고, 실수투성이이고 오류투성이인 평범한 사람이라는 이야기다.

하지만 무엇보다도 휴 미실다인은 "어린이는 청소년으로 성장하면서 점차로 자기 자신에게 부모 노릇을 하게 된다. 그런데 그는 자기 부모가 취하곤 했던 태도—비록 그 태도들이 가혹하고, 고통스럽게 하며, 끊임없이 자기를 깎아내리고 해를 입히는 것이라 하더라도—로써 자신을 대하게 된다"[11]라는 결정적인 이유를 밝혀 준다.

어른이 되어서도 마찬가지다. 그는 "어른들은 자기가 자신에게 부모 노릇을 하게 되며, 자기 자신에게 지시하고 자신을 이끌어 가며, 부모가 자녀에게 하는 식으로 재확인하거나 혹은 자신을 꾸짖기도 한다. 자기 자신에게 부모 노릇을 하는 어른은 어린 시절에 자기 몸에 배였던 부모의 태도를 계속해서 고수하며 성인 생활에서도 변함없이 같은 태도로써 자기 자신을 바라보게 된다. …… 당신은 사실상 자기 자신에게 부모가 되어 가고 있다"[12]라고 넌지시 우리에게 일러 준다. 보았는가. 우리는 사실상 자기 자신에게 부모가 되어 가고 있다는 사실을. 그것도 자신의 부모가 자신에게 대하던 바로 그 태도대로 자신에게 부모

---

11) 위 책, 59쪽.
12) 위 책, 25쪽.

가 되어 간다는 사실을. 더군다나 휴 미실다인에 따르면 부모의 태도를 그대로 답습하는 정도를 넘어서 더 번창하고 강화시켜 나가는 것이 평범한 사람들의 모습이다.

이 책에서 내재과거아를 설명하면서 실제로 중요하게 여기는 세 가지 핵심적인 개념—내재과거아, 자신에 대한 부모 노릇, 상호 존중—중 뒤의 두 개념은 바로 앞에서 설명한 현상들과 밀접하게 맞닿아 있다. 그것은 "자신에 대한 부모 노릇—당신은 당신의 내재과거아에 대해 이미 부모로서 행동하고 있는데, 이러한 태도에 대한 내재과거아의 반응이 때때로 당신이 부딪치는 문제의 원인이 되기도 한다."[13] 또한 "상호 존중은 당신이 당신 자신과 조화를 이루며 살도록 도울 수 있는 원리이다. 이 말은 당신이 자신에 대한 훌륭한 부모로서 당신의 소아기, 즉 내재과거아의 감정들을 존중함을 의미한다. 이 말은 또한 당신이 당신의 내재과거아에게 성인으로서 당신의 삶과 다른 사람들의 권리를 침해하지 못하게 하는 한계들을 받아들이도록 요청함을 의미한다"[14]라고 설명하고 있다.

삶이란, 어린 시절의 반복

휴 미실다인의 내재과거아 이론은 심리학의 거장 에리히 프롬(Erich Fromm)에게도 동일하다. 에리히 프롬은 "어른이 자기 자신을 어린이로 느끼는 상태의 반복이라고 말하고 있는 것이다. 자연에 대해서 사회가 무력한 것처럼 어른으로서의 사회의 구성

---

13) 위 책, 19쪽.
14) 위 책, 61쪽.

원인 개개의 성인에게도 이 어린 시절의 정신 상태가 반복될 수밖에 없다. 그리고 그는 아버지나 어머니에 대한 얼마간의 어린이 같은 사랑과 공포 그리고 얼마간 환상적인 상에 대한 적개심을 하느님에게로 전이시킨다"[15]라고 자신의 입장을 밝히고 있다. 삶이란 결국 어린 시절의 반복이라는 이야기다. 때론 그것이 신에게로 전이되기도 한다는 것이다. 융(Carl Jung)의 심리학을 토대로 저술된 앤 배리 율라노프(Ann Barry Ulanov)의 『종교와 무의식』이라는 책에서도 "종교에서와 마찬가지로 심층심리학에서도 과거는 현재 속에 살아 있다"[16]라고 강조하고 있다.

콤플렉스 차원에서 본다면 "결국 삶이란 콤플렉스의 반복이며, 콤플렉스와의 대화"라고 볼 수밖에 없는 이유다.

예수의 내재과거아

예수는 왜 그렇게 행동하고 말했을까. 성전에서 장사하는 무리의 상을 뒤엎고 채찍질을 하며 화를 냈을까. 종교 지도자들이 자신을 노리는 줄 알고 있으면서도 굳이 율법을 어겨 가며 안식일에 병을 고쳐 주었을까. 부자와 권력자들에게는 왜 그리도 독하게 "화가 있다, 뱀의 자식들아"라고 외쳐 댔을까. 가난하고 소외된 자는 물론 당시의 죄인들과 함께 술도 마시고 음식도 먹으면서 사회로부터 핀잔 받기를 자처했을까.

---

15) 에리히 프롬, 문국주 옮김, 『불복종에 관하여』(범우사, 1996), 285쪽.
16) 앤 배리 율라노프, 이재훈 옮김, 『종교와 무의식』(한국심리치료연구소, 1996), 16~17쪽.

겟세마네 동산에서 그렇게 괴로워했으면서도 굳이 십자가 처형을 거부하지 않고 그것을 받아들이며 고난 받았을까. 다르게 행동할 수도 있었는데 굳이 예수는 왜 그렇게 행동했을까.

예수도 콤플렉스가 있는가

먼저 우리가 짚고 넘어가야 할 명제가 있다. '예수도 콤플렉스가 있다'이다. '모든 사람은 콤플렉스가 있다'는 것에 동의하지 않은 사람은 아무도 없다. 우리가 앞장에서도 살펴보았듯이 모든 사람에게 콤플렉스가 있을 뿐만 아니라 그 콤플렉스는 자신을 창조하는 원동력이자 양질의 자원인 것도 살펴보았다. 그럼에도 '예수도 콤플렉스가 있는가'라고 묻는다. '예수가'가 아니라 '예수도'라는 표현을 쓰게 된다. 우리의 의식 속에, 특히 기독교인들의 의식 속에는 예수는 뭔가 다른 차원의 존재라는 인식이 자리 잡고 있기 때문이리라.

이것은 크게 두 가지 이유가 있다. 첫째로 기독교인들의 감정 문제다. 그것도 예수를 인간이 아닌 신이라고 또는 신의 아들이라고 철저히 믿고 있는 사람들의 감정을 건드리는 행위라고 볼 수 있다. 자신이 신앙하는 거룩한 존재를 비하한다는 생각이 들면 그 후엔 어떤 타당한 논리로 설명을 해도 귀에 들어오지 않을 수 있다. 마치 '사람은 누구나 콤플렉스가 있다'는 객관적인 명제 앞에는 찬성하지만, '당신도 콤플렉스가 있다'는 개인적인 명제 앞에서는 갸우뚱하는 모습과 비슷하다. 아마도 '당신은 바로 그런 심한 콤플렉스가 있다'라고 말하는 사람에게 눈에 쌍심지를 켜고 덤벼들지도 모른다.

마찬가지로 '예수도 콤플렉스가 있다'라고 말하면 신실한(?) 기독교인들은 눈에 쌍심지가 아니라 불을 켤지도 모른다. 예수에게 뭔가 하자가 있다는 표현으로 듣기 때문이다. 사실 그것은 곧 예수가 아니라 자신의 자존심의 문제와 연결된다. 예수를 비하하는 것은 곧 자기 자신을 비하하는 거라고 받아들이기 때문이다. 기독교인들은 은연중에 예수와 자신을 동일시하며 산다. 방어기제 차원에서 보면 기독교인들은 예수라는 영웅을 자신과 동일시하며 사는 사람들이다. 다른 종교도 별반 다르지 않다.

둘째 이유는 좀 더 근본적이다. 그렇게 화를 내는 기독교인들의 심리 기저에 깔린 신관 때문이다. 더 정확히 말하면 '예수관' 때문이다. 예수를 어떻게 바라볼 것인가의 문제로 귀결된다. 기독교인들은 교리에 입각해 신앙 고백을 할 때 "예수는 참신이며 동시에 참사람이시다. 그분은 신이시면서 사람의 몸을 입고 이 땅에 태어난 신의 아들이시다"라고 한다. 이것이 전통적인 기독교인들의 예수관이자 기독교 신앙의 핵심이다. 이 신앙관이야말로 기독교인들을 구원해 주는 열쇠이며, 다른 종교와 구분하는 정수인 것이다.

하지만, 그러한 신앙관이 형성된 역사적인 배경을 보면 생각을 달리할 수도 있지 않을까. 사실 초기 기독교 사회에서만 해도 '예수관'은 그렇지 않았다. 예수가 처음부터 신이나 신의 아들이 아니라 신을 만난 순간부터 신의 아들로 격상되었다고 믿었다. 에리히 프롬은 "양자론이 담고 있는 사상의 핵심은 예수가 처음부터 하느님의 아들이 아니라 하느님이 뜻으로 세운 분명하고 특수한 행위에 의해 하느님의 아들이 되었다는 말이다. 이것은 바로 「시편」 2장 7절의 '너는 내 아들이요. 오늘 내가 너를 낳았도다'는 말씀이 예수가 하느님의 아들로 격상된 사건으로 해석하는 데 인용되고 있는 사실 속에 표현되고 있다"라며 그 사실을 확인해 주고 있다. 그는 이어서 "고대 셈족의 관념에 의

하면 왕은 승계에 의해서든 또는 여기에서처럼 양자 결연에 의해서든 왕위에 오르는 날에는 하느님의 아들이 된다"[17]는 셈족의 풍습을 그 근거로 들었다.

신약 성서에서도 "여러분은 다시 두려움에 이르게 하는 종의 영을 받지 않고 양자의 영을 받았습니다. 우리는 그 영으로 아빠 아버지라고 부릅니다"(「로마서」 8:15)라고 당시의 풍습에 잇대어 설명해 주고 있다. '아빠 아버지'라고 부를 수 있는 사람의 자격은 양자의 영을 받은 사람이었다. 실제로 예수 당시의 사람들 사이에서 양자를 삼는 제도가 성행했다. 이를테면 자식이 없거나, 있어도 다른 사람이 자신의 가업이나 권력을 이을 수 있다고 판단되는 사람을 양자로 삼았다. 사실 그것은 아들이면서 후계자를 삼는 행위였다.

그렇기 때문에 초기 기독교인들은 예수가 신의 양자가 되었다는 개념을 자연스럽게 받아들였다. 에리히 프롬은 "초기 그리스도교 집단이 본 예수상은 한 인간으로서 하느님의 택함을 받고 메시아로 격상되어진 후에 하느님의 아들이 된 분이다. …… 이것은 유대인들이 오랫동안 지녔던 메시아 사상과 비슷한 데가 있다. …… 하나는 예수가 하느님의 아들로 격상되어 전능하신 하느님의 오른 편에 앉게 되었다는 사실이고 다른 하나는 이 메시아는 결코 권세 있는 승리의 영웅이 아니라 고통을 받고 십자가 위에 못 박혀 죽음을 당한 데에 그 의의와 위엄이 있다는 사실이다. …… 죽어야 할 하느님이라는 관념은 전혀 그 배경을 달리하는 근동 지방의 예배 의식과 신화—오리시스, 아티스, 아도

---

17) 에리히 프롬, 앞의 책, 317쪽.

니스—에서도 흔히 나타나 있는 관념이다"[18]라며 초기 기독교인들의 예수관을 설명하고 있다.

하지만 "시간이 지나면서 초기 그리스도 교회에는 인간 예수가 신으로 격상되었다는 양자론이 편만되어 있었다. …… 초기 그리스도교는 권위주의와 국가에 대하여 적대의식을 품고 있었다. 그리고 아버지에 대하여 적대의식을 품고 있던 하류 계층의 소망을 환상 속에서 만족시켰다. 하지만 그 후 예수가 신이 된 것이 아니라 신이 인간 예수로 성육신 했다고 변해 갔다"[19]라며 초기 기독교인들의 예수관이 바뀌어 갔음을 지적한다.

그것은 곧 니케아 공의회의 선언으로 이어졌다. 니케아 공의회는 325년 고대 도시 니케아에서 열린 그리스도교 교회의 첫 번째 에큐메니컬 공의회였다. 이 공의회는 아리우스를 정죄하고, 일부 참석자들의 망설임이 있었으나 성자가 성부와 완전히 동등함을 나타내기 위해 성서에 없는 단어 '호무시오스' — '본질상 같은'이라는 뜻—를 니케아 신조에 포함시켰다.

아리우스는 "성자 예수는 영원한 존재가 아닌, 단지 인간일 뿐이고 성부 하느님에게 종속적인 개념이다"라고 주장하였다. 그의 주장은 아리우스주의라는 초기 기독교 분파로 발전하였다. 당시 그의 주장은 대중적인 인기를 끌고 폭넓게 받아들여졌지만 결국 325년 콘스탄티누스 1세가 직접 주재한 제1차 니케아 공의회에서 이단으로 결정되었다. 지금의 대다수 기독교인들이 믿는 예수는 이 공의회에서 공식적으로 만

---

18) 위 책, 319쪽.
19) 위 책, 340쪽.

들어졌다. 대다수 초기 기독교인들의 '예수관'을 주장했던 아리우스는 이단으로 정죄되어 파문당했다.

예수의 섹스 콤플렉스

그렇다면 예수의 인간성을 부각하는 데 성적인 문제만큼 원초적이고 기본적인 게 또 있을까. 사실 예수의 섹스 콤플렉스를 논하면 기독교인들은 펄펄 뛸지 모르지만, 비기독교인들은 별로 놀랄 것도 없다. 그들에겐 예수가 흠도 없고 점도 없는 신이 아니기 때문이다. 그저 인류의 위대한 위인 중 한 사람이기 때문이다.

나는 나의 책 『모든 종교는 구라다』에서 "이런 내용들을 바탕으로 제작된 SBS 〈신의 길, 인간의 길〉이 방영된 후 시청자 게시판과 인터넷에서의 반응은 뜨겁게 달구어졌다. 수많은 찬반양론의 글들이 있었지만, 그중에서 촌철살인과 같은 하나의 반응을 소개하겠다. '예수를 따르는 사람들에게는 예수가 신일지 모르지만, 예수를 따르지 않는 사람들에게는 예수는 그저 평범한 동네 아저씨가 아닌가'라는 것이다. 말하자면 기독교도들에게는 예수가 반드시 역사적 인물일 뿐만 아니라 나아가서 신적인 존재로 격상되었겠지만, 기독교도가 아닌 사람들에게는 그저 역사에 흘러간 수많은 성인들 중 한 사람이며, 나아가서 그가 실제로 존재하지 않은 사람이었다고 해서 크게 문제될 것이 없다는 것이 아닌가. 말하자면 존재했을 수도 있고 존재하지 않았을 수도 있는 동네 아저씨의 이야기가 예수의 이야기라는 것이다"[20]라며 예수를 이웃 동네 아저씨라고 말한 바 있다.

그 이웃집 아저씨가 고자 콤플렉스가 있다는 주장도 나왔다. 마광수 교수는 "1945년 해방 이후 우리나라에서 최초로 일어난 문학 필화 사건은 1956년 『현대문학』지에 추천 작품으로 발표된 송기동의 소설 「회귀선」에 대한 기독교계의 집단 항의 사태이다. 작가는 「회귀선」에서 예수와 막달라 마리아를 살을 섞는 애인 사이로 그리고, 예수를 삽입 성교를 못하는 '고자'로 묘사했다. 그러자 보수적 기독교인들이 벌떼같이 들고 일어나 작가와 그 작품의 추천인인 계용묵 씨 집을 습격하고, 또 『현대문학』 편집장 집으로도 쳐들어가는 바람에 큰 난리가 일어났다. 작가와 추천자는 6개월이나 지방 외딴 곳으로 도망가 있어야 했고, 결국 편집장 조연현 씨와 추천자 계용묵 씨는 잡지에 사죄문을 실었다"[21]라는 우리나라의 역사적 사실을 일러 주었다. 여기서도 예수를 고자로 표현했을 뿐만 아니라 막달라 마리아와 섹스 스캔들을 일으켰다고 그리고 있다.

이러한 이미지를 바탕으로 만들어진 영화가 바로 〈다빈치 코드〉[22]다. 사실 이 영화의 원작인 『다빈치 코드(The Da Vinci Code)』는 미국의 소설가 댄 브라운이 2003년에 쓴 미스터리 추리소설이다. 기호학자 로버트 랭던이 파리의 루브르 박물관에서 벌어진 살인 사건을 조사하면서 시온 수도회와 오푸스데이가 나사렛 예수 그리스도가 마리아 막달레나와 결혼하여 아이를 가졌다는 사실을 두고 벌이는 사투를 추적하는 이야기를 다루고 있다. 세계적인 베스트셀러가 된 이 책은 40여 개의 언어로 번역되었다.

예수가 동성애자라는 연극도 있다. 예수를 유다의 유혹을 받는 동성

---

20) 송상호, 『모든 종교는 구라다』(자리, 2009), 117~118쪽.
21) 마광수, 『마광쉬즘』(인물과사상사, 2006), 68쪽.
22) 론 하워드 감독, 톰 행크스 주연, 2006년 작.

애자로 묘사하고 두 사도 간의 동성 결혼을 그리고 있는 연극 〈코퍼스 크리스티(Corpus Christi)〉— '코퍼스 크리스티'는 '그리스도의 몸'이란 뜻으로, 미국 텍사스 주 항구 도시의 이름이기도 하다—가 바로 그것이다. 이 연극은 호주 시드니에서 마디그라 동성애 축제의 일환으로 무대에 올려졌다. 작가 테렌스 맥널리(Terrence McNally)는 이 작품을 통해, 자신이 텍사스에서 게이 청년으로 성장하면서 배척받는 배경을 예수의 박해에 비유하는, 현대판 예수의 이야기를 다루고 있다. 가롯 유다가 성적인 질투심 때문에 예수를 배반하는 것으로 그렸다.

사실 그동안 예수가 동성애자였을 가능성은 많이 제기되어 왔다. 성서학자들에 따르면 부활한 예수가 베드로에게 "요한의 아들 시몬아, 네가 이 사람들이 나를 사랑하는 것보다 더 나를 사랑하느냐?"(「요한복음」 21:15)고 세 번씩이나 물은 장면 등을 예로 들면서 베드로를 동성 파트너로 지목하기도 한다. 또는 "마리아와 마르다는 예수께 사람을 보내어 '주님, 주님께서 사랑하시는 이가 앓고 있습니다' 하고 전했다"(「요한복음」 11:3)라는 장면을 통해 예수의 동성애 파트너가 나사로라는 주장도 있다. 나사로가 앓고 있다고 표현하지 않고 단지 '주님께서 사랑하시는 이'라고 표현한 데서 그 근거를 찾고 있다. 또는 성만찬 중에 "예수의 제자 중 하나 곧 그의 사랑하시는 자가 예수의 품에 의지하여 누웠는지라"(「요한복음」 11:23)는 제자와 십자가상에서 죽어 가던 예수의 발아래 엎드린 제자를 동일 인물로 보고 있다. 그 제자는 "예수께서는 당신의 어머니와 그 곁에 서 있는 사랑하시는 제자를 보시고 먼저 어머니에게 '어머니, 이 사람이 어머니의 아들입니다' 하시고 그 제자에게는 '이분이 네 어머니시다' 하고 말씀하셨다. 이때부터 그 제자는 마리아를 자기 집에 모셨다"(「요한복음」 19:26~27)라는 부탁을 예수께로부터 받았던 요한이라는 학설이 있다. 일련의 표현들이 요한을 예수의 동성애 파트너로 지목하는 근거가 되기도 한다.

사실 예수가 일찍 결혼했을 가능성도 있다. 『인간 예수』의 저자 잭 도미니언(Jack Dominian)은 "여자의 경우에는 대략 열세 살 혹은 열네 살이었고, 젊은 남자들은 그보다 몇 살 더 많았다. 누구든 스무 살까지 결혼을 하지 않으면 상당히 이상한 사람으로 취급되었다. 양측의 부모들은 결혼 과정에서 중요한 역할을 했다. 요셉과 마리아도 나사렛 근처에서 그들의 장남의 신부가 될 여자를 찾고 있었을 것이다. 우리는 실제로 결혼이 이루어졌는지 알지 못한다"[23]라며 영국의 성서학자 덴 헤이어(C. den Heyer)의 연구 결과를 들어 설명했다.

어쨌든 예수의 섹스 콤플렉스를 다룬 학설과 이야기들은 예나 지금이나 끊이지 않고 있다.

예수는 내재과거아의 피해자

'예수가 콤플렉스가 있을까'라는 질문에서부터 '예수는 과연 섹스 콤플렉스가 있었을까'라는 질문은 사실 예수의 내재과거아를 만나면 어느 정도 납득할 수 있다.

『몸에 밴 어린 시절』에서 휴 미실다인은 내재과거아를 집중적으로 다루었다. 그 책에는 부모들의 그릇된 태도 아홉 가지와 아이들의 반응을 다룬 장이 있다. 앞서 살펴보았듯이, 부모의 그릇된 태도는 완전주의, 강압, 유약, 과잉보호, 심기증, 징벌, 방임, 거부, 성적 자극 등이다.

아홉 가지 중 우리가 주목해야 할 태도는 '거부'이다. 휴 미실다인

---

23) 잭 도미니언, 염동철 옮김, 『인간 예수』(NUN, 2009), 372쪽.

은 "당신이 애써 자신을 고립시키려 한다면 자신을 돌아보라"고 충고한다. 그런 사람에게 "만약에 당신이 당신 자신을 포함한 어느 누구로부터도 받아들여지고 있다고 느끼지 못한다면, 당신 자신을 고독한 늑대나 무법자라고 생각한다면, 이따금 친구들에게 자기중심적이라고 비난받는다면, 자주 당신과 가까운 사람들의 태도를 곡해하고 그들에게 적개심을 드러내 보인다면, 그리고 불만과 신랄한 자기 비하와 의기소침으로 괴로워한다면, 당신은 당신의 내재과거아가 아직도 부모의 거부로 고통 받고 있다는 점을 의심해 보아야 할 것"[24]이라는 체크리스트를 던져 준다.

우리는 예수에게서 그러한 면들을 찾아볼 수 있다. 안식일에 병을 고치는 등의 의료 행위를 하는 것이 불법인 줄 알면서 병자를 낫게 했다. 그것도 굳이 종교 지도자들과 군중이 보는 앞에서 말이다. 율법과 종교적인 사회에서 그 율법을 관장하는 종교 지도자들에게 반항하는 것은 사회적 매장임을 누구보다 잘 아는 예수였지만, 그는 사역 내내 그들에게 반항하고, 욕설을 하고, 저주를 퍼부었다. 그러면서도 당시의 죄인, 장애인, 세리, 창녀들과 함께 술을 마시고 음식을 먹으며 튀는 행동을 했다. 그것이 사회적 비난거리가 되는 줄 알면서도 말이다.

이러한 예수를 추앙하며 따르려는 사람들을 굳이 뿌리치며 한적한 곳에 나가 기도를 하는 예수는 또 어떤가. 혼자서 기도하기를 즐기며, 드러내놓고 기도하는 바리새인들을 무참히 깎아내리는 예수는 또 어떤가. 휴 미실다인이 표현한 '고독한 늑대와 무법자'와 예수는 상당히

---

24) W. 휴 미실다인, 앞의 책, 293쪽.

닮아 있지 않은가. 거부를 당한 내재과거아가 있는 사람들의 유형과 예수의 행동은 상당히 닮아 있다.

"거부는 자녀에 대해서 어떠한 수용의 범위마저도 부인하는, 즉 자녀를 받아들이지 못할 존재이며 원치 않는 짐이며 성가신 말썽의 근원으로 여기고 대우하는 부모의 태도"[25]라고 휴 미실다인은 말한다. 그렇다면 예수의 부모, 특히 아버지는 예수를 성가신 짐으로, 말썽의 근원으로 생각했을까. 뒤에서 자세하게 다루겠지만, 어머니 마리아는 몰라도 아버지 요셉은 충분히 가능성이 있다.

이어서 그는 "이따금 어린이들은 자기들이 사생아이기 때문에 혹은 그들의 피부 색깔 때문에, 혹은 사팔뜨기라든가 언청이 같은 장애로 괴로움을 당하고 있기 때문에, 혹은 부모 중 한 사람이나 두 사람 모두 다 원하던 것과는 다른 성별을 가지고 태어났기 때문에 소외당하기도 한다"[26]며 거부당하는 요인들을 설명한다.

사생아, 어디서 많이 듣던 대목이 아닌가. 예수의 동정녀 탄생 신화는 2,000년 동안 끊임없이 예수의 사생아설과 대치 중이다. 예수가 사생아라면 예수의 부모가 굳이 눈치를 주지 않아도, 예수 스스로도 사회로부터 거부당하고 있음을 느꼈을 것이다. 예수가 동정녀 탄생이라고 하더라도 마찬가지다. 어린 나이의 예수가 그 사실을 어떻게 받아들였을까. 비록 그들의 부모가 굳게 신앙하고 있다고 할지라도 주위의 시선은 결코 곱지 않았을 것이다. 주위 사람들은 사생아라고 볼 가능성이 크다. 본인들의 의지와는 상관없이 사회적 존재로서의 주위 상황은 가

---

25) 위 책, 293쪽.
26) 위 책, 295쪽.

만두지 않았을 공산이 크다.

또 한 가지 놓치지 말아야 할 것은 마리아가 미혼모인가라는 점이다. 미혼모라 하면 법적으로 혼인하기 전에 남자와의 사이에서 아이를 가진 여성을 말한다. 마리아는 그랬다. 그것이 신과의 임신이던 평범한 남정네와의 임신이던 말이다. 정혼을 했다고 하는 것은 거의 결혼을 했다는 것과 동일한 것으로 간주하던 당시 풍습으로 봐서는 심각한 외도라고 볼 수 있다. 당시 율법의 처결로는 돌로 쳐서 죽여 마땅한 범법 행위였다. 여인 마리아는 이런 민감한 사항들을 오로지 '신앙'이라는 이름 하나로 담담하게 버텨 나갈 수 있었을까.

휴 미실다인은 "예컨대 미혼모라는 상황은 그 전체가 그 어머니와 자녀 모두에 대한 거부를 구축하고 있는 상황이다. 불법이라는 꼬리표가 죄책감을 가중시키고 자녀를 키우는 데 있어서의 문제들을 복잡하게 만들면서 그 미혼모를 괴롭힌다. 불법이라는 사실 자체가 그 젊은 미혼모를 그녀의 부모에게서 거부당하게 하는 결과를 초래하는 경우도 많다"며 미혼모의 심리 상태를 말해 준다. 마리아에게도 충분히 가능성이 있는 심리 상태다. 이런 엄마의 심리를 고스란히 느낄 수 있는 예수의 태아 시절은 또 어떠했을까. 또 세상에 태어나서 성장하면서 어머니로부터 어떤 감정을 전수받았을까.

휴 미실다인은 또한 "가정이 경제적으로 몹시 쪼들릴 때 태어난 어린이는 거부당하기 쉽다"[27]라고 설명을 덧붙인다. 가정이 어려우면 부모의 의지와 상관없이 아이가 거부당하기 쉽다는 것이다. 경제적 어려

---

27) 위 책, 297~298쪽.

움과 맞서 싸우는 데 전념할 수밖에 없는 부모들 때문이다. 요즘으로 말하면 맞벌이 부부의 이야기겠지만, 예수 당시라면 가난한 집안의 목수 아버지와 대가족 뒷바라지를 하는 어머니의 이야기라고 하겠다.

그런 거부의 경험을 가진, 그래서 그런 내재과거아를 가진 사람은 "소아기에 거부를 겪은 사람은 애정과 인정을 절실하게 필요로 하기 때문에, 그리고 어떠한 사랑의 제안도 진지하게 받아들일 능력이 거의 없기 때문에 만족스러운 성적 생활이나 결혼 생활을 영위하는 데 커다란 어려움을 느낀다." 그러면서 "이 열기가 조금이라도 식으면, 그것이 거부당한 사람에게는 지난날의 거부의 재현으로 오해되며, 그러면 그는 상처를 받고 적개심을 품게 된다"[28]고 덧붙이고 있다. 거부당함에 대한 적개심, 그것은 예수의 사역—종교 지도자들과 당시 주류 세력들에 대한 반항—의 중심에 서 있다. 이 책에서는 앞으로 예수의 그런 면들을 세세하게 살펴보게 될 것이다.

예수는 어떤 방어기제를 사용했을까

그렇다면 예수의 내재과거아, 특히 콤플렉스는 어떤 방어기제를 사용했을까. 내가 조사한 바로는 크게 두 가지로 보인다.

부정적이고 소극적인 방어기제는 '저항' 또는 '반항'이다. 말하자면 예수를 애매하게 낳아 준 부모에 대한 반항, 권위를 상징하는 기득권 주류 세력들에 대한 반항, 가난하고 척박한 환경을 조성한 로마제국에 대

---

28) 위 책, 298쪽.

한 반항, 자신을 좌절시키고 고민케 만든 당시의 시대적 환경에 대한 반항, 나아가서 이 모든 것을 주관한다는 신에 대한 반항 등이 그것이다.

긍정적이고 적극적인 방어기제는 '동일시'다. 예수는 '1등만 기억하는 더러운 세상'에 대한 반항을 넘어서 신의 나라를 생각했다. 그 신의 나라의 신을 자신의 아버지라고 동일시했다. 나아가서 자신을 곧 신과 동일시했다.

기독교에서 전자는 예수 사역의 핵심이며, 후자는 예수에 대한 교리의 핵심이 된 것은 참으로 아이러니하다.

2. 예수 탄생 설화는 콤플렉스 덩어리

예수의 족보, 콤플렉스 족보인가

아브라함의 자손이요 다윗의 자손이신 예수 그리스도의 족보는 이러하다.(「마태복음」 1:1)

위 문장이 예수의 생애를 다룬 신약 성서 맨 처음 구절이다. 한 인물의 생애를 다룬 전기문이나 경전치고는 아주 색다른 출발이다. 우리가 어떤 책을 읽노라면 서두가 참 중요하다. 그 책의 성격과 앞으로 논의될 주제가 전반적으로 소개되는 마당이다. 이런 곳에 주인공의 족보가 소개되었다. 기독교인들이야 아무렇지 않을 수 있지만, 신약 성서를 처음 대하는 사람이나 기독교적인 정체성이 없는 사람에겐 다소 생뚱맞기까지 할 것이다. 도대체 이유가 뭘까.

신약 성서 서두에 웬 족보 타령

내가 아는 사람이 몇 년 전에 살던 마을은

이씨 집성촌이었다. 그 마을 어귀에는 조상 제사를 모시는 사당이 있을 정도로 자신들의 조상에 대한 자부심이 대단한 동네였다. 한번은 그들의 종정 모임이 있어 따라갔다가 그들의 대화를 엿들었단다. "우리가 이래 뵈도 수양대군 24대손인데"라는. 그 이야기를 듣는 순간 '그랬구나. 왠지 마을 사람들이 드세더라. 수양대군 자손이란 걸 부끄럽게 생각하지 않다니'라고 생각했단다. 그 마을 사람들은 자신의 계보를 아주 자랑스럽게 생각했지만, 그에겐 오히려 비난의 거리가 한 가지 더 늘은 셈이었다. 사실 수양대군이 누군가. 조선의 제7대 왕 세조로서 자신의 형 문종을 왕위에서 몰아내고, 조카인 단종을 폐위시켜 사형시킨 왕이지 않은가. 그가 조선 왕조를 반석 위에 세웠다는 업적 못지않게 조카를 죽인 비정한 왕으로 묘사되고 있다. 시각에 따라 그에 대한 역사적 평가는 크게 엇갈린다. 어떤 사람에게는 수양대군이 자랑스럽지만, 어떤 사람에게는 분노와 비난의 대상이다.

예수의 족보 타령도 마찬가지 아닐까. 예수를 따르는 사람들에겐 예수의 역사성을 밝혀 주고, 나아가서 믿음의 후손이며, 신의 아들이라는 자료로 삼겠지만, 족보 속에 등장하는 인물들로 인해 이를 깔거나 비난할 수도 있다. 마찬가지로 족보는 어떤 이들에겐 자긍심의 상징이며, 전통을 이어 주는 소중한 자료라고 볼 수도 있지만, 어떤 이들에겐 구시대적 권위의 상징이며, 고리타분한 신분 사회의 계급적 발상이라고 볼 수 있다.

나름 이유는 이렇다고 보인다. 유대 사회에서 족보는 참으로 중요하다. 가부장적인 사회이기 때문이다. 혈통과 족보가 한 사람의 신분과 명예와 평생을 좌우한다. 이런 사회에서 예수를 이스라엘 사람들이 믿음의 조상이라 여겼던 아브라함의 혈통이라고 밝히는 것은 대단히 의

미 있는 일이다. 국가의 기반을 마련해 준 다윗 왕의 혈통이라고 밝히
는 것은 상당히 도발적인 일이다. 물론 기독교인들은 이 부분에서 신의
계시와 섭리가 작용했다고 본다. 신이 예비하신 신앙의 혈통을 따라 태
어난 사람이 예수라는 이야기를 하고 있다. 더 나아가서 유대 민족의
신앙적·정신적인 지주였던 아브라함과 다윗을 예수의 이미지와 동일
시하는 현상이라고도 볼 수 있다. 말하자면 유대 민족을 구원하는 메시
아, 왕 같은 그리스도로서의 예수의 출생을 부각시키고 있다. 신약 성
서에서 다루는 예수의 전체 이미지를 잘 말해 준다고 하겠다.

　하지만, 이 부분에서 우리는 예수의 콤플렉스와 정면으로 직면하게
된다. 아니면 적어도 예수를 따르던 당시의 제자와 무리들의 콤플렉스
를 만나게 된다.

예수의 족보에 나타난 두 남자

　　　　　　　　　　　아브라함의 자손이요 다윗의 자손이신 예
수 그리스도의 족보는 이러하다.

　아브라함은 이삭을 낳고, 이삭은 야곱을 낳고, 야곱은 유다와 그의
형제들을 낳고, 유다는 다말에게서 베레스와 세라를 낳고, 베레스는 헤
스론을 낳고, 헤스론은 람을 낳고, 람은 아미나답을 낳고, 아미나답은
나손을 낳고, 나손은 살몬을 낳고, 살몬은 라합에게서 보아스를 낳고,
보아스는 룻에게서 오벳을 낳고, 오벳은 이새를 낳고, 이새는 다윗 왕
을 낳았다. 다윗은 우리야의 아내에게서 솔로몬을 낳고, 솔로몬은 르호
보암을 낳고, 르호보암은 아비야를 낳고, 아비야는 아사를 낳고, 아사
는 여호사밧을 낳고, 여호사밧은 요람을 낳고, 요람은 웃시야를 낳고,

웃시야는 요담을 낳고, 요담은 아하스를 낳고, 아하스는 히스기야를 낳고, 히스기야는 므낫세를 낳고, 므낫세는 아모스를 낳고, 아모스는 요시야를 낳고, 예루살렘 주민이 바빌론으로 끌려갈 무렵에, 요시야는 여고냐와 그의 아우들을 낳았다. 예루살렘 주민이 바빌론으로 끌려간 뒤에, 여고냐는 스알디엘을 낳고, 스알디엘은 스룹바벨을 낳고, 스룹바벨은 아비훗을 낳고, 아비훗은 엘리아김을 낳고, 엘리아김은 아소르를 낳고, 아소르는 사독을 낳고, 사독은 아킴을 낳고, 아킴은 엘리웃을 낳고, 엘리웃은 엘르아살을 낳고, 엘르아살은 맛단을 낳고, 맛단은 야곱을 낳고, 야곱은 마리아의 남편 요셉을 낳았다. 마리아에게서 그리스도라고 하는 예수가 태어나셨다. 그러므로 그 모든 대 수는, 아브라함으로부터 다윗까지 열네 대요, 다윗으로부터 바빌론으로 잡혀 갈 때까지 열네 대요, 바빌론으로 잡혀 간 때로부터 그리스도까지 열네 대이다.(「마태복음」 1:1~17)

위의 족보에서 주인공은 당연히 예수지만, 그를 더 높이기 위해 거론된 두 인물 아브라함과 다윗이 사실은 이 족보의 중심인물이다. "아브라함의 자손이요 다윗의 자손이신 예수 그리스도"라고 시작하는 것이 바로 그 증거다. 수많은 사람이 거론되고 있지만, 다른 사람들은 두 사람의 들러리라 할 수 있다.

아브라함은 유대인들의 믿음의 조상으로서 중요한 인물이었다. 이른바 유대인들의 정신적인 지주다. 유대인들처럼 신앙을 중요히 여기는 민족에겐 핵심적인 조상이라 아니할 수 없다. 다윗은 유대인들의 국부다. 말하자면 이스라엘 왕국을 반석 위에 세워 놓은 대왕이다. 당시 이스라엘 사람들에게 다윗 대왕은 전설적인 영웅이었다. 오죽하면 역사가들이 이스라엘 왕국을 '다윗의 왕국'이라고까지 말할까. 이 두 사람은 우리나라로 말하면 세종대왕이나 이순신 장군쯤 되는 상징적인 인물이다. 예수 당시 사람들 사이에서 '아, 그분들' 하면 유대 왕국의 대부라고 당연시되었다.

그런 상황에서 자신을 더러 아브라함과 다윗의 직계 자손이라고 밝히는 것은 대단한 사건이라 할 수 있다. 왜냐하면 자신과 자신의 집안이 유대 사회에서 최고의 주류 세력이라는 걸 드러내는 일이기 때문이다. 곧 엘리트 중의 엘리트라는 이야기다. 이것이 사실이든 아니든 그 사회에서 도발적인 행위임에 틀림이 없다. 특히나 가문과 계보를 중요시하는 고대 사회에서 말이다.

조선 시대에는 족보를 사고파는 일이 있었다. 돈이 많은 졸부들이 특히나 그랬다. 아무리 재물이 많아도 신분제 사회에선 역시나 고위직 신분이 최고였다. 사람들은 고위직 신분을 쟁취하기 위해 과거를 쳤지만, 사실은 고위직 신분은 세습이 원칙 아닌 원칙이었다.

높은 자리일수록, 특히 왕의 자리는 불변의 법칙이었다. 그것을 보증해 주는 게 바로 족보였다. 족보는 개인의 영달뿐만 아니라 가문의 영광을 담보하는 아주 중요한 역할을 했다. 때론 목숨보다 소중한 것이 족보였다.

이스라엘 사회도 별반 다르지 않았다. 그런데 거기에다가 유대 민족의 두 거장을 자신의 직계 조상으로 명시하다니(물론 예수가 한 것이 아니라 예수의 제자 마태가 한 것이지만). 그것은 당시 주류 기득권층에 대한 심각한 도발이요 반역 행위였다. 그것을 알 수 있는 대목이 바로 '헤롯 대왕의 유아 살해' 사건이다. 예수가 태어난 걸 안 헤롯 대왕이 자신의 자식이 아닌 다른 사람이 왕이 될 거라는 동방박사의 이야기에 분개

해서 일으킨 사건이다. 헤롯 대왕 입장에서 보면, 왕손이라는 예수 하나 때문에 수없이 많은 유아들이 죽어도 좋을 만큼 중차대한 반역 사건이라 할 수 있다. 예수의 족보에 두 사람을 언급한 것은 그런 의미에서 대역 사건이라 할 수 있다.

마태는 왜 모험했을까

굳이 위험을 무릅쓰고 마태는 왜 그렇게 기록했을까. 세 가지 이유를 들 수 있다.

첫째는 예수의 끊임없는 사생아설 때문이었다. 예수를 따르는 사람들이 아무리 예수를 동정녀 탄생한 신의 아들이라고 설파해도 그것은 어디까지나 그들의 주장일 뿐, 사람들은 증거도 없는 황당한 사실을 믿을 리 없었다. 더군다나 마리아와 요셉의 정혼, 마리아의 임신, 요셉의 마리아 데려오기 등을 지켜본 이웃과 주변 사람들에겐 더욱더 그랬다. 이것은 그들의 신앙대로 동정녀 탄생이 맞든 아니든 별개의 문제였다. 그래서 마태는 자신의 복음서 서두에 과감하게 예수의 족보를 사용했다.

둘째는 예수의 정통성 확보였다. 정통성이라 하면 유대 사회의 정통성을 말한다. 「마태복음」을 기록하던 당시는 초기 기독교 사회였다. 예수 종교의 세력은 아주 미미했다. 내부로는 유대교가 대세이자 정통이었고, 외부로는 로마의 태양신과 황제 숭배가 대세였다. 그런 가운데 나사렛 청년을 따르는 한 무리의 종교가 발붙일 틈은 없었다. 더군다나 예수는 반역자로 몰려 십자가형을 당한 인물이었다. 혹세무민했던 독설가로 알려진 예수 종교에 정통성과 힘을 실어 줄 수 있었던 길은 유대교에 편승하는 것이었다. 자신들의 종교가 유대교와 다른 이단 사이비 종파가 아님을 천명해야 했다. 자신들의 종교가 그들의 교주 예수가 반항했던 경력과는 달리 유대교를 거부하는 종교가 아님을 세상에 알려야 했다. 신분 사회에서 교주의 족보를 세상에 널리 알리는 것만큼 그들에게 더 좋은 길은 없었다.

셋째는 좀 더 대의적인 이유다. 적어도 기독교에 있어서는 말이다. 예수의 족보가 필요하다는 정황은 알겠는데, 왜 하필이면 아브라함과 다윗의 직계 자손을 택했을까. 사실 평범한 계보를 택해서 족보로 내세웠다면 위험 부담이 없었을 텐데 말이다. 그런 면에서 그것은 대단한 모험이었다. 굳이 그렇게 한 이유는 내부적으로는 예수 추종자들의 예수에 대한 신앙 고백으로 흩어짐을 막자는 명분이었고, 외부적으로는 세력 확장이라는 두 마리 토끼를 잡기 위해서였다.

예수 당시에나 예수 사후에도 이스라엘 사람들은 자신의 민족을 구원해 줄 메시아를 기다렸다. 사실 유대인들은 오늘날에도 예수를 인정하지 않고 메시아를 기다리고 있다. 예수를 메시아 반열에 올려놓을 소재로 족보만큼 좋은 것이 없었을 게다. 그런 측면에서 예수를 메시아로, 구세주로, 나아가서 신의 아들로 고백하고 선전하는 데 든든한 배경으로 예수의 족보를 택했다. 특히나 아브라함과 다윗의 계보라면 금상첨화였다. 나아가서 자신들의 종교를 확장해 나갈 교두보로서 예수의 족보만 한 게 있었을까. 이런 걸 두고 정면승부라고 한다. 궁지에 몰렸을 때 돌아가지 않고 비장의 카드를 꺼내 승부하는 승부사라 할 수 있다. 마태는 정면 승부수로 족보를 택했던 것이다.

사실 예수의 십자가 명패엔 '유대인의 왕'이라고 적혀 있었다. 오늘날도 기독교인들은 예수를 일러 '만왕의 왕'이라고 표현한다. 마태는 그 왕의 족보를 확보하고 사람들에게 알렸다. 후에 있는 일이지만, 그

왕의 족보가 담겨져 있는 「마태복음」이 신약 성서 맨 처음에 배열되어 지금까지 내려오고 있다. 수많은 성경 사본 중 신약 성서의 정경으로 간택하던 중세 초기의 종교 권력자들의 의도는 아니었을까. 마태처럼 말이다.

예수의 족보에 나타난 여인들

〈성서와 신학〉의 열린신학마당에는 「예수의 족보에 나타난 네 여인들」이라는 박경미의 글이 올라 있다. 그녀는 "야곱은 마리아의 남편 요셉을 낳았다. 마리아에게서 그리스도라고 하는 예수가 태어나셨다"(「마태복음」 1:16)라는 구절이 이상하다고 강조했다. 그러면서 "자칫하면 그냥 스쳐 지나갈 수도 있는 이 구절은 매우 중요한, 어쩌면 앞에서 장황하게 열거했던 왕들의 이름들의 의미를 완전히 뒤집는 결과를 가져올 수도 있다. 앞의 어투대로라면 16절에서도 '야곱은 요셉을 낳았고, 요셉은 예수를 낳았다'라는 말이 나와야 한다. 그러나 16절에서는 요셉이 아니라 마리아에게서 예수가 태어났다고 묘사하고 있다. 다윗 자손으로 예수를 그리는 것이 본래 족보의 의도였다면 분명 요셉이 예수의 아버지로 서술되었어야 했다. 그러나 여기서 요셉은 예수의 아버지가 아니라 마리아의 남편으로 그려진다. 1장 1~15절까지 다윗 가문이 예수의 부계 혈통이 서술되는 데 반해 마지막 절정인 16절에서는 예수가 분명 어머니 마리아의 아들로 서술된다"며 의문을 던졌다.

왜 '마리아의 남편 요셉'이라고 굳이 표현했나를 설명해 주는 이가 있긴 하다. 『성경 밖에서 만나는 재미있는 성경 이야기』의 저자 유재덕은 "마태가 이처럼 표현 방법을 달리한 것은 예수님이 일상적인 부부

관계가 아니라 하느님의 영에 의해서 태어나셨음을 강력하게 시사하는 것이다"[1]라고 했다. 예수의 동정녀 탄생을 뒷받침해 주는 구절이라는 이야기다. 그러면서 그렇게 한 이유를 "복음이 널리 퍼지자 유대의 랍비들은 예수의 출생을 문제 삼았다. 유대인의 법령인 『미쉬나』에 따르면 약혼 기간 동안의 간음은 결혼 이후의 간음보다 훨씬 심각한 범죄였다. 예수의 출생을 매도하는 입장에서 볼 때 마리아는 『미쉬나』의 규정을 어긴 셈이다. 마태는 마리아의 남편이 요셉이라고 하면서 정면 돌파를 시도했다"고 일러 주고 있다.

그럼에도 박경미는 독특한 이유를 밝힌다. 그 이유를 "학자들은 여기서 예수의 탄생에 관한 두 전승, 즉 다윗 후손 전승과 동정녀 탄생 전승이 충돌하고 있다고 지적했다. 1장 1~15절까지는 다윗 후손 전승이 주도했다면 16절에서는 동정녀로부터의 탄생 전승이 나타나고 이 전승이 이어지는 1장 18~25절(예수 탄생 신화—인용자)에서 상세하게 설명된다는 것이다"라고 설명하고 있다.

그러면서 "「마태복음」 1장 3, 5, 6, 7절에는 네 명의 여인들, 즉 다말과 라합, 룻, 밧세바가 등장한다. 이 여인들이 등장하는 것은 특이하다. 왜냐하면 이 여인들은 이스라엘 족장사의 위대한 여인들이 아니기 때문이다. 그리고 어떤 의미에서 이 네 여자들은 권세 있고 당당한 다윗 가문의 명예를 특정한 방식으로 훼손시키는 사람들이다. 이들은 각기 나름대로 오점을 가지고 있는 여자들이었다"라고 여인들의 등장을 설명하고 있다.

---

1) 유재덕, 『성경 밖에서 만나는 재미있는 성경 이야기』(호산, 2004), 76쪽.

사실 족보에 나오는 여인들의 이력서를 보면 초라하다 못해 난잡할 수 있다.

유대인의 관례에 따르면 여자는 족보에 오르지 못한다. 그러나 이 족보에는 다섯 명의 여자가 있다. 다말은 시아버지와 동침하여 아이를 낳았고(「창세기」 38:6~30), 라합은 기생 출신의 이방인이었으며(「여호수아」 6:22~25), 룻도 미망인 출신의 이방인이었고(「룻기」 1:4~5), 밧세바는 몸매를 무기로 다윗을 유혹하여 남편을 죽게 하고 왕후가 되었으며(「사무엘하」 11:2~27), 마리아는 처녀의 몸으로 아이를 가졌다(「마태복음」 1:18~25). 그중 넷은 재혼한 여자이며 이들 넷 중의 한 명은 기생이었다. 유대 사회에서 사회적 죄인과 멸시의 대상으로서의 자격을 충분히 갖춘 여인들이었다.

보수적인 기독교인들은 다른 여인들은 죄를 가진 여인이었지만, 마리아는 깨끗한 처녀였고, 신의 아들을 잉태할 만하다는 걸 알리는 족보라고 말하고 있다. 말하자면 죄인 같은 여성들이 족보에 오르는 것은 전적으로 신의 은총이라는 논리다. 그 여성들이 바로 죄인인 자신을 의미한다고 보고 있고, 흠도 없는 예수가 우리를 구원할 구세주라는 신앙고백으로서 족보의 의미를 부여하고 있다.

하지만 박경미의 생각은 다르다. 그녀는 족보에 나온 여인들을 고대 가부장적 사회의 피해자로 보았다. 그러면서 "예수의 족보는 이렇게 가부장제 사회에서 희생당한 여성들을 분명히 기억하고 있으며, 이 여자들이 도도하게 이어지는 왕들의 명단 속에서 그 흐름을 역류시키고 있다. 예수는 그 왕들의 후손이면서 동시에 이 여인들의 후손이기도 하다. 역사 속에 묻혀 있던 여인들, 압제당한 여인들, 그들의 후손이 예수라는 것이다. 그리고 이것은 동정녀 탄생 이야기와도 연결된다. 동정녀로부터의 탄생은 역사 속에서 희생당한 이 네 여인들의 후배인 마리아의 아들, 피억압자, 밑바닥 여성들의 아들이라는 뜻이다. 이렇게 낮은 자들, 가리어져 있는 자들을 높이 쓰시는 하나님의 구원 행위와 놀랍고도 특이한 방식이 동정녀로부터의 탄생이라는 표상으로 나타났을 것이다. 그리고 동시에 이것은 피억압자 여성들을 억압해 온 남성 중심적 지배자들의 역사를 심판하는 의미를 지닌다"라고 강조하고 있다.

이렇듯 예수의 족보에는 사생아 설에 시달리던 예수의 탄생 콤플렉스, 이단 사이비 종파라고 박해받던 초기 예수 추종자들의 주류 콤플렉스, 로마의 압제를 거부하며 메시아를 기다리던 유대 민족의 메시아 콤플렉스, 소외당하고 무시당하던 여인들의 여인 콤플렉스 등이 뒤범벅되어 있다. 그래서 예수의 족보를 일러 '콤플렉스 족보'라고 해도 지나치지 않을 듯싶다.

동정녀 탄생은 뜨거운 감자

'뜨거운 감자'라는 말이 있다. 또 다른 표현으로 '계륵'이라고도 한다. 이걸 취할 수도 없고 저걸 취할 수도 없지만, 분명히 취하기는 해야 하는 진퇴양난의 경우를 이르는 말들이다. 기독교에서 말하는 동정녀 탄생설이 이와 같다. 물론 기독교 내부적으로야 확고한 교리라고 말하지만, 보편적으로는 여전히 의문점 가운데 하나이며, 기독교 쟁점의 한가운데 여전히 놓여 있다. 기독교 내부적으로도 의견은 극명하게 갈린다. 문자 그대로 역사적 사실로 믿는 문자주의적 해석부터 하나의 신앙 고백의 상징일 뿐이라는 상징주의적 해석까지.

그런데 이 뜨거운 감자를 왜 기독교는 선택했을까. 예수의 제자들은 왜 그걸 선택했을까. 그토록 오랫동안 논란이 되고, 아직도 미스터리—기독교 내부적으로는 신의 신비라고 말함—로 남아 있는데 말이다. 바꿔 말하면 기독교인들은 왜 그토록 동정녀 탄생에 집착할까.

사실 여부를 떠나서 심리학적으로 보면 분명히 그것은 고착 상태라 할 수 있다. '고착'이란 방어기제의 하나로서 특정한 대상이나 생각에 집착하여 벗어나지 못하는 상태를 말한다. 이전의 발달 단계에서 적절했던 대상이나 생각이, 발달이 진행되어 다른 생각이나 행동이 요구되는 데에도 그 이전의 상태에 머무르는 심리 상태를 말한다. 기독교에서 인정하든 하지 않든 객관적으로 보면 고착 상태, 그 이하도 그 이상도 아니다. 그것은 곧 콤플렉스의 소산이라는 이야기다. 어떤 특정 콤플렉스의 방어기제로 '고착'을 취했으리라.

과연 기독교에서는 어떤 콤플렉스가 있을까. 동정녀 탄생에 고착하는 그들만의 나름 타당한 이유는 있다. 나는 그것—콤플렉스 또는 이유—이 크게 네 가지라고 본다. 신화적 콤플렉스, 시대적 콤플렉스, 실질적 콤플렉스, 교리적 콤플렉스 등이 그것이다. 앞으로 이 네 가지를 중심으로 이야기를 풀어 보겠다.

동정녀 탄생은 신격에 어울린다

신화적 이유는 예수가 신으로 격상되는 격이 필요해서다. 적어도 신이라면, 아니 적어도 신의 아들이라면 이 정도는 되어야 한다는 고대 근동 사회의 합의된 격 말이다. 사람들이 믿고 추종할 만한 신의 아들이 갖추어야 할 최고의 덕목 중 하나가 탄생의 순수함과 특별함이다. 평범하게 태어난 사람은 자신들의 신이나 영웅이 될 수 없다는 당시 사람들의 보편적인 감성이었다. 자신의 두려움을 책임지고 인생을 인도해 줄 신적인 존재라면 최소한 탄생은 신적인 카리스마가 나타나야 한다는 묵언의 합의라 하겠다. 사실 이 감성은 동서고금을 막론한다. 종교 교주들뿐만 아니라 나라를 세운 국부들이나 위대한 위인들에게 나타나는 현상이다.

그동안 수없이 많은 학자들이 예수의 탄생 설화, 특히 동정녀 탄생은 예수만의 독보적인 게 아니라고 주장해 왔다. 당시 근동에 퍼져 있던 신화에 단골 주제였다는 것이다. 이 사실을 아주 체계적이고 드라마틱하게 보여 준 한 편의 다큐멘터리 영화가 있다. 이 영화의 제목은 〈자이트 가이스트(Zeitgeist)〉, 독일어로 '시대정신'이라고 직역할 수 있다. 영화가 처음 선뵌 것은 2007년 6월 구글(google) 비디오 사이트이며, 우리나라에도 상륙했다.

이 다큐멘터리에 따르면, 이집트 태양신 호루스는 기원전 3000년경 12월 25일 출생했으며, 'lsis-Meri'로부터 처녀 수태되었고, '동방의 별'이 출생을 지켜보았으며, 탄생 후 3명의 왕에 의해 숭배되었다. 그뒤 열두 살에 신성한 지도자가 되었고, 서른 살에 아누프라는 성직자에게 세례를 받고 성직 생활을 시작했으며, 열두 명의 추종자와 함께 방랑하며 병자를 치료하고 물위를 걷는 등의 기적을 행했다. 결국 타이폰의 배신으로 십자가에 못 박혔고, 죽은 뒤 3일 만에 부활했다. 또한 아티스는 그리스에서 'nana'로부터 처녀 수태했으며, 기원전 1200년경 12월 25일 출생했고, 십자가에 못 박힌 후 3일 뒤 부활했다.

인도의 성자 크리슈나는 기원전 900년경 'Devaki'로부터 처녀 수태했으며, '동방의 별'이 그의 출생을 알렸고, 제자들과 기적을 행하며 살다가 죽은 후 부활했다. 디오니소스는 그리스에서 기원전 500년경에 처녀 수태했으며, 12월 25일에 태어나 가르침을 행하며 방랑했고, 물을 포도주로 바꾸는 기적을 행하다가 죽은 후 부활했다.

태양신 미트라는 페르시아에서 처녀 수태했으며, 기원전 1200년경 12월 25일 출생했고, 열두 제자와 기적을 행했고, 죽은 뒤 '부활, 빛, 진리' 등으로 불렸으며, 미트라의 숭배일은 'SUNDAY(일요일)'였다(기독교가 안식일 토요일에서 일요일로 예배일을 바꾼 계기가 됨).

놀랍게도 이 모든 신의 아들들은 하나같이 동정녀 탄생의 주인공들이다. 다른 부분들은 차이점이 있으면서도 유독 동정녀 탄생은 공통 사항이다. 당시 고대 근동의 신관, 특히 종교 교주로서의 신적인 존재는 어떻게 태어나야 하는지를 합의하고 있었다는 걸 보여 주는 결정적 증거라 할 수 있다. 예수 추종자들의 입장에서 보면 예수는 반드시 그렇게 태어나야만 했던 것이다.

예수의 탄생일인 크리스마스도 처음부터 12월 25일이 아니었다는 것은 기독교 내부에서조차 인정하는 사실이다. 그 날짜 또한 당시 태양신 숭배와 관련 있다는 것도. 알렉산더 히슬롭(Alexander Hislop) 목사는 그의 저서 『두 개의 바빌론』에서 "크리스마스의 기원이 이교도의 축제일이라는 것은 의심할 여지가 없다. 그것을 지킨 날짜와 그때 행하는 의식이 그날의 기원을 증명해 주는 것이다. 이집트에서는 하늘의 여왕을 이시스(Isis)라고 불렀는데, 그녀의 아들이 '동지'인 바로 이때에 태어났다. 우리들이 크리스마스를 부르는 또 다른 이름인 '율 데이(Yule day)'는 이날이 바로 이교도 국가인 바빌론에서 유래되었음을 밝혀 준다. 여기서 '율(Yule)'은 '어린아이'를 뜻하는 칼대아 말이다. 12월 25일은 기독교가 들어서기 훨씬 전에 이교도 앵글로색슨 조상들이 '율 데

이', 또는 '아이의 날'이라 불렀으며, 그 전날 밤은 '어머니의 밤'이라 불렀다는 것은 그날의 본질을 충분히 드러내 주는 것이다. 이 탄생일은 이교도 국가 도처에서 지켜졌다"라고 확정짓고 있다.[2]

메시아는 동정녀 탄생이 기본

예수의 시대는 로마의 압제 아래 메시아 출현이 언제보다도 절실한 시기였다. 그래서 예수의 제자들조차도 예수를 선지자들이 예언한 바로 그 메시아라고 믿으며 따랐다. 그들이 겟세마네 동산에서 혼자 기도하는 예수를 떠난 것은 자신들이 기대했던 메시아 상이 아닌 나약한 예수였기 때문이다. 적어도 로마의 압제로부터 구원할 메시아라면 그렇게 힘없이 유대 병정들에게 잡혀서는 안 되었다. 유대인들의 질곡의 역사에서 수많은 고통을 겪으며 생성해 낸 메시아는 제왕 같은 카리스마의 존재여야 했다.

하여튼 제자들, 특히 마태는 "보라 처녀가 잉태하여 아들을 낳을 것이요 그 이름을 임마누엘이라 하리라"(「이사야」 7:14)는 구절을 그대로 인용하면서, 예수에게 그걸 적용했다. 이사야가 예언한, 아니 역대 예언자들이 예언한 그 메시아가 바로 예수라고 공표한 것이다. 마태는 예언한 바로 그 메시아가 예수라는 증거로 동정녀 탄생이라는 증거물을 내놓았다. 나아가서 그 사람의 이름이 '임마누엘'—하느님이 우리와 함께한다는 뜻의 유대 용어—이라고 강조하고 있다. 예수가 동정녀 탄생한 것은 그가 바로 우리가 기다리던 그 구원자이며, 그가 이 세상에

---

2) 알렉산더 히슬롭, 안티오크 번역실 옮김, 『두 개의 바빌론』(안티오크, 1997).

태어난 것은 신이 우리를 저버리지 않고 함께하고 있다는 증거라고 주장하고 있다.

그것마저도 미심쩍은 면이 있긴 하다. 전 캐나다 개혁교회의 신학대학 교수 고재수는 그의 글 「임마누엘과 동정녀 탄생」에서 "이상의 논의에서 이사야가 그리스도의 동정녀 탄생을 직접 말하지 않았음을 알 수 있습니다. 이러한 사실은 본문의 다른 몇 가지 요점들이 확증하여 줍니다. 첫째로, 이사야가 사용한 단어는 동정녀를 의미하는 일반적인 말이 아니라, 결혼 적령기에 있는 젊은 여자를 의미하는 말이었습니다. 또한, 이 아이의 이름은 임마누엘이 될 것이었지만, 마리아의 아들은 임마누엘이라고 불린 적이 없고, 예수라고 하여야 했습니다(「마」 1:21). 더구나, 이사야가 언급한 아이는 버터와 꿀을 먹어야 했는데, 이는 예수님과 아무런 연관이 없는 것입니다. 마지막으로 결정적인 증거는 이사야가 말한 대로 그 아이가 아직 어릴 때에 그들을 공격하는 두 왕의 나라가 패망하게 되리라는 사실입니다. 이 일은 그로부터 3년 내에 일어났습니다(「왕하」 16장). 이사야의 예언은 예수 그리스도의 탄생으로부터 수세기 전에 이미 실현되었습니다"라고 밝히고 있다.

어쨌든 '뜨거운 감자'는 계속해서 뜨겁다. 그럼에도 동정녀 탄생의 신화적인 이유가 유대 민족이 아닌 이방 민족을 설득하는 거리로 쓰였다면, 동정녀 탄생의 시대적인 이유는 곧 동족인 유대 민족을 구원자라고 설득하기 위한 거리로 쓰였던 것으로 보인다.

예수의 진짜 아버지는 누구였을까

기독교인들의 신앙 고백대로라면 예수는 신의 아들이다. 예수의 어머니는 마리아다. 그렇다면 마리아는 예수의 아버지인 신으로부터 어떤 것—사람에게 정자—을 받아서 자궁 내에 착상을 시켰다. 그리고는 열 달 동안 임신해 있다가 예수를 낳았다. 말하자면 예수의 아버지는 신이 된다. 신앙의 논리라면 복잡할 것도 없다.

하지만, 그것이 어떻게 가능할 수 있느냐고 물으면 말문이 막힐 수밖에 없다. 성경 구절을 들이대며 설명해도, 신이니까 가능하다고 말해도 2퍼센트 부족하다는 느낌을 지울 수가 없다. 그래서 기독교 학자들도 '신적인 신비'로 처리한다. 19세기의 기독교 변증가인 워필드(Benjamin B. Warfield)도 같은 문제에 직면하고는 『미국 신학 논문집(American Journal of Theology)』을 통해서 동정녀 탄생을 다루면서 '신적인 신비'라고 설명했다. 인간의 힘으로는 도저히 이해할 수 없는 신의 영역이라는 관점이 기독교의 보편적 관점이다.

하지만 좀 더 객관적으로 이 문제에 접근해 보자. 예수가 이 땅에 태어날 수 있는 길은 세 가지였다. 기독교의 신앙 고백대로 신을 통한 잉태, 다수 학자들의 견해대로 미혼부에 의한 잉태, 또 다른 다수 학자들의 견해대로 요셉을 통한 잉태 등이다.

두 번째 가능성, 즉 예수가 사생아였을 가능성은 어떤가. 사실 수많은 자료가 예수의 사생아설을 뒷받침하고 있다. 정확히 말하면 로마 병사 판델라가 예수의 아버지였다는 보고는 차고 넘친다.

미국의 성서학자 엘리자베스 C. 프로페트(Elizabeth C. Prophet)가 1984년에 발간한 『예수의 잃어버린 세월』은 로마 제국 초기, 로마의 속국으로 전락한 유대 왕국에서 태어난 예수는 로마 병사인 판델라가 마리아를 강간하여 낳은 아들이었고, 실제로 독일에서는 판델라의 묘비까지 발견되었다고 보고하고 있다.[3]

「야고보서」에는 "마리아는 열두 살 때 임신했고 임신 6개월 지났을 때 목수 일을 하던 요셉이 돌아왔다. 요셉은 마리아가 임신한 것을 발견하고는 자기 얼굴을 때리고 비통하게 말했다"[4]라는 기록이 있다.

성서역사학자 브리스 칠턴(Breese Chilton)은 "동정녀 탄생은 예수 사후 수십 년 뒤 초대 교회의 사도들로부터 시작한 것이다. 예수는 마리아가 외간 남자와의 정사로 태어난 사람이라는 소문으로 언제나 사람들의 입방아에 올려졌다. 고로 예수의 삶은 힘들었으며 사람들로부터 배척되었다"라고 연구 결과를 내놓았다. '사해사본' 「빌라도 행전」 1장에는 예수는 간통으로 태어난 아들이라는 소문에 시달렸다고 말하고 있다.[5]

성서학자 제인 샤버그(Jane Schaberg)도 예수는 판델라의 아들이라 주장한다. 1세기에 활약한 로마 학자 '셀수스'도 예수는 로마 병사 판델라의 아들이라 했다. 루브르 박물관에 소장된 요세푸스의 문서에도 같은 내용의 기록이 있다. 유대 기록인 'Toledoth Yeshu'에도 예수가 판델라의 아들이라고 되어 있다. 이들의 공통 주장은 "성서역사학자들 말에 의하면 성령 탄생은 예수 사후 60년이 지난 뒤부터 만들어진 이야기이고 예수의 진짜 아버지는 로마 병사 판델라였다"는 것이다.

한편 예수의 진짜 아버지가 요셉이라는 이야기도 있다. 『예수의 섹슈얼리티』의 저자 윌리엄 E. 핍스(William E. Phipps)는 G. B. 케어드(G. B. Caird)의 말을 인용해 「누가복음」의 성령 잉태는 인간을 위하여 예수를 세상에 보내고자 했던 하나님의 심정을 상징적으로 표현한 것이다. 창조의 뜻과 남편 요셉의 생물학적인 생식 기능을 통해 예수는

---

3) 엘리자베스 C. 프로페트, 황보석 옮김, 『예수의 잃어버린 세월』(동국출판사, 1987).
4) 월리스 반스토운, 이동진 옮김, 『숨겨진 성서 2』(문학수첩, 1994), 41쪽.
5) 위 책, 105∼111쪽.

마리아의 자궁 속에서 열 달을 다 채우고 태어난 것이다"[6]라고 이야기 했다. 생물학적인 아버지는 요셉이고, 신앙적인 아버지는 신이라는 이야기다. 어떻게 보면 아주 합리적인 견해다.

어쨌든 예수의 진짜 아버지는 누구란 말인가. 이런 구설수 속에서 예수의 동정녀 탄생은 더 강조될 수밖에 없지 않았을까.

기독교인들이 동정녀 탄생에 목매는 진짜 이유

이것은 바로 교리적인 부분이다. 이 부분을 한세교회 담임목사 하학봉은 2009년 10월 18일 예배 설교에서 "첫째로 성령님에 의해 임신되신 것은 아담으로부터 내려오는 인간의 죄성에서 해방되기 위해서였습니다. 둘째로 처녀 마리아의 몸을 통해 인생된 것은 예수님께서 우리와 같은 몸을 가지고 죗값을 지불함으로 우리를 구원하는 대제사장이 되시기 위해서였습니다. 이러한 이유로 예수님은 성령님을 통해서 인간의 아들이 아니라 하나님의 아들이 되셨으며, 또한 마리아를 통해서 우리와 똑 같은 인성을 가진 사람이 되셨습니다"라고 핵심을 잘 말해 주었다.

기독교인들이 동정녀 탄생을 절대 놓지 않은 핵심적인 이유가 바로 이 부분이다. 바로 원죄의 교리와 예수의 무오설이다. 원죄의 교리란 바로 "사람은 누구나 태어나면서부터 원죄를 가지고 태어난다. 그것은 아담이 최초의 죄를 지음으로 해서 사람의 피 속에 유전되는 죄이다"는 것이다.

---

6) 윌리엄 E. 핍스, 신은희 옮김, 『예수의 섹슈얼리티』(이룸, 2006), 64쪽.

이 원죄의 교리는 "내가 죄악 중에 출생하였음이여 모친이 죄 중에 나를 잉태하였나이다"(「시편」 51:5)라는 다윗 왕의 고백을 바탕으로 세워진 기독교의 핵심 교리 중 하나다. 이 교리에 따르면 남자의 정자에 의해서 태어난 인간은 모두 원죄를 가지고 태어날 수밖에 없다는 전제가 깔려 있다. 그렇기에 자신들을 구원할 구세주 예수는 그래서는 안 되었다. 자신들을 구원해 줄 예수는 적어도 그런 피를 물려받은 존재가 되지 않아야 했고, 나아가서 그래야 신의 아들로서 무오하고 무흠한 존재가 될 수 있다고 보았다. 이 교리는 니케아 회의에서 결정된 니케아 신조에도 "성령으로 잉태하사 동정녀 마리아에게 나시고"라는 사도신경으로 표현되었다.

이 고백이 왜 중요할까. 그것은 기독교의 근간이기 때문이다. 예수가 성육신한 신의 아들이며, 신 자신이라는 이야기는 기독교에만 있는 교리다. 이슬람교에도 예수를 예언자로 인정하지만, 그렇지는 않다. 유대교에도 예수를 한 선생으로 인정하지만, 그렇지는 않다. 오로지 기독교에서만 예수는 참신이자 참인간으로 표현된다. 또 "내가 곧 길이요 진리요 생명이다"라는 예수의 선언처럼 기독교가 '예수만이 구원의 길'이라고 선포하려면 예수는 반드시 동정녀 탄생이어야 한다. 예수의 동정녀 탄생은 기독교의 핵심 교리인 "예수 믿고 죄를 사함 받아 구원 얻는다"는 교리에 근간이 된다. 말하자면 기독교 정체성의 근간이 예수의 동정녀 탄생으로부터 시작된다.

이럴진대 기독교, 특히 문자주의적이고 보수적인 기독교에서 예수를 '사생아설', '요셉 생부설' 같은 잡설에 휘둘리게 놓아둘 리 만무하다. 실제로 아리우스를 비롯해 여러 학자들이 이견으로 인해 정죄되고 추방당하고 죽임을 당했다.

하지만, 정통 기독교가 동정녀 탄생에 고착함으로써 자가당착에 이르지 않았는지 돌아봐야 한다.

사람은 누구나 확증 편향의 성질이 있다. 확증 편향이란 자신이 먼저 확증하는 쪽으로 치우치는 인지적 편향의 일종이다. 쉽게 말해 자신이 먼저 믿고 인지한 이론이나 신념 체계가 허용하는 범위 안에서 보고 싶은 것을 보게 되는 성향이다. 말하자면 사람들은 보이는 것을 보는 게 아니라 보고 싶은 것을 보는 성향을 말한다.

예컨대 내가 『몸에 밴 어린 시절』이라는 책을 탐독하면서 분명히 책에는 '내재과거아'로 쓰여 있는 데 반해 '과거내재아'로 읽어 버리는 경우와 비슷하다. 이 글을 쓰는 나는 콤플렉스를 입증해야 한다는 확증 편향성에 사로잡혔던 것이다. 콤플렉스는 과거의 산물이라는 데 초점을 맞추다 보니 '내재'라는 단어보다 '과거'라는 단어가 먼저 심상에 콱 박힌 셈이다. 그래서 그 책에는 수두룩하게 나오는 단어 '내재과거아'란 단어를 눈으로 보면서도 당연히 '과거내재아'이겠거니 생각한 것이다. 지금 쓰는 이 책이 출판되기 전에 발견하게 되었으니 천만다행이다.

기독교에서도 예수 구원, 특히 오직 예수 구원이라는 교리에 목을 매고 있다. 원죄의 교리는 예수 구원의 교리의 산물이었다. 어떻게 보면 '원죄'를 '예수'가 구원한 게 아니라, '원죄'가 '예수'를 구원한지도 모른다. 적어도 예수의 후예들에겐 말이다. 이렇게 확고부동한 원죄의 교리를 바탕에 둔 기독교 교리 형성자들은 교리 간에 자체 모순을 피하기 위해서라도 예수의 동정녀 탄생을 주장할 수밖에 없었으리라. 원죄를 타고난 예수가 원죄를 가진 인간을 용서하고 구원한다는 그런 모순 말이다. 이것이 바로 기독교 교리 형성자들의 확증 편향성이다. 이 편향성은 의도적일 수도 있고, 비의도적일 수도 있다.

어쨌든 기독교는 동정녀 탄생이라고 하는 '뜨거운 감자'로 인해 2,000년 동안 뜨거웠다. 예수의 출생 문제로 인해 2,000년 동안 콤플렉스를 방어하기 위해 '고착'의 에너지를 사용해 온 종교가 아닐까. "우리의 종교는, 우리가 따르는 예수는 너희와 확실히 다른 특별한 존재다"라는 구세주 콤플렉스에 빠져 허우적대고 있지는 않을까.

탄생 설화 당사자들

이 장에서는 그동안 논란이 되었던 예수의 '사생아설'이나 '요셉 생부설' 등을 제외하고 이야기하고자 한다. 이는 예수가 그 어느 것도 아닌 동정녀 탄생을 했다는 전제 아래, 또는 예수 탄생 기사를 다룬 복음서에 충실하겠다는 의미다. 신약 성서에는 예수의 일생을 다룬 복음서로 마태, 마가, 누가, 요한 등이 기록한 복음서가 있다. 하지만, 예수의 탄생 설화는 마태와 누가만이 기록했다. 기독교 신학에서는 마가가 기록한 복음서가 최초 복음서라고 성서학자들이 밝히고 있는데, 「마가복음」보다 좀 더 후대에 기록되었다고 보이는 마태와 누가 등의 복음서에만 예수 탄생 설화가 나오는 것을 보며, 일부 성서학자들 사이에선 교회의 필요에 의해서 삽입한 부분이라는 학설도 나왔다. 하여튼 약속대로 두 복음서에 나오는 기사들, 특히 그 기사에 나오는 당사자들 중심으로 나타나는 심정과 콤플렉스의 흐름을 살펴보자.

그러기 전에 일단 알아야 할 것이 있다. 신약 성서에서 예수 탄생 설화를 다루는 두 복음서에는 주인공이 다르다는 것. 무슨 이야긴가. 예수가 성령으로 잉태하여 신의 아들로 태어날 것을 천사들로부터 고지 받는 장면들에선 완전히 주인공이 갈린다. 「마태복음」에 기록된 탄생 설화(「마태복음」 1~2장)에는 예수의 아버지 요셉이 주된 인물로 묘사된다. 꿈속에서 가브리엘 천사로부터 동정녀 탄생을 고지를 받는 것도 요셉이고, 그것을 고민하다 아내 마리아를 데려오는 것도 요셉이며, 유아 살해를 감행하는 헤롯 대왕의 손아귀로부터 피해 애굽으로 가라는 천사의 명령을 받는 것도 요셉이다. 반면 「누가복음」의 탄생 설화(「누가복음」 1~2장)에는 천사로부터 수태 고지를 받는 것도 마리아이고, 목자들이 찾아와 예수를 구주라고 높이는 것을 마음에 새기는 것도 마리아이다. 이렇듯 동일한 사건을 두고도 관점이 다르다. 그것은 마태는 그의 복음서를 통해 '유대인의 왕', 즉 왕적인 메시아를 강조했고, 누가가 기록한 복음서는 '가난한 자와 비천한 자를 구원하는 메시아'로서 강조하고 있기 때문이다. 그래서 「마태복음」에는 갓난아기 예수를 경배하러 온 사람들이 동방박사였고, 예수에게 왕의 예우를 하고 돌아갔다. 반면 「누가복음」에는 목자들이 찾아왔고, 예수에게 그리스도 구주의 예우를 하고 돌아갔다.

이런 이유로 마리아의 심정의 흐름은 「누가복음」에, 요셉의 심정의 흐름은 「마태복음」에 더 잘 나와 있다.

마리아의 심정

다윗의 자손 요셉이라 하는 사람과 약혼한 처녀에게 이르니 그 처녀의 이름은 마리아라.(「누가복음」 1:27)

이 구절들을 보면 마리아는 분명 요셉과 약혼한 처녀였다. 여기서 약혼이라는 것은 오늘날 약혼과는 상당히 차이가 있다. 『성경 속의 생활풍속 따라잡기』의 저자 제임스 프리먼(James M. Freeman)은 그의 책에서 "정혼 상대를 정하고 정혼 예식을 치루는 대부분의 과정은 정혼 당사자가 아닌 부모나 형제들에 의해서 이루어졌다"[7]라고 연구 결과를 내놓았다.

이로 보건대 예수 당시 정혼 풍습에서는 철저히 집안 대 집안으로 이루어진 정략결혼이었다. 개인 대 개인의 결혼이 아니라는 이야기다. 말하자면 마리아의 집안과 요셉의 집안이 그들을 결혼시키기로 결정한 것이다. 이것이 약혼이다. 본인들의 의사와는 전혀 상관이 없다. 이런 약혼을 한 사람이 처녀 마리아다. 앞으로 마리아가 겪게 될 일들이 결코 가벼운 일들이 아님을 알 수 있다. 만일 약혼과 결혼 등에 차질이 생긴다면 잘못이 있는 집안이 철저히 책임을 져야 한다는 전제가 깔려 있는 것이다.

그런데 이때 처녀 마리아의 나이는 몇 살이었을까. '비록 결혼이 가능한 나이(12세)에 정혼을 했다 하더라도 정식 결혼 날짜까지는 잠자리를 같이할 수 없었다"[8]라는 프리먼의 보고에 따르면 얼추 12세를 지난 십대 소녀로 추정이 된다. 요즘으로 보면 초등학교 5학년부터 중고생의 나이다. 이 보고는 여러 성서학자들도 동의하는 부분이다.

이런 소녀에게 어느 날 갑자기 천사가 나타나 "그에게 들어가 이르되 은혜를 받은 자여 평안할 지어다 주께서 너와 함께하시도다 하니"(「누가복음」 1:28)라고 인사를 한다. 당시 사람들의 신앙심 속에는 천사

7) 제임스 프리먼, 남송현 옮김, 『성경 속의 생활풍속 따라잡기』(아가페출판사, 1997), 10쪽.
8) 위 책, 10쪽.

가 자신에게 나타났다는 것은 뭔가 하늘의 메시지를 전해 준다는 의미가 있었다. 그것은 결코 가벼운 게 아니라 중차대한 것이다. 어느 날 갑자기 천사가 나타나 자신에게 인사를 하고 모종의 메시지를 전하려 한다고 생각해 보라. 그것도 사내를 전혀 모르는 청소년이다. 물론 당시의 청소년과 지금의 청소년들 사이에는 간극이 있다. 하지만 정신 연령이나 문화적 차이를 인정한다고 하더라도 심히 두려운 일이 아닐 수 없다.

곧 마리아의 반응은 나타난다. "처녀가 그 말을 듣고 놀라 이런 인사가 어찌함인가 생각하매"(「누가복음」1:29)라고. 지극히 당연하다. 이제 결혼을 얼마 남겨두지 않은 상황, 특히 약혼을 한 상태는 이미 결혼한 것과 마찬가지인 당시 풍습 속에서 모든 것이 조심스러운 소녀 마리아였다. 직감이나 꿈 등에 예민한 여자들의 특성상 마음은 놀람과 두려움으로 가득 차 있다.

불길한(?) 예감은 어찌 그리 잘 들어맞는지. 천사가 곧바로 자신의 메시지를 전한다. 천사는 "보라 네가 잉태하여 아들을 낳으리니 그 이름을 예수라 하라. 그가 큰 자가 되고 지극히 높으신 이의 아들이라 일컬어질 것이요 주 하나님께서 그 조상 다윗의 왕위를 그에게 주시리니 영원히 야곱의 집을 왕으로 다스리실 것이며 그 나라가 무궁하리라"(「누가복음」1:31~33)라고 한다.

메시지의 내용으로 봐선 나무랄 데가 없다. 아니 오히려 '가문의 영광'이다. 그런데 처녀 마리아가 잉태를 한단다. 그것도 아들이며, 이미 이름도 예수라고 지어 준다. 마리아의 입장에선 두려운 일이다. 천사가 갑자기 나타난 것만도 두려운 일인데, 거기다가 아직 결혼도 하지 않은 자신에게 아이라니. '이건 말도 안 돼. 있을 수 없는 일이야'라는 생각이 절로 들 터. 후대 기독교 입장에서야 성스러운 일을 당하는 것은 영광 중에 영광이라고 여기겠지만, 그건 후대의 생각일 뿐. 마리아에겐 청천벽력과도 같은 일이다.

"정혼을 했다 하더라도 정식 결혼 날짜까지는 잠자리를 같이할 수 없었다"는 프리먼의 보고대로라면 보통 일이 아니다. 아기를 가진다면 이 사실을 어떻게 할 것인가. 자신 혼자만 알고 있을 것인가. 아무리 혼자만 알고 있으려 해도 배가 불러 올 텐데. 언제까지 혼자만 알고 있어야 되는가. 그렇다면 이 사실을 누구에게 먼저 알릴 것인가. 자신의 아버지, 어머니, 형제들? 아니면 정혼한 남편 요셉? 그것도 아니면 자신의 친구에게? 언제 알리느냐도 문제지만, 과연 이 사실을 누가 믿어 줄 것인가. 천사를 만난 것은 자신 하나뿐이다. 배 속에 아기가 생기면 그 아기가 하늘의 기운으로 잉태된 아이라는 걸 어떻게 증명할 것인가.

무엇보다도 당시의 율법에 의하면 지금의 사태가 조금이라도 오해받는 날엔 심각한 범법 행위로 간주될 것이 분명하다. 목숨이 위태로운 일이다. 약혼은 결혼과 같은 것으로 간주되었다. 약혼해서 결혼까지는 무엇보다도 순결이 중요한 시기였다. 이 기간엔 약혼한 남자도 처녀를 건드릴 수 없었다. 그런데 아이라니. 이러한 사실을 알리고, 다행히 자신의 가족과 남편 요셉이 이해한다고 할지라도 이웃들이 그걸 받아들일까. 혹시 모르는 남정네와 바람이 난 건 아니냐고 하지 않을까. 배가 불러 와서 아이를 낳는 기간을 보며 누군가 의심하지는 않을까. 풍습상 이런 정결 기간을 민감하게 생각하는 당시라면 충분히 의심할 수 있는 상황이다. 잘못하면 자신의 치욕의 문제가 아니라 집안이 풍비박산 날지 모를 일이다.

이어서 그녀는 '다 좋은데 왜 하필이면 나란 말인가'라는 생각이 들지 않겠는가. 왜 자신이 이런 위험 부담을 져야 한단 말인가. 또는 그런 위대한 일이 자신 같은 부족한 사람에게 생기는 이유가 궁금할 터. 왜 하필 자신이 선택받았을까.

그것보다 처녀 마리아에겐 '그럼 과연 어떻게? 무슨 방법으로?'라는 생각에 이르러 앞이 캄캄했으리라. 무릇 임신이라 하면 남자와 섹스를 해야 하는 것이 아닌가. 아무리 신성한 존재라도 그런 방법일 텐데. 그럼 다른 방법이라도 있다는 건가. 마리아의 입장에선 그 이야기를 듣는 순간 참 많은 생각들이 순식간에 지나갔을 것이다.

이에 천사가 바로 대답해 준다. "대저 하나님의 모든 말씀은 능하지 못하심이 없느니라"(「누가복음」1:37)라고. 신의 능력으로 해결하겠단다. 그동안 자신이 신앙하던 그 신, 아버지와 조상들로부터 내내 들어왔던 바로 그 신이 직접 해결하겠단다. 어떤 방법인지 몰라도 신이 해결한다고 하니 일단 믿어야 한다고 생각했으리라.

"마리아가 이르되 주의 여종이오니 말씀대로 내게 이루어지이다 하매 천사가 떠나가니라"(「누가복음」1:38)라는 표현대로 마리아는 신을 신뢰하기로 마음을 돌렸다. 선택의 여지가 없었다. 이때까지의 신앙 풍습으로 봐서 이러한 일을 거부한다고 거부될 일이 아니라는 걸 마리아는 잘 알고 있었다. 그렇다면 피할 수 없으면 즐겨야 한다고 생각했을 게다. 그리고 천사가 떠나갔다. 너무 순식간의 일이라 어안이 벙벙했다. 「누가복음」에 나와 있는 대로 마리아의 심정은 두려움과 놀라움, 이 두 가지였다.

요셉의 심정

요셉의 나이는 몇 살쯤 되었을까. 당시 결혼 적령기가 12세 이후였다면, 아마도 20세 아래의 청년이지 않았을까. 당시는 20세가 넘었는데도 결혼을 하지 않았다면 문제가 있는 걸로 봤던 시대였다.

그런 요셉에게 도저히 믿기지 않을 소식이 전해졌다. "그의 어머니 마리아가 요셉과 약혼하고 동거하기 전에 성령으로 잉태된 것이 나타났더니"(「마태복음」 1:18)라는 소식이다. "히브리인들 사이에서 행해졌던 정혼의 관습은 오늘날의 단순한 결혼 약속과는 다른 것으로서 정혼 자체가 결혼 생활과 동일하게 취급되었다. 따라서 정혼은 결혼으로서 법적 구속력을 지녔으며 이혼 증서를 주지 않고는 정혼의 효력을 파기할 수 없었다. 이 사실은 결혼 전에 요셉을 마리아의 남편으로 부른 것을 봐도 알 수 있다"라는 프리먼의 보고를 봐도 얼마나 엄청난 사실이란 걸 알 수 있다. 결혼은 하기 전이었지만, 사실상 그들은 부부였다.

프리먼은 약혼 기간을 "정혼식을 치르고 결혼 예식을 거행하기까지는 1년 또는 그 이상의 기간이 경과되었는데 이 기간은 정혼한 신부가 결혼 예식을 위해 준비하는 기간이었다"[9]라고 설명했다. 신부가 결혼 준비를 하고 순결을 조심해야 하는 그 기간 동안에 도대체 무슨 일이 있었단 말인가. 결혼해서 동거도 하기 전에 임신이라니. 그동안 남자로서 이런 시간들을 얼마나 기다려 왔는데. 마리아의 말로는 신이 하신 일이라고 하기는 하지만, 이건 너무 억울한 일이다. 도대체 어떤 남자와 잤단 말인가. 법대로라면 그녀를 당장 공개 처형을 해야 할 사안이 아니었던가.

설령 얼핏 들었던 그녀의 말대로 하늘의 능력으로 임신했다 할지라

---

9) 위 책, 10쪽.

도 기분 좋지 않은 것은 분명하다. 남자는 누구나 자신의 씨로 자신의 자손을 보고 싶어 하는 것은 인지상정이 아니던가. 아무리 신의 뜻이라 할지라도 싫은 일임에는 틀림없다. 그렇다면 또 문제다. 이러한 사실이 밖으로 새어 나간다면 자신이 이해를 하고 안 하고의 문제가 아니질 않는가. 여자의 순결에 유난히 엄격한 사회에서 과연 그녀를 가만 둘 것인가. 아니, 모든 것을 알고도 수수방관한 자신에게도 책임이 돌아올 터. 신의 작품이라고 말을 하면 과연 사람들이 믿어 줄까. 구차한 변명으로 받아들이지는 않을까.

그래서 요셉은 "그의 남편 요셉은 의로운 사람이라 그를 드러내지 아니하고 가만히 끊고자 하여"(「마태복음」 1:19)라는 행동을 취한다. 요셉이 마리아를 당장 공개 처형의 자리에 내주지 않은 것으로 보면 호인—성경의 표현대로 '의로운 사람'—이긴 하다. 그도 많이 고민한 흔적대로 '드러내지 않고 조용히 관계를 끊고자' 했던 것이다. 사생아이든 신의 작품이든 요셉은 감당할 자신이 없었던 것이다. 결혼도, 신의 계시도 모두 없었던 일로 하고 조용히 넘어가고 싶었다. 이제 와서 화를 낸들 무슨 소용이며, 아무 일 없었던 것처럼 돌리려 한들 무슨 소용인가. 문제가 복잡해지는 것을 누구보다 싫어하는 요셉은 그저 조용히 넘어가길 바랐다.

이때 천사가 꿈에 나타났다. "이 일을 생각할 때에 주의 사자가 현몽하여 이르되 다윗의 자손 요셉아 네 아내 마리아 데려오기를 무서워하지 말라 그에게 잉태된 자는 성령으로 된 것이라"(「마태복음」 1:20)라고 황급히 요셉의 마음을 돌리려 한다. 말 그대로 마리아는 자신의 아내였다. 당시의 풍습대로 약혼한 때부터 자신의 아내는 마리아였다. 그렇다. 요셉은 무서웠다. 지금 벌어지는 일이 너무나 떨리고 두려웠다. 자신과 아내, 그리고 집안의 명운이 걸린 일이었다. 오죽하면 천사가 나타나자마자 요셉에게 '무서워하지 말라'고 했을까. 그러면서 천사는 그 아들이 성령으로 잉태된 것이라고 못을 박아 말한다. 마리아로부터 조심스레 들었던 성령 잉태에 대해 수없이 고민하고 고민했던, 그래서 조용히 문제를 끝내려 했던 그에게 천사는 쐐기를 박는다.

천사는 "아들을 낳으리니 이름을 예수라 하라. 이는 그가 자기 백성을 그들의 죄에서 구원할 자이심이라 하니라"(「마태복음」 1:21)라는 메시지를 전한다. 아니 성령 잉태도 놀라운 일인데, 그 아이가 우리 민족을 구할 구원자라니. 우리 민족이 그토록 기다리던 메시아란 말인가. 여자와는 생각 구조가 다른 남자 요셉은 그 순간에 양가감정이 생겼다. 자신의 씨가 아니라는 면에서 속상한 일이었지만, 그 아들이 우리 민족의 염원인 구세주가 된다니 영광스러운 일이 아닌가. 잘만하면 자신이 메시아의 아버지가 되는 일이다.

천사는 요셉의 심정을 꿰뚫어 보았는지 바로 다른 메시지를 전한다. "이 모든 일이 된 것은 주께서 선지자로 하신 말씀을 이루려 하심이니 이르시되 보라 처녀가 잉태하여 아들을 낳을 것이요 그의 이름은 임마누엘이라 하리라 하셨으니 이를 번역한즉 하나님이 우리와 함께 계시다 함이라"(「마태복음」 1:22~23)라며 요셉의 마음에 날개를 달아 준다. 장차 자신의 아들이 될 예수는 선지자 이사야가 예언한 바로 그 메시아라고 천사가 확증을 해 준다. 그러면서 그가 태어나는 것은 신이 이스라엘 백성을 저버리지 않고 함께 계신다는 증거라고 천사가 말해 준다. 그동안 로마의 압제에 시달리던 자신의 민족만 생각하면 울화통이 터지는데 뭔가 막힌 게 뻥 뚫리는 느낌일 터. 조상 대대로 전해 오던 메시아가 드디어 나타난다는 것만 해도 기분 좋은 일인데, 그 메시아가 자

신의 아들이라니. 비록 신의 아들이라 할지라도 영광스러운 일임에는
틀림이 없다.

　요셉은 그 메시지를 듣자마자 당장 실행에 옮긴다. "요셉이 잠에서
깨어 일어나 주의 사자의 분부대로 행하여 그의 아내를 데려왔으나"
(「마태복음」 1:24)라는 표현이 이를 말해 준다. 앞의 이야기들을 미루어
짐작하건대 요셉의 심성은 독하지 않고 순하다는 것, 하지만 책임지고
어떠한 일을 처리하는 데는 자신이 없다는 것, 복잡한 문제가 생기면
정면 돌파보다는 피해 간다는 것, 하지만 누군가로부터 확실한 이야기
를 들으면 바로 실행에 옮긴다는 것 등이다. 어쨌든 그는 그렇게 모험
을 감행했다.

　그러면서 "아들을 낳기까지 동침하지 아니하더니 낳으매 이름을 예
수라 하니라"(「마태복음」 1:25)에서 보는 것처럼 요셉은 아내와 잠자리
를 하지 않았다. 사실 아내와 잠자리를 같이할 수도 있지 않았을까. 하
지만, 혹시나 자신 때문에 역사적 대의가 그르치지 않을까 노심초사한
지도 모른다. 잘못되면 어쩌나 하는 노파심은 예수를 낳기까지 마리아
와의 섹스를 유보시켰다. 정상적인 기간이라면 적어도 8~10개월일
텐데 말이다. 그동안 신혼부부로서 합방을 하지 않는다는 것은 예삿일
이 아니다.

태아 예수의 심정

　　　　　　　　이런 복잡한 상황과 부모들의 심정, 특히
어머니 마리아의 심정과 잇대어 있는 예수는 어땠을까. 탯줄 하나로 어
머니와 교감하는 예수는 어머니로부터 어떤 심상들을 선물 받고 있었
을까. 과연 태아 예수는 어떤 태교를 받고 있었을까.

강북삼성병원 산부인과의 이교원 과장은『대기원시보』남창희 기자와의 인터뷰(2009년 12월 30일)에서 "쥐 실험으로도 밝혀졌어요. 임신한 쥐 세 그룹에게 하루 2시간씩 한 그룹은 클래식 음악을, 다른 한 그룹은 소음을, 다른 한 그룹은 아무 소리도 안 들려줬어요. 낳은 새끼의 뇌를 해부해 보니 클래식 음악을 들려준 쥐의 신경이 훨씬 발달해 있었던 겁니다. 뇌 중에서 기억을 담당하는 부분이 해마인데, 소음을 들려준 쥐는 해마 발달이 잘 안 되어 있었어요"라고 태교의 중요성을 말했다. 그는 이어서 "태교 안 한 아이는 보통 눈 뜨는 데 30분 걸립니다. 아기는 무서워서 눈을 못 떠요. 그런데 태교를 열심히 한 아이는 1～2분이면 눈을 떠요. 태명을 부르며 '눈 떠 봐' 그러면 눈을 딱 뜨니까 태교를 한 아이와 하지 않은 아이는 차이가 나지요"라는 자신의 임상 경험을 일러 주었다.

태교가 태아의 성격 형성에 무엇보다 중요하다는 것은 이제 누구나 다 안다. 사람이 자신의 성격을 형성하는 데는 크게 세 가지 방식이 있다. 첫째로 유전적으로 물려받는 방식, 둘째로 태아 시절 엄마로부터 영향 받는 방식, 셋째로 성장 환경에 영향 받는 방식이다. 이 셋 중 어떤 것이 제일 큰 영향을 미칠까. 칼로 무 자르듯 알 수는 없다. 하지만 DIY 태교, 웃음 태교, 대화 태교, 음악 태교, 기 태교 등등 수많은 태교법이 생겨나는 걸로 봐서 태교가 성격 형성에 얼마나 막대한 비중을 차지하는지를 사람들은 잘 알고 있다. 수많은 실제 경험과 과학적 근거 덕분이다. 심지어 음식 태교도 있다. '문제아는 잘못된 식생활의 희생자다'라는 학계의 발표에 의거해 태교에는 어떤 음식이 좋고, 어떤 음식이 나쁜지를 알려 주는 정보가 홍수처럼 쏟아지고 있다.

이럴진대 예수의 어머니 마리아는 천사의 계시를 듣고 '두려움'과

'놀라움'으로 몸을 떨었다. 마리아에게 제일 영향을 많이 주는 남편 요셉은 '무서움'과 '기대함'이 오가는 양가감정 속에서 있었다. 그렇다. 그들에겐 엄연히 무섭고 두렵고 놀랄 일이었다. 대단한 메시아의 영광으로도 그들의 두려움을 다 덮을 수는 없었다. 그것은 극도로 긴장되는 상황이었다. 혹여나 이웃에게 비밀이 새 나가지는 않을까. 무사히 예수를 낳을 수 있을까. 예수를 낳고도 과연 반듯하게, 아니 메시아로 키워 낼 수 있을까. 그런 염려와 불안감 등은 위대한 존재를 잉태한 평범한 사람들의 심리 상태이리라. 그들은 참으로 복잡한 콤플렉스에 휩싸였다. 진퇴양난의 콤플렉스 세계에 뛰어들었다. 그것도 자신들의 의지가 아닌 하늘의 의지로 말이다.

『뇌내혁명』을 쓴 하루야마 시게오(春山茂雄)는 그의 저서를 통해 다음과 같이 설명하고 있다.[10] 인간은 화를 내거나 강한 스트레스를 받으면 뇌에서 노르아드레날린—강력한 혈압 상승제 역할을 하는 신경 전달 물질—이라는 물질이 분비된다. 이 물질은 호르몬의 일종으로서 대단히 극렬한 독성을 가지고 있다. 물론 뇌에서 분비하는 호르몬은 극히 소량에 지나지 않지만 항상 화를 내거나 스트레스를 자주 받으면 이 호르몬의 독성으로 인해 노화가 촉진되어 오래 살 수 없다. 강한 스트레스를 받게 되면 아드레날린—척추동물의 부신 수질에서 분비되는 호르몬. 교감신경 흥분제, 혈관 수축제, 혈압 상승제 따위로 작용—계열의 독성 호르몬을 분비한다. 이 호르몬은 적정량이 분비되면 신체에 긴장과 활기를 주어 긍정적으로 작용하지만 과잉 분비되면 혈관을 수축

---

10) 하루야마 시게오, 반광식 옮김, 『뇌내혁명』(사람과책, 1996).

시킨다. 인간이 화를 내거나 긴장하면 뇌에서는 노르아드레날린을 분비한다. 공포감을 느끼면 아드레날린을 분비한다.

이럴진대 마리아가 뿜어내는 호르몬, 마리아의 심리 상태 등은 고스란히 예수에게로 돌아갔을 게다.

하지만 이것보다 좀 더 근본적인 이유가 있다. "니체에 따르면 동정녀 마리아가 낳은 예수의 탄생 이야기는 모든 인간이 거기서 태어나는 '성'을 불결한 것으로 인식하게 하는 설화이며, 그것은 삶을 향한 본능적인 의지를 모욕하고 좌절시키는 이데올로기입니다"[11]라는 이주향의 설명은 마리아의 콤플렉스를 말해 주고 있다.

보통의 여성이라면, 평범한 성교와 평범한 방법으로 임신해서 태교하는 것을 생애 최고의 행복으로 느끼게 마련이다. 그것은 이 세상 어머니들의 공통점이다. 하지만, 불행하게도(?) 예수의 탄생은 인간 보편의 '성'을 불결한 것으로 인식하게 하고, 그런 의지를 모욕하고 좌절시켜 버렸다. 마리아의 깊은 심성에는 이러한 콤플렉스가 깔려 있다.

이러한 일들은 마리아에게 곧바로 소외감으로 이어졌으리라. 평범함으로부터 소외 말이다. 사람이란, 특히 여성은 더욱더 보편적인 방식을 취함으로써 안정감을 느낀다. 하물며 어머니가 되는 일이며, 자신의 아기를 세상에 태어나게 하는 일은 더욱 그렇다. 마리아는 신의 어머니라고 선택을 받았지만, 평범한 사람의 어머니라는 인류 보편적 심성으로부터 거부당한 것이다.

실제적으로 신의 아들을 잉태한 탓에 주위의 곱지 않은 시선으로부

---

11) 이주향, 『이주향의 치유하는 책읽기』(북섬, 2007), 224쪽.

터도 거부당했다. 그것은 선택받지 못한 자들의 부러움과 시기일 수도 있다. 그것은 평범한 사람들이 비범한 잉태를 바라보는 비아냥거림일 수도 있다. 그것은 마리아에게 진실일 수 있는 성령 잉태가 조작일 수도 있다는 평범한 사람들의 의심의 눈초리일 수도 있다.

이런 평범한 세상으로부터의 거부, 소외된 존재라는 의식은 마리아로부터 고스란히 예수에게 이어졌다. 원래 영웅은 외로운 법이다. 이 세상에 태어난 영웅치고 외롭지 않은 사람은 아무도 없었다. 이런 소외의 심성이 바로 예수의 콤플렉스의 근원이다. 그가 특별한 존재라고 인식되는 그 잉태의 순간부터 예수가 짊어질 짐이었다. 『몸에 밴 어린 시절』의 저자 휴 미실다인이 상담을 한다면 "당신은 거부당한 사람들의 유형입니다"라고 말할 게 틀림없다. 그래서 "당신은 외로운 늑대와 황야의 무법자의 심성을 지녔어요"라며, "당신의 내재과거아를 잘 다루지 않으면 적개심과 반항으로 인생을 망가뜨릴 수도 있을 거예요"라고 조언해 줄 것이다.

예수는 왜 마구간에 태어났을까

예수는 왜 마구간, 더 정확히 표현하면 말 밥통에서 태어났을까. 우리는 성경 이야기를 익히 알고 있다. 하지만, 예수가 거기에서 태어난 게 과연 사실일까. 사실이라면 왜 꼭 거기여야만 했을까. 기독교인들이 말하는 것처럼 '높고 높은 보좌를 버리고 말 밥통 같은 세상에 임하신 신의 겸손한 자기표현' 때문일까. 아무래도 기독교식의 신앙을 공유하지 않은 비기독교인들에겐 뭔가 냄새가 날 수도 있다. 지극히 의도적인 탄생 스토리는 아니었을까.

요셉의 호적 사건은 사실일까?

「누가복음」 2장은 "그때에 아우구스투스 황제가 칙령을 내려서 온 세계가 호적 등록을 하게 되었는데"(「누가복음」 2:1)라는 구절로 시작한다. 팍스 로마나(Pax Romana)를 이룬 카이사르 아우구스투스, 즉 옥타비아누스 황제가 칙령을 내렸다. 그 호적의 목적은 호구 조사였고, 세금 징수와 강제 징집, 인구 통제 등의 자료로 쓰였다. 말하자면 강대국이 식민지 땅을 지배하는 조직적인 권력 통치 행위로서 예나 지금이나 침략자들의 기본 전략이다. 사람이 태어나는 고귀한 순간마저도 압제자의 억압의 사슬에 묶이는 식민지 백성의 설움과 콤플렉스가 뒤섞인 행사였다.

그런데 "이 첫 번째 호적 등록은 구레뇨가 시리아의 총독으로 있을 때에 시행한 것이다"(「누가복음」 2:2)라는 구절이 수상하다. 유대 역사가 요세푸스의 『유대 고대사』에 의하면 구레뇨(퀴리노)가 시리아 총독이 된 것은 AD 6년으로 나타나고 있다. "구레뇨는 헤롯 대왕의 아들 아켈라오(BC 4~AD 6년 동안 유대 사마리아 이두매 분봉왕으로 통치)가 실권해서 망명한 뒤 로마 황제에 의해 유대 지방을 편입한 시리아에 파견된 사람이다"라고 기록되어 있다. 구레뇨는 적어도 예수가 태어난 지 6년이 지나서야 시리아의 총독이 된 사람이다. 시기 문제는 학자들 간 많은 이견이 있긴 하지만, 굳이 논란이 될 만한 시리아 총독을 누가는 왜 택했을까.

하여튼 "모든 사람이 호적 등록을 하러 저마다 자기 동네로 갔다"

(「누가복음」 2:3)라고 전하고 있다. 예나 지금이나 힘없는 사람들은 권력자 앞에 순한 양으로 살아야 하는 법이다. 맘에 들지 않더라도 무조건 따라야 살아남는다는 걸 약자들은 스스로 터득하게 마련이다. 어쩌면 그렇게 길들여지는지도 모른다. 더 나아가 약자들은 스스로를 그렇게 길들이는지도 모른다.

이런 상황에서 누가는 밝힌다. "요셉은 다윗 가문의 자손이므로, 갈릴리의 나사렛 동네에서 유대에 있는 베들레헴이라 하는 다윗의 동네로 자기의 약혼자인 마리아와 함께 등록하러 올라갔다"(「누가복음」 2:4~5)라고. 그래 바로 이거다. 누가는 이걸 밝히고 싶었다. 아니 알리고 싶었다. 요셉이 다윗 가문의 자손이라는 걸 말이다. "유대 땅 베들레헴아 너는 유대 고을 중에서 가장 작지 아니하도다. 네게서 한 다스리는 자가 나와서 내 백성 이스라엘의 목자가 되리라 하였나이다"(「미가」 5:2)에 나오는 미가 선지자의 예언을 의식했을 것이다.

곧 해산할 만삭의 아내를 데리고 굳이 호적 하러 가는 요셉의 유별남도 미심쩍다. 요세푸스의 역사 진술에 의하면 당시 로마에서는 호구조사가 행해지면 모든 남성은 자신이 거주하는 곳에서 보고하도록 되어 있었다. 굳이 베들레헴이 아닌 나사렛에서 가능했다. 그리고 호적을 하더라도 가장 혼자만이 보고를 했으며, 그 어떠한 경우에도 그의 아내나 혹은 다른 피부양인들이 그와 함께해야 할 필요가 없었다는 보고는 의심을 증폭시킨다.

앞에서 우리는 예수의 족보가 일종의 '콤플렉스 족보'라고 살펴보았다. 바로 그 예수의 족보가 기록되는 '호적 조사'의 순간이다. 역사적으로도 이견이 많은 시대를 택해서라도, 그 이견에 따르면 있지도 않은 일이라는 위험을 감수하고라도 굳이 성서의 저자는 예수는 다윗 가문의 후손이며, 아브라함의 자손이라는 것을 알려야 했다.

사실 예수가 사역하면서 그토록 콤플렉스를 느끼며 증오하던 바리새인들은 자신들 족보의 기득권을 누구보다 누리던 사람들이었다. 무릇 한 자연인이 태어나 호적에 오르는 순간부터 그 인간은 더 이상 순수 자연인이 아니게 된다. 말하자면 사회적인 존재로서의 인간이 되며, 그 사회의 법적 구성원으로 인정받는 일이다. 그것은 안정을 보장해 준다는 의미에서 좋은 일이지만, 자유를 구속한다는 의미에서 불편한 일이다. 지금 예수의 부모들은 바로 이 행위를 하고 있다. 자신의 민족을 구원할 메시아로서의 격을 갖추려는 행위이면서, 동시에 침략자 로마의 식민지 백성임을 인정하는 행위를 하고자 하는 것이다. 강대국의 압제, 약소국의 설움 그리고 메시아에 대한 희망 등이 뒤범벅이 된 '복잡한(complex)' 상황이다.

마구간의 탄생

예수의 생애는 처음 시작부터 드라마틱하다. 천사의 수태 고지를 받은 처녀의 몸에서 남자와의 섹스 한 번 없이 성령으로 잉태했고, 급기야 만삭의 몸으로 로마의 명령을 따르는 호적을 하러 갔다가 마구간에서 예수를 낳게 된다는 스토리다.

예수의 탄생 이야기는 "아나호베노 하시히토 황후는 어느 날 밤 금빛 휘황찬란한 스님이 눈앞에 나타나 황후의 입을 통해 몸 안으로 들어가는 꿈을 꾸었다. 다음 날 일어난 황후는 자신이 임신한 사실을 알게 되었다. 8개월 후 태아의 목소리가 들렸지만, 1년이 다 되도록 출산하지 못하고 있었다. 그러다 마침내 황후가 꿈을 꾼 지 1년 후 마구간을 지나가다가 갑자기 산기가 돌아서 쇼토쿠 태자를 낳았다"[12]라는 일본

쇼토쿠 태자의 탄생 설화와 겹친다.

또한 '옛날 북이의 탁리국 왕의 여자 종이 임신하여 왕이 죽이려고 하니 이 종이 크기가 닭 알만 한 기운이 하늘에서 내려와 임신하였다고 말했다. 이 여자 종은 아들을 낳았고 그 아이를 돼지우리에 버렸더니 돼지가 입김으로 불어서 덥게 해 주어 죽지 않았다. 다시 그 아이를 마구간에 넣었더니 말이 역시 입김으로 불어 주어서 죽지 않았다. 이렇게 되자 왕은 그것을 하늘의 아들이라 생각하고 그 어머니에게 명령하여 기르게 하였다. 그의 이름을 동명이라 하고 소, 말을 기르는 일을 맡아 보게 하였다'는 고구려 주몽 개국 신화와도 겹친다. 이 밖에도 수많은 종교 교주와 개국 군주들의 신화와 겹친다.

이유가 뭘까. 왜 그들은 처음부터 화려한 탄생을 택하지 않았을까. 아니면 적어도 평범한 수준의 탄생을 거부했을까. 왜 하나같이 비천하고 누추한 탄생을 강조했을까. 그런 탄생이어야 탁월한 영웅이 되기 때문일까. 그런 사실 여부를 떠나서 그들의 탄생 이야기는 후일의 성공담을 빛나게 해 주는 건 사실이다. 그들의 존재를 비천한 자까지도 품을 수 있는 거대한 품의 소유자로 격상시켜 주는 역할을 한다. 가장 비천한 자리에서 시작해서 가장 고귀한 자리로 올라간 그들의 능력을 찬양하는 데 사용된다. 그들이 특별하면서도 보편적인 존재라는 걸 강조하는 데 탄생 설화는 사용된다.

예수가 마구간에서 탄생한 것은 사실 순전히 아버지 요셉의 실수였다. 아니면 무능력이던지. 성서는 "여관에는 그들이 들어갈 방이 없었

---

12) 한국일어일문학회, 『모노가타리에서 하이쿠까지』(글로세움, 2003).

기 때문"(「누가복음」 2:7)이라고 보도하고 있다. 만삭의 아내 마리아를 데리고 호적 하러 올라갔다면, 적어도 아내를 위해 잠자리를 미리 준비했어야 했다. 아무리 사람이 많이 몰리는 시절이지만, 그 정도도 미리 예견하지 못했단 말인가. 그게 사실이라면 요셉은 어떤 식으로도 변명을 하기가 어렵다.

하지만, 요셉의 실수가 아닌 무능력이라면 요셉이 변명할 여지는 남는다. 요셉의 신분은 목수였다. 견해의 차이는 있지만, 가난한 형편이었다. 한 시대의 중심부도 아닌 저 시골 변방 출신이었다. 그렇다면 호적 기간에 몰려든 수많은 사람들 중 상층부의 사람들이나 권력자들은 이미 벌써 좋은 여관을 차지했을 것이 분명하다. 아무리 미리 여관 자리를 알아본다고 해도 차지할 수 없는 형편일 수 있다. 이래서 무능력한 가장 요셉은 어쩔 수 없게 된다.

어떤 시대도 마찬가지다. 주어진 빵의 양, 주어진 자원과 부의 양은 한정되어 있다. 한쪽에서 먼저 차지하면, 당연히 다른 쪽은 차지할 수 없다. 자신이 차지한 부는 타인의 가난을 담보로 한다는 걸 우리는 알아야 한다. 나아가 타인의 희생이 젖어 있지 않은 부와 권력의 독점은 하나도 없지 않은가.

'에코붓다' 대표 유정길 박사는 2008년 5월 30일, 환경 단체 '안성천살리기시민모임'에서의 강의에서 "일부 선진국들이 지구 자원을 독식하고 있다. 지금 세계에선 20퍼센트 경제 선진국이 지구의 83퍼센트의 자원을 소비하고 있으며, 나머지 80퍼센트 나라들이 17퍼센트의 나머지 자원들을 공유하고 있는 실정이다"라고 밝히면서 "우리 사회에 만연한 '다 같이 잘살아 보자'는 패러다임에서 '골고루 가난하게 살자'는 패러다임으로 획기적인 전환이 필수적이다"라고 강조했다. 그렇다.

다 같이 경제적인 부자가 되자는 것은 지구별 현실을 외면한 속임수에 불과하다.

어쨌든 보았는가. 이게 바로 예수가 태어나면서부터 세상으로부터 처음 거부당하는 장면이다. 휴 미실다인이 말한 '거부와 소외'의 내재 과거아에 직면하는 상황이다. 그런 면에서 아기 예수는 지금 그 시대의 가장 소외되고 가난한 자들의 콤플렉스 덩어리 위에 누워 있는 것이다.

목자들의 경배

성서학자 존 드레인(John Drane)은 그의 저서 『예수와 4복음서』에서 "예수의 탄생 기사를 읽어 보면 약속한 구원자가 처음 왔을 때 그를 알아본 자들은 종교 전문가들이 아니고 일반인들이었다는 것을 알 수 있다"[13]라고 기술하고 있다. 그러면서 「누가복음」 1장에서 예수의 탄생을 알아보는 제사장 사가랴와 엘리사벳도 당시에 거의 알려지지 않은 무명인이라고 밝히고 있다.

이러한 사실은 참 아이러니하다. 당시의 종교 전문가들인 율법학자들과 바리새인들, 지식층인 랍비들은 구약 성서를 애독하면서 수없이 메시아의 도래를 가르쳤을 것이다. 로마의 압제가 강화될수록 그들은 '밤이 깊을수록 아침이 다가온다'는 희망을 설파했을 것이다. 그들은 누구보다 메시아를 가르쳤고, 기다렸다. 하지만 그들은 예수의 탄생을 몰랐다. 아니 일부러 거부하고 무시했다. 한 발 더 나아가 헤롯 대왕 같은 사람은 압제했다(이것은 물론 기독교 입장에서의 해석이다. 아직도 유대

---

13) 존 드레인, 이중수 옮김, 『예수와 4복음서』(두란노서원, 1984), 25쪽.

교는 예수가 아닌 다른 메시아의 도래를 기다리고 있다).

"그 지역의 목자들이 들에서 밤을 새우면서, 자기들의 양떼를 지키고 있었는데"(「누가복음」 2:8)라고 성서는 보도하고 있다. 목자들, 우리 민족 같으면 흔한 농부들이다. 실컷 일해도 자신들의 배를 근근이 채워 나가는 그 시대의 대표 서민이다. 그들의 노동은 낮뿐만 아니라 밤에도 이어졌다. 야간 근무를 해야 생계를 유지할 정도였다. 어쩌면 그들에겐 로마의 압제보다, 유대 권력자들의 횡포보다 가난이 더 견디기 힘들었는지도 모른다. 그렇게 밤을 새워 자신들의 양떼를 지키던 그들이다. 존 드레인이 말한 '일반인' 보다 못한 '하층민'이다.

이런 그들에게 "주의 천사가 그들에게 나타나고, 주의 영광이 그들에게 두루 비치었다"(「누가복음」 2:9)라고 누가는 기록한다. 가난의 콤플렉스, 압제의 콤플렉스 등이 그 추운 밤의 온도처럼 그들의 어깨를 짓누를 때, 한 줄기 빛이 비쳤다. 그들에게 하늘의 영광이 비치고 하늘의 사자가 나타났다.

천사는 "오늘날 다윗의 동네에 너희를 위하여 구주가 나셨으니 곧 그리스도 주시니라"(「누가복음」 2:11)라고 메시지를 전달한다. 천사는 베들레헴이라고 해도 될 대목에서 다시 한 번 굳이 '다윗의 동네'라고 강조한다. 그러면서 그 누구도 아닌 비천하고 소외된 너희 같은 자들을 위해 구주가 나셨다고 한다. 그가 바로 유대 민족이 그토록 갈구하던 메시아라고 일러 준다.

이어서 천사는 "너희는 갓난아기가 포대기에 싸여, 구유에 뉘어 있는 것을 볼 터인데, 이것이 너희에게 주는 표적이다"(「누가복음」 2:12)라는 메시지를 던져 준다. 보았는가. 예수가 구세주라는 표적, 예수가 메시아라는 증거, 그것은 바로 말 밥통에 아기 예수가 누워 있는 것이었다. 무능력한 가장의 비애, 가난하고 소외된 자의 설움, 침략자의 압제와 식민지 백성의 고통이 묻어 있는 바로 그 말 밥통이 증거라는 이야기다.

심리학적으로 말하면 '거부'의 경험을 철저히 당하는 바로 그 아기가 구세주라는 이야기다. 사회로부터 거부당하는 자아를 가진 그들을 구원해 줄, 또 다른 '거부당하는 왕'이 예수라는 이야기다. 상처 입은 자만이 상처를 치유할 수 있다는 심리학의 진실이 여기서 통하고 있다.

동방박사들의 방문

사실 예수의 탄생 신화 속에서 동방박사들의 방문만큼 신비로운 일은 없다. 그들은 과연 누구일까. 성서 연구가 정준극은 "영어 성경에는 동방박사를 Wise men from the East(동쪽에서 온 현자들)라고 되어 있다. 라틴어 Magi(마기, 메이자이)를 Wise men(현자, 지혜자)으로 번역한 것이다. 라틴어인 Magi는 Magos의 복수형이다. Magos는 고대 페르시아어인 Magus에서 비롯한 단어로서 (영어의 Magic은 Magi에서 비롯된 단어이다) 고대 점성술사를 말하며 구체적으로는 조로아스터교의 사제를 의미했다. Magi는 옛 페르시아의 승족(僧族)을 말하기도 했다. 마치 유대 족속에서 레위 부족을 제사장 부족이라고 하는 것과 같았다. 역사학자 헤로도투스(Herodotus)는 동방박사(마기)를 옛 페르시아의 북동부에 있는 메데아(Medea) 왕국의 신성한 계급의 사람들이라고 해석했다. 마기 족속은 페르시아에 사제(승려)들을 공급했다고 한다"라며 동방박사의 정체를 밝히고 있다. 동방박사들은 점술가, 마술사, 천문학자, 이방교도 승려 등이라는 학자들의 다양한 주장이 있다. 어쨌거나 그들은 동방으로부터 온 이방인임에는 틀림이 없다.

이방인, 이스라엘 민족에겐 전형적인 '거부'의 대상이었다. 그들은 이방인이 지나가면 얼굴도 마주치지 않으려고 했다. 심지어 랍비들은 얼굴을 돌리고 침을 땅에 뱉으며 가던 길을 돌아가기도 했다. 이런 문화의 핵심에는 선민사상이 숨어 있다. 그것은 그들의 험난한 역사 때문이다. 이집트에서부터 탈출한 약소민족이 그들이다. 계속해서 주위 강대국들로부터 유린당하는 약소국가였다. 그래서 그들은 스스로 야훼의 백성이라는 신앙관을 만들었다. 야훼가 함께하면 반드시 승리한다는 신념을 키워 나갔다. 어떠한 고난 속에서도 야훼의 백성이라는 자부심을 잃지 않았다. 그래서 그들에겐 야훼가 자신들을 선택했다는 선민사상이 있었으며, 그 사상은 그들을 지탱해 준 정신적 지주였다. 그들에겐 순수 혈통과 족보가 그토록 중요하다.

다윗의 후손이며 메시아라는 걸 입증해야 하는 마태가 왜 하필이면 이방인 박사들을 경배하게 했을까. 실제로 경배했다면 기사에서 빼 버리면 될 것을. 이 장면은 「누가복음」에도 없다. 예수의 탄생 설화를 다루는 『코란』에도 없다. 단지 「마태복음」에만 나와 있다. 자신의 복음서 처음부터 예수의 족보를 등장시키는 마태가 이방인의 등장, 그것도 예수에게 경배하는 당사자들로 동방박사를 등장시켰다.

동방박사들은 "유대인의 왕으로 나신 이가 어디 계시냐 우리가 동방에서 그의 별을 보고 그에게 경배하러 왔노라"(「마태복음」 2:2)라고 헤롯 대왕에게 말한다. 이 부분에서 수많은 영웅과 종교 교주들의 '탄생별' 이야기가 또 한 번 겹쳐진다. 평소 그렇게 가만히 있던 별이 왜 하필이면 그들이 태어날 때마다 그리 잘도 움직이는지 알다가도 모를 일이다. 예수의 특별함을 강조하기 위해선 하늘의 별이 점지해 준 존재라는 걸 알리는 것만큼 좋은 일은 없다. 그가 바로 하늘의 사람이라는 이야기다. 증명할 수도 없고, 증거도 없는 이야기지만, 일단 한 인물의 탄생에 '별 이야기'가 거론되기만 하면 그는 영웅으로 대접받기 딱 좋다.

동방박사들은 "집에 들어가 아기와 그의 어머니 마리아가 함께 있는 것을 보고 엎드려 아기께 경배하고 보배함을 열어 황금과 유향과 몰약을 예물로 드리니라"(「마태복음」 2:11)고 행동한다. 그들이 예물을 세 가지 드렸다고 해서 반드시 동방박사가 세 사람일 필요는 없다. 적어도 둘 이상이다. 하여튼 그들은 고대 근동에서 왕이 될 사람에게 예물로 드렸던 황금, 유향, 몰약 등을 아기 예수에게 바쳤다. 그것은 어쨌거나 아기 예수가 왕임을 선포하는 행위다. 예수의 십자가 위에 적힌 죄 명패 위에 '유대인의 왕'이라고 적힌 것을 보면 예수의 험난한 운명이 예고되고 있는 순간이다.

그렇다. 동방박사의 방문은 예수가 유대인의 왕이라는 상징적 예식이다. 무릇 한 나라의 왕이라고 하면 외국인 사절단의 외교적 축하를 받는 것은 마땅하다. 다윗 왕의 혈통인 예수가 아니면 누가 그런 축하를 받으랴. 더 나아가 예수는 이방인조차 너그럽게 품는 '만왕의 왕'으로 그려진다.

그렇지만, 사실 지금 베들레헴 마구간의 말 밥통에 누운 예수와 그의 부모들은 마태가 의미를 붙인 만큼 유쾌한 상황이 아니다. 어찌 보면 괴롭고 비참한 상황이다. 세상의 왕이라는 것들 때문에 지금 아기 예수와 부모들은 설움을 당하고 있다. 갓난아기의 잠자리조차 말 밥통에 할 수밖에 없는 평범한 서민에게 '유대인의 왕, 만왕의 왕'이 무슨 소용이 있으랴. 모두 다 성서 기자들의 말장난이 아닐까. 적어도 그때 그들에게는.

헤롯 대왕의 유아 살해

탄생 설화가 사실이냐 허구냐의 논쟁에 휩싸이는 가운데 그 정점에 우리는 이르게 되었다. 바로 헤롯 대왕의 '유아 살해 사건.' 가뜩이나 탄생 설화의 허구성에 상당한 무게가 실리는 형국인데, 마태의 '헤롯 대왕의 유아 살해 사건' 기록은 불난 집에 기름을 끼얹은 격이다. 사실 논란의 시발점이 바로 동방박사들의 등장이었다. 동방박사들의 등장은 예수에게 메시아의 격을 넘어 인류 구원의 등불로 격상시켜 주는 상징적인 의미가 되기도 하지만, 역으로 예수의 출생지가 베들레헴이 아닐 수 있다는 역습을 가능케 했고, 나아가서 예수의 출생 자체가 의문시되는 도구가 되기도 한다. 이제부터 헤롯 대왕의 유아 살해, 그 현장 속으로 떠나 보자.

동방박사들의 수상한 행보

"헤롯 왕 때에 예수께서 유대 베들레헴에서 나시매 동방으로부터 박사들이 예루살렘에 이르러 말하되 유대인의 왕으로 나신 이가 어디 계시냐 우리가 동방에서 그의 별을 보고 그에게 경배하러 왔노라 하니"라는 구절로「마태복음」2장은 시작한다.

사람의 심리가 그렇다. 누구나가 자신이 내뱉은 말과 논리가 정당하다는 것을 어떡하든 증명하고 싶어 한다. 때론 증명하는 데 열을 올리다 보면, 과장과 허구가 나오게 마련이다. 나아가서 소위 '무리수'를 두기도 한다. 지금 마태가 무리수를 두었는지 누구도 알 수 없다. 다만, 다윗 왕의 후손이며, 메시아로서 태어난 존재임을 증명하고 알려야 하는 마태가 그렇게 했을 가능성에서 제외될 수 없다.

사실 예수 탄생 장면에서 베들레헴에 동방박사들이 등장하는 것은 뜬금없다. 동방박사가 등장하지 않아도 예수의 탄생 기사는 별 무리 없이 미화될 수 있었다. 그런데 왜 어느 복음서에도, 어느 역사서에도 없는 동방박사들이 등장한 걸까. 동방박사들은 이방인이다. 본국이 아닌 타국의 사람이 왕이 될 사람의 탄생을 외교적 차원에서 축하하는 사절단의 의미로 그들을 등장시키기엔 상당한 모험이 뒤따른다. 앞에서도 말했거니와 순수 혈통을 누구보다 중요하게 여기는 유대인들에게 이방인의 축하라니.

동방박사들의 엉뚱한 행보는 거기서 그치지 않는다. "헤롯 왕과 온 예루살렘이 듣고 소동한지라"(「마태복음」 2:3)라는 내용에서 보듯이 헤롯 왕과 예루살렘에게 예수의 탄생을 공개적으로 알린다. 그들이 마술사, 점성가, 천문학자 등의 신분이라면서 군이 헤롯 대왕을 찾아가서 "유대인의 왕으로 나신 이가 어디 계시냐. 우리가 동방에서 그의 별을 보고 그에게 경배하러 왔노라"고 물어봐야 했을까. 유대 사회의 권력 구조와 헤롯 대왕의 폭정, 나아가서 고대 근동의 권력 구조 등을 소위 박사라는 양반들이 그토록 몰랐을까. 왕궁에 도착했을 때 왕궁의 분위기가 왕이 될 왕자가 태어나서 환호하는 분위기인지 아닌지를 분간도 못할 정도였을까. 자신들이 전하는 메시지가 헤롯 대왕의 직계 후계자를 두고 하는 것이라면 문제가 없겠지만, 그게 아니라면 피비린내 나는 권력 숙청이 있을 거라는 것도 모르는 바보였을까. 하늘의 뜻을 살펴서 세상에 전하는 정도의 양식 있는 사람들이 그 정도 상황 판단이 되지 않았을까. 이러한 궁금증에도 불구하고 그들로 하여금 헤롯 왕과 백성들에게 공개적으로 알게 했다면 이것은 글을 쓴 저자의 의도가 작용했음을 알 수 있지 않을까. 아니면 적어도 동방박사들의 의도적인 행보가 아니었을까.

헤롯 대왕이 "왕이 모든 대제사장과 백성의 서기관들을 모아 그리스도가 어디서 나겠느뇨"(「마태복음」 2:4)라고 묻는 것은 더욱더 드라마틱하다. 지금 헤롯 왕의 입장에선 자신의 왕국이 흔들리는 판인데, 그리스도가 어디서 나느냐고 물을 수 있었을까. 물론 그리스도가 어디서 났는지를 알아 죽이려고 했다면 이상할 리 없지만, 곧 이어 내놓는 종교 지도자들의 대답으로 봐서 일리가 없다. 그런데다가 동방박사는 '유대인의 왕으로 나신 이'가 어디 있느냐고 물었는데, 헤롯은 바로 '그리스도'라고 친절하게 번역까지 해 준다. 이스라엘 말이 언제 '유대 왕'과 '그리스도'가 동격이 되었을까. 이는 예수가 그리스도라는 것을 강조하는 부분이라고 할 수밖에.

종교 지도자들의 대답이 걸작이다. "유대 땅 베들레헴아 너는 유대 고을 중에서 가장 작지 아니하도다. 네게서 한 다스리는 자가 나와서 내 백성 이스라엘의 목자가 되리라 하였나이다"(「미가」 5:2)라고 한다. 어디서 나겠느냐고 물었는데, 참 친절하게도 구약 성서 구절까지 일러 준다. 그는 이스라엘의 목자까지 될 사람이란다. 그리스도에, 유대의 왕에, 이스라엘의 목자까지. 그야말로 3관왕이다. 예수의 어깨를 실로 무겁게 만든다.

사실 동방박사들이 헤롯 대왕 때 유대 베들레헴으로 아기 예수를 보러 갔다고 하는 설정부터 심상찮다. "유대 땅 베들레헴아"(「미가」 5:2)라는 미가 선지자의 예언을 어렸을 적부터 익히 잘 알았던 유대인 마태가 아니었던가. 그는 예수가 태어난 곳으로 유독 베들레헴에 집착하는 듯하다. 예수의 베들레헴 탄생 사건의 사실 여부를 떠나 그 예언과 어떻하든 연관시켜 보려는 마태의 시도가 가상하기까지 하다.

특히나 마태가 베들레헴 탄생에 집착하는 이유는 이렇다고 보인다. 유대인이자 예수의 제자였던 마태는 "어떤 사람은 그리스도라 하며 어떤 이들은 그리스도가 어찌 갈릴리에서 나오겠느냐. 성경에 이르기를 그리스도는 다윗의 씨로 또 다윗이 살던 마을 베들레헴에서 나오리라 하지 아니하였느냐 하며"(「요한복음」 7:41~42)라는 논쟁을 예수 옆에서 수도 없이 들었을 것이다. 그것은 곧 예수의 콤플렉스였고, 나아가서 마태의 콤플렉스라고 해야 할 것이다. 자신이 스승으로 구주로 모시는 양반이 탄생 장소로 인해 진정성 논란에 휩싸인다면 누구든 그렇지 않을까.

헤롯 대왕은 한 술 더 뜬다. "베들레헴으로 보내며 이르되 가서 아기에 대하여 자세히 알아보고 찾거든 내게 고하여 나도 가서 그에게 경배하게 하라"(「마태복음」 2:8)이라니. 왕의 사람들에게 시켜서 몰래 미행하면 될 것을 굳이 그렇게 해야 했을까. 그것은 "왕인 나도 그리스도가 태어났다면 당연히 경배해야 되지 않겠는가?"라고 들린다. 그 당시 유대인들의 보편적인 정서가 깔려 있다. 그것은 곧 바로 예수는 유대인의 왕 헤롯도 경배해야 할 그리스도였다는 걸 마태는 간접적으로 홍보를 하고 있는 것은 아닐까. 사실 그 그리스도라는 작자가 예수가 맞느냐 아니냐를 어떻게 증명할 것인가가 문제의 핵심이다. 마태는 지금 '예수의 베들레헴 탄생'과 '동방박사들이 전해 준 왕의 별 이야기'라는 2개의 카드를 사용하고 있다.

어쨌든 동방박사들의 이러한 수상하고 엉뚱한 행보 때문에 비극의 드라마는 슬슬 시작되고 있다.

헤롯 대왕이 유아 살해를 했을까

여기서 잠깐. 헤롯 왕의 출신 성분을 알아볼까. 헤롯 왕의 아버지는 안티바 2세였다. 안티바 2세는 에서의 후손인 에돔 족속의 후예로 이방인이었다. 기원전 43년 이방인들을 이스라엘인으로 받아들이는 잠깐의 허용 기간이 있었는데, 이때 약삭빠른 안티바 2세가 기회를 놓치지 않고 이스라엘 사람으로 국적을 바꾸었다. 그는 곧이어 당시 패권을 장악하고 있던 로마의 신임을 얻어 마침내 유대 땅의 총독 자리에 오르게 되었다. 그리고 자기의 둘째아들을 갈릴리의 통치자—성경에선 분봉왕—로 올려놓는데 그가 바로 헤롯 대왕이다.

헤롯 대왕이 이방인의 자식이라는 것은 시사하는 바가 크다. 로마의 신임을 얻어 왕이 되긴 했지만, 끊임없이 '정통성' 시비에 휩싸였으리라. 아무리 이방인 대사면의 역사가 있었다 하더라도 수백 년간 내려오던 민족 정서를 뒤집을 순 없다.

사실 유대인들에겐 이 세상에 두 종류의 사람이 있다. 유대인과 이방인이 바로 그것이다. 특히나 누구나 탐내는 대권의 자리라면 더더욱 그렇다. 한 사회의 지도자가 되는 자격 중 그 사회를 대표하는 보편성과 순수성은 필수지 않은가. 어쨌든 헤롯의 정적들이 뜯어 먹기 좋은 형국이다.

이렇듯 토종 유대인도 아닌데 왕이 될 수 있느냐는 헤롯의 정통성 시비와, 베들레헴 출신도 아닌 갈릴리 출신이 그리스도가 될 수 있느냐는 예수의 정통성 시비는 서로 교차한다. 헤롯의 콤플렉스와 예수의 콤플렉스는 한 얼굴 다른 이름이다. 아이러니하게도 그들은 동병상련의 동지들이었던 것이다. 마태는 이것을 눈치 챘을까.

헤롯 대왕의 유아 살해가 사실이 아니라는 사람들의 주장은 이렇다.

요세푸스의 역사서에는 헤롯 대왕의 유아 살해 기록이 없다. 그런 거대하고 끔찍한 사건을 유대 역사가 요세푸스가 놓쳤을 리가 없다는 것이다. 물론 다른 역사서에도 그러한 기록은 없다. 다만 「마태복음」에만 있다. 그리고 정통성 논란이 끊이지 않았던 헤롯이 유대의 유아를 살해했을 리 없다고 김용옥은 그의 저서 『기독교 성서의 이해』에서 밝히고 있다.[14] 대권을 가진 자가 어떠한 행위를 했을 때에 불어오는 역풍을 계산에 넣지 않고 그런 무모한 짓을 저질렀을 리가 없다는 것이다. 더군다나 헤롯 대왕은 예수 탄생 4년 전에 죽은 인물이고, 예수 탄생 때 (성서에 의하면) 퀴리노(구레뇨) 총독은 예수 탄생 후 6년이 되서야 시리아에 총독으로 임명되었다는 것이 역사적 사실이다. 이런 주장들에 의하면 사실이 아니라 마태의 상상력의 산물이라는 이야기다.

반면, 사실이라는 주장도 만만찮다. 2001년 9월, 샌프란시스코 AP 연합통신은 "지난 21일 개최된 '예수강탄 제2차 회의'에서 폴 메이어 교수(웨스턴 미시간 대학)는 그동안 사건의 실상이 너무 과장돼 신빙성이 없었다면서 비록 작은 규모이기는 하지만 당시 베들레헴 마을에서 두 살 이하의 남자아이 15명가량이 학살당한 것이 거의 확실하다고 주장했다"고 보도했다. 또한 "그는 당시 사료들을 종합한 결과, 헤롯 왕이 집권 말기에 권좌를 빼앗을 가능성이 있는 자를 없애기 위해 무슨 일이든 벌였을 것이 틀림없다고 분석하고 '통계상으로는 (베들레헴의 유아들보다는) 자신의 왕가나 왕궁 안에 사는 유아들을 더 많이 죽였을 것'이라고 설명했다"고 전했다.

---

14) 김용옥, 『기독교 성서의 이해』(통나무, 2007).

사실 헤롯이 유아들을 살해했을 가능성은 그의 잔인성 때문에 더 설득력을 얻기도 한다. 그는 왕위를 지키기 위해 무슨 짓이든 하는 사람이었다. 그는 이스라엘에게 막강한 영향력을 끼쳤던 하스모니아 왕조의 딸인 마리암네와 결혼했다. 하지만, 친정 쪽에서 반란을 일으켜 왕조를 빼앗을까 봐 불안하여 아내를 죽였고, 아내를 통해 낳은 두 명의 아들까지 죽였다. 오죽하면 로마 황제 아우구스투스조차도 혀를 내둘렀다. "헤롯의 아들이 되기보다는 차라리 헤롯이 기르는 암퇘지가 되는 것이 더 낫다. 왜냐하면 그 편이 이 세상에서 더 오래 살아남을 수 있는 길이기 때문이다"라고.

역사가들은 이런 찬반양론을 절충하는 데 이르기도 한다. 헤롯이 유아를 살해했다면 "베들레헴과 그 모든 지경 안에 있는 사내아이를 박사들에게 자세히 알아본 그때를 표준하여 두 살부터 그 아래로 다 죽이니"(「마태복음」 2:16)처럼 베들레헴 모든 경내가 아니라 왕궁이나 권력층의 일부 자녀들 몇 명을 죽였을 거라고 말이다.

어쨌거나 헤롯 대왕은 자신의 아킬레스건이었던, 바로 그 출신 성분—이방인—을 가졌던 동방박사들이 등장해서 자신의 제일 민감한 콤플렉스를 건드리는 운명의 장난 속에 휘말리고 있었다.

헤롯 대왕의 유아 살해가 사실이 아니라면

우리는 두 가지 경우를 생각할 수 있다. 하나는 헤롯 대왕의 유아 살해가 사실이며 나아가서 예수의 탄생 마을이 베들레헴이라는 게 사실이라는 것. 또 하나는 헤롯 대왕의 유아 살해가 사실이 아니며 나아가서 예수의 탄생 설화는 복음서 기자들의 상상력의 산물이었다는 것이다. 하지만, 두 경우 중 어떤 것이어도 예수의 콤플렉스를 빗겨 갈 수는 없을 듯하다.

먼저 마태의 창작물이라는 경우다. 「마태복음」이 기록된 연도는 AD 65년이다. 예수가 죽고 나서 30년 뒤에 이 복음서가 편집되었다. 예수 사후 2,000년이 지난 지금이야 사실 여부가 논란이 되는 것은 당연할지도 모르지만, 과연 예수 사후 30년 뒤에도 그랬을까. 다른 것은 몰라도 유아 살해라는 엄청난 사건이 논란의 거리나 되었을까. 마태는 왜 굳이 동방박사를 등장시키고, 헤롯 대왕의 유아 살해를 예수와 연관시켰을까.

김용옥은 그의 책『기독교 성서의 이해』에서 단번에 그 진실을 짚어낸다. 그는 "여기서 마태가 노리고 있는 것은 예수의 탄생을 모세의 이미지와 오버랩시키는 것이다. 헤롯의 유아 살해는 바로 파라오의 유아 살해를 전이시키는 것이다. 구사일생으로 강물에서 건져진 모세와, 구사일생으로 현몽 덕에 피신한 예수의 이미지가 또다시 애굽 땅을 배경으로 전개되고 있는 것이다"라고 딱 잘라 말한다.

김용옥이 말한 오버랩(overlap)이란, 연극이나 영화의 한 기법으로서 하나의 화면이 끝나기 전에 다음 화면이 겹치면서 먼저 화면이 차차 사라지게 하는 기법이다. 무엇이 겹친단 말인가. 헤롯 대왕의 유아 살해의 장면이 유대 민족의 전설적 영웅 모세 때문에 이집트 파라오가 저질렀던 유아를 살해의 장면과 겹친다. 두 장면이 겹치게 하는 것은 두 장면이 주는 메시지가 동일하기에 연출자가 의도적으로 사용하는 기법이기도 하다. 말하자면 오버랩을 통해 연출자는 무언가를 강조하려 한다.

마태는 은근히 이집트에서 이스라엘 백성을 구원해 낸 모세의 '메시아성'을 예수에게 오버랩시키고 있는 것이다. 사실 축구 경기에서도 오버랩이란 용어가 사용된다. 축구에서 오버랩은, 본디 자신의 포지션

보다 위로 올라가 플레이하는 것이다. 그렇게 할 수 있도록 공을 패스하는 것을 오버래핑(overlapping)이라고 한다. 마태는 지금 모세에게서 예수에게로 오버래핑을 시도하고 있는 것이다. 그래서 마태의 오버래핑은 고스란히 예수의 메시아 콤플렉스와 맞물리게 된다.

헤롯 대왕의 유아 살해가 사실이라면

성서 근본주의자들의 말처럼 '묻지도 않고 따지지도 않고 성경이 말한 건 사실이다'는 믿음처럼 유아 살해 사건이 사실일 수 있다. 또는 대량 학살이 아니라 소량 학살일 가능성도 크다. 그렇다면 이것이 어떻게 예수의 콤플렉스와 연결된단 말인가.

『뱀파이어와의 인터뷰』라는 책으로 일약 베스트셀러 작가의 반열에 오른 미국의 소설가 앤 라이스(Anne Rice)가 예수의 어린 시절을 그린 한 권의 책을 냈다. 예수의 잃어버린 유년기를 복원한 미스터리 소설 『어린 예수』가 바로 그것이다.[15] 앤 라이스는 예수의 성장 과정을 생생하게 그려 낸다. 이집트를 벗어나 나사렛으로 향하는 예수 가족의 고난과 예수의 어린 시절을 여러 자료와 역사적 고증을 통해 사실적으로 묘사하고 있다. 소설은 일곱 살 어린 예수가 오랜 이집트 생활을 청산하고 가족과 함께 고향 이스라엘로 향하는 시점부터 시작된다.

여기서 예수는 고향 나사렛에 도착하게 된다. 고향에 도착한 예수는 오랜만에 평화로운 나날을 보낸다. 그리고 일 년 뒤 다시 유월절을 맞아 예수 가족은 예루살렘으로 향한다. 예수는 자신의 가족과 사람들의

---

15) 앤 라이스, 이미선 옮김, 『어린 예수』(비채, 2007).

말을 들으면서 점차 자신의 탄생 과정에 말 못할 비밀이 숨겨져 있다는 사실을 깨닫게 된다. 곧 자신은 천사의 예언에 따라 태어났으며, 자신 때문에 수없이 많은 갓난아이들이 희생됐다는 사실을 알게 되었다. 예수가 베들레헴의 마구간에서 태어났을 때, 폭군 헤롯 왕이 예수의 탄생을 막으려고 베들레헴에 있는 모든 갓난아이를 무참히 죽여 버렸다는 사실을.

어린 예수가 이 사실 앞에 얼마나 충격이 컸을까. 누구라도 그런 이야기를 들으면 죄책감에 사로잡힐 게 분명하다. 자신이 메시아라느니, 특별한 존재라느니 하는 것은 마음이 정리되고 나서야 생각해 볼 일이다. 자신 때문에 수없이 많은 아기가 죽었다는 이야기는 예수 스스로 미치도록 자신의 존재를 부정하고 싶은 거리가 되었을 게다. 자신이 뭐라고 수없이 많은 아이들이 자신 대신 죽어야 하는가. 설령 자신이 주위에서 말하는 메시아라고 할지라도. 아니, 메시아라면 더욱 괴로운 일이다. 무릇 메시아라면 도탄에 빠진 백성과 세상을 구원하는 자인데, 태어나면서부터 구원은커녕 죽음을 몰고 오다니. 도대체 메시아가 뭐기에 수많은 유아들의 목숨과 바꾼단 말인가.

예수는 평생 그 죄책감에서 헤어나지 못할 수 있다. 예수에겐 메시아의 정통성 논란으로 예수 사역 내내 꼬리를 잡혔지만, 오히려 그 논란은 예수 스스로도 어느 정도 극복할 수 있었다. 예수 특유의 강인함으로 이겨 내었다. 하지만, 유아 살해 사건은 다르다. 자신의 설교를 들으려고 온 무리들이 그냥 돌아가는 것을 차마 보지 못해 오병이어의 기적을 일으켜서라도 먹여 보냈던 예수, 자신에게 찾아온 병자를 한 번도 그냥 돌려보내지 않고 꼭 고쳐 주었던 예수, 친구 나사로가 죽었을 때 비통해 하며 눈물 흘렸던 예수 등의 평소 심정으로 미루어 짐작

할 수 있다.

이렇듯 예수의 메시아 콤플렉스는 예수를 세상의 메시아로 격상시키는 원동력이 되기도 했지만, 한편으론 예수의 최고 큰 아픔의 근원지이기도 했다. 이 둘은 동전의 양면이다.

3. 예수의 어린 시절과
콤플렉스의 발현

신약 성서에 나타난 어린 시절

현대에 전해 내려오는 정경으로서의 신약 성서에선 희한하게도 예수의 어린 시절에 대한 기록 분량이 매우 적다. 「누가복음」 2장 40절에서부터 52절이 전부다. 고작 13절에 불과하다. 이런 이유로 인해서 예수의 '메시아성'은 둘째 치고 예수의 실존 여부부터 시작해서 예수의 종교적 심성의 출처까지 의심받는 소스가 되기도 한다.

무릇 한 인간의 생애를 다루는 데 성장 시절을 살펴보는 것은 필수적인 요소다. 그 사람이 어떠한 사람인가를 알려면 그 사람의 어린 시절을 살펴보면 빤히 보이게 마련이기 때문이다. 그런데 예수의 어린 시절은 예수의 전기문(4복음서)의 분량에 비하면 너무나도 적다. 어떤 면에서 복음서 기자들은 예수의 어린 시절을 제대로 기술하지 않으므로 '안티 예수'들에게 빌미를 제공했다.

신약 성서상의 어린 예수

저자 누가는 "예수께서 열두 살 되었을 때에 그들이 이 절기의 관례를 따라 올라갔다가"(「누가복음」 2:42)라는 구절로 예수의 열두 살 시절을 추억하게 만든다. 열두 살. 요즘 나이로 말하면 초등학교 5학년이다. 어린 나이라고 할 수 있지만, 당시의 나이 개념으로는 결코 어린 나이는 아니다. 유대 율법 『미쉬나』에 따르면 여자는 12세, 남자는 13세 이상이면 결혼을 할 수 있는 나이였다. 쉽게 말해서 예수는 장가갈 나이가 임박한 때였다.

예수가 예루살렘, 즉 예수가 태어난 고향 베들레헴으로 가는 것은 한 번 있었던 게 아니었다. 당시 유대인들은 남자아이를 데리고 관례를 지키러 자주 성전이 있는 예루살렘으로 올라갔다. "그의 부모가 해마다 유월절이 되면 예루살렘으로 가더니"(「누가복음」 2:41)라는 구절이 이를 뒷받침해 준다. 이런 걸 보더라도 앞 장에서 말한 헤롯 대왕의 유아 살해 사건이 사실이라면 예수가 그 이야기를 들었을 가능성은 더 커진다. 유아 살해가 있고 12년 후, 아니 해마다 올라갔다면 어쨌든 12년 안쪽인데, 그 엄청난 사실이 소문으로라도 떠돌아 다녔을 게 분명하다.

어쨌든 "그날들을 마치고 돌아갈 때에 아이 예수는 예루살렘에 머무셨더라. 그 부모는 이를 알지 못하고"(「누가복음」 2:43)라는 기록으로 이어진다. 보았는가. 예수가 사고를 쳤다. 기독교인들이 이 사건을 아무리 미화하려고 해도 보편적인 가정의 상황에서 보면 어린 아들이 부모를 속 섞게 만든 사고가 분명하다.

예수의 부모는 유대인의 의무를 다하기 위해 가난한 살림을 쥐어짜서라도 겨우 예루살렘에 오지 않았을까. 제사 드리는 제물과 오가는 경비 등은 허리가 휘청할 정도였을 게다. 그래도 그 관례를 지켜야 그 사회의 구성원으로 인정받기에 어쩔 수 없었다. 예수의 부모들이 얼마나 마음의 여유가 없었으면 금지옥엽인 자신의 아들이 같이 가는지조차 몰랐을까. 이런 부모의 심정도 모르고 예수는 태평하게 예루살렘에 머무르다니. 그것도 조금 있으면 장가도 갈 나이에.

"동행 중에 있는 줄로 생각하고 하룻길을 간 후 친족과 아는 자 중에서 찾되"(「누가복음」 2:44)라는 구절을 보면 예수의 부모가 얼마나 '똥줄'이 탔는지 잘 알 수 있다. 공원이나 길거리에서 아이를 잃어버린 부모의 심정, 그것은 아이를 잃어버렸다고 인지하는 순간엔 거의 돌아 버릴 정도다. 거의 반 미친 상태다. 오히려 시간이 훨씬 지나면 냉정한 상태를 유지하고, 아이를 찾을 방법을 차근차근 생각해 보는 침착함을 보이게 마련이다. 예수의 부모는 정신적 공황 상태에서 겨우 벗어나 그들이 강구할 수 있는 방법을 최대한 동원하고 있는 상태다. 지인과 친척 등을 통해 알아보는 것은 기본이었다.

아이를 잃어버린 부모들은 십중팔구 아이를 잃어버렸다고 생각되는 최초의 장소에 가게 마련이다. 예수의 부모도 예외는 아니었다. "만나지 못하매 찾으면서 예루살렘에 돌아갔더니"(「누가복음」 2:45)라는 구절이 이를 증명한다.

이때 예수의 부모들이 극적으로 예수를 만난다. "사흘 후에 성전에서 만난즉 그가 선생들 중에 앉으사 그들에게 듣기도 하시며 묻기도 하시니"(「누가복음」 2:46)라고 누가는 당시 상황을 묘사했다. 보았는가. 하루도 이틀도 아닌 사흘이다. 사흘 동안 부모가 눈이 뒤집혀서 아들 예수를 찾는 동안 예수는 한가롭게 어른들과 '말 따먹기'를 하고 있었던 게다. 예수의 토론이 아무리 그럴싸하고 의젓한 내용이었다 할지라도 예수의 행동은 그저 어린아이의 철없는 행동에 불과했다.

사실 예수가 말한 내용들은 대단했던 것으로 보인다. "듣는 자가 다 그 지혜와 대답을 놀랍게 여기더라"(「누가복음」 2:47)라는 구절은 그것을 잘 말해 준다. 듣는 자들이란 게 소위 당시의 율법 선생들이라면 더욱 그렇다. 예수는 선생들 중에 앉아 있었다고 앞 구절에서 말하지 않았던가.

"그의 부모가 보고 놀라며 그의 어머니는 이르되 아이야 어찌하여 우리에게 이렇게 하였느냐 보라 네 아버지와 내가 근심하여 너를 찾았노라"(「누가복음」 2:48). 이 구절에서도 그 부모가 놀란 지점이 '예수의 비범한 논리와 해박한 지식'이었다고 말한다면—일부 기독교 설교자들은 그렇게 말한다—그것은 억지다. 바로 이어지는 부모들의 멘트처럼 미아 예수 때문에 근심했고, 찾았기 때문에 놀란 것이다. 아이를 잃어버렸다가 바로 찾는 순간의 부모 심정은 어떨까. 꼬여 버린 상황에 대한 분노, 무엇보다 아이를 잘 챙기지 못한 자신들의 과오로 인한 자책감 등은 이루 말할 수 없다. 유괴되지는 않았을까, 모르는 데서 헤매고 있지는 않았을까 등. 오만가지 좋지 못한 상황을 상상하게 만든다. 이때 아이를 찾게 되는 순간, 부모는 허탈해 하면서 동시에 아이에게 잘못을 돌려 버리곤 한다. 상상처럼 오만가지 악조건이 아니어서 다행이라는 마음을 넘어서 자신들은 난리가 났건만 정작 아이는 너무 멀쩡하게 있다면 더욱 그럴 수 있다. 이런 복잡한 감정들로 인해 예수의 부모들은 놀라고 당황했다. 당연하다.

'미아 예수 사건 기록'은 누가의 실수?

이런 모든 상황이 안 그래도 황당한데, 자신을 찾아 헤맸다는 부모에게 대답하는 예수의 꼴을 좀 보라. "예수께서 이르시되 어찌하여 나를 찾으셨나이까"(「누가복음」 2:49). 이런 걸 보면 예수가 대단하던지, 아니면 정상이 아니던지 둘 중에 하나다. 평범한 우리들의 아이들이 그 상황에서 이런 말을 했다면, 우리의 부모들은 어떻게 느낄까. 역시 "이 아이는 비범해. 뭔가 해도 크게 될 놈이야"라고 말했을까. 물론 평상시 상황이라면 그럴 법도 하다. 하지만, 지금은 아이를 잃어버린 비상사태다. 이런 상황에서 "아빠 엄마, 어째서 나를 찾았습니까?"라고 반문하는 아이를 보는 부모의 심정은 어떨까. 아마도 그 순간만큼은 자식과의 커다란 간극이 느껴질 게다. '쟤가 내 속으로 낳은 아이가 맞나' 라는 생각과 함께.

그러면서 이어지는 예수의 멘트는 황당 수준을 넘어서 경악의 수준이다. 예수가 "내가 내 아버지 집에 있어야 될 줄을 알지 못하셨나이까 하시니"(「누가복음」 2:49)라고 한다. 지금 예수가 뭐라고 하는지 들었는가. 자신의 아버지가 신이란다. 자신은 신의 아들이고, 이스라엘 사람들이 '신의 집'이라고 여겼던 성전을 자신의 아버지의 집이란다. 자신을 잃어버리고 혼비백산한 부모님에게 당사자인 아들이 할 소리인가. 역시 비범함과 엉뚱함은 종이 한 장 차이던가.

"그 부모가 그가 하신 말씀을 깨닫지 못하더라"(「누가복음」 2:5)는 부모의 반응은 당연하다. 누가의 입장이나 보수 기독교인들이야 메시아이며 인류 구원자인 예수를 몰라보는 부모의 무지에 대해 설교하고 싶겠지만 말이다.

이 이야기가 진짜로 있었던 사실이라면, 예수는 정말로 부모를 황당하게 만드는 아이였다. 사실이 아니고 누가의 창작물이라면, 부모의 보편적인 심성과 보편적인 아동의 행동 범주를 잘 모르는 누가의 실수다. 그럴듯한 이야기를 만들어 내려면, 특히나 예수가 메시아임을 증명하려는 글이라면 더욱 빈틈이 없어야 하는데, 앞의 스토리 전개는 하나는 알고 둘은 모르는 누가의 실수라고 볼 수밖에. 그런 아이를 더러 "예수는 지혜와 키가 자라가며 하나님과 사람에게 더욱 사랑스러워 가시더라"(「누가복음」 2:52)고 기록하는 누가의 정신세계부터 조사해 봐야 하지 않을까. 이런 진술을 하려면 앞의 '미아 예수 사건'을 기록하지 말던지, 아니면 이런 진술을 빼든지 해야 했다. 오로지 예수가 신의 아들이라는 것을 증명하기 위해서 무리수를 둔 것은 아니었을까.

예수의 아버지는 제사장 사가랴?

예수가 자신을 신의 아들이라고 말한 것은 신성 모독죄다. 종교 사회인 당시 사회에선 사형에 해당하는 금기 사항이다. 예수는 지금 어떤 부류의 사람들과 있는가. 율법의 세세한 것을 다 꿰뚫고 있는 율법 선생들 앞이다. 부모는 황당하지만 자신의 아들이니 예수를 껴안아야 한다. 하지만, 그들은 다르다. 아무리 예수가 펴는 논리와 설교가 나이에 비해 대단했다 할지라도 감히 신을 자신의 아버지라고? 이런 것을 요샛말로 '개념 상실' 또는 '무 개념'이라 한다.

이런 사실들을 뒷받침해 줄 증거 자료가 영국 BBC 방송국에서 다큐멘터리로 제작되어 우리나라 안방극장에도 방영되었다. 이 영상물을 MBC는 2008년 12월 25일 밤, 〈신의 아들〉이란 제목으로 방영했다.

이 영상물에 의하면, 예수를 성령이 동정녀 마리아 몸에 잉태시켜 낳은 인류의 구원자로 믿고 있는 기독교적 정설은 사실이 아니다. 40세의 제사장 사가랴—세례 요한과 막달라 마리아의 아버지—가 지성소에서 요셉의 약혼녀인 처녀 마리아(당시 16세)를 성폭행하여 잉태시킨 것이 시초였다고 본다. 이에 요셉은 약혼녀의 배가 불러오자 마리아

더러 조용히 아기를 떼라고 했으며, 예수가 자신의 씨앗이라고 숨기기 시작했다는 것이다. 사실 제사장 사가랴는 「누가복음」 1장에서 예수의 성령 탄생을 계속해서 찬양하는 인물로 묘사된다.

이 방송에 따르면 예수가 왜 성전을 자신의 아버지의 집이라고 했는지, 자신이 신의 아들이라고 했는지 엿볼 수 있다. 예수의 생부는 신을 모시던 사제이며, 가톨릭 용어로 말하면 '신부'였다. 그런 상황이 사실이라면 예수가 성전을 자신의 아버지의 집이라고 하는 것은 이상한 일이 아니다.

예수의 황당 발언의 심리 상태

하지만, 이러한 방송 내용이 사실이 아니라 누가의 진술이 사실이라고 본다면 도대체 예수의 정신세계는 어떻단 말인가. 그 세계를 알아보기 위해 먼저 어린이의 세계로 우리는 방문할 필요가 있다.

『나는 그림으로 아이와 대화 한다』라는 책에서 "어린 시절 잘 꾸는 꿈은 대부분 무엇에 쫓기거나 잡히거나 해를 당하는 꿈이다. 거대한 괴물이나 동물이 나오는가 하면 엄마 아빠같이 가깝고 친밀한 사람이 갑자기 귀신이나 괴물로 둔갑하고, 절벽처럼 높은 데서 떨어진다거나 흔들거리는 난간, 육교에서 중심을 못 잡는 꿈 등이다. 이를 두고 어른들은 크려고 꾸는 꿈이라고 말한다. 맞는 말이다. 하나같이 그 꿈들은 현실에서 아이들이 겪는 불안과 압박, 무력감을 대변해 준다. 악몽은 아이들이 자라고 있다는 증거다. 불안감이나 압박감, 무력감 등은 삶이 아이의 한계를 넘어서는 더 큰 것들을 요구하기 때문에 인식하게 되는 감정인 것이다. 매사가 낯설고 허점투성이라 자신감이 적을 수밖에 없는 아이들에게 세상은 얼마나 무섭고 잔인하고 거대하며 위험해 보일까?"[1]라고 진술하고 있다.

이 글은 곧 이어서 "아이의 주변이 지극히 안전하다고 해도 마찬가지다. 아이들 귀에 들리고 TV나 주위에서 접하는 사회 문제를 보면 언제나 약자가 강자에게 당할 뿐이다. 현실에서 어떤 '힘' 앞에 굴복할 수밖에 없었던 약자들은 몸과 마음 깊숙한 공포를 저장하며 스스로 '약하다'는 생각에 불안을 느낀다"[2]라고 아이들의 심정을 보여 준다. 이 글의 소제목이 "아이들은 공룡처럼 크고 강해지고 싶다"라는 것은 예수의 심정과 잇닿아 있지 않을까.

어린 예수가 만난 당시 시대는 참으로 불안한 시대였다. 아버지의 가난함과 무력함까지 더해진 예수의 성장 환경은 불안하기 그지없었다. 거기다가 만일 헤롯 대왕의 유아 살해 사건까지 예수가 들었다면, 예수의 불안은 극에 다다랐을 게 분명하다. 이런 예수가 공룡처럼 큰 '야훼 신'처럼 되고 싶다는 상상은 어쩌면 당연할지도 모른다.

'어린이는 차원이 다른 세계를 본다'는 내용을 담은 책이 있다. 『어린이 책을 읽는다』가 바로 그것이다. 저자 가와이 하야오는 "어른들의 현실 인식이 지나치게 단층적이고 상투적일 때 아이들의 눈은 어른들이 보는 것과 다른 진실을 본다. 어른의 눈은 상식으로 흐려져 있지만 아이들의 투명한 눈은 다른 진실을 본다. 그러나 안타깝게도 많은 아이들이 말로 표현하지 못한다. 아이들은 언어라는 표현 수단을 포기하고 이른바 '문제 행동'이라는 표현 수단을 가질 수밖에 없다"[3]라고 어린이

---

1) 박승숙 외, 『나는 그림으로 아이와 대화한다』(인물과사상사, 2007), 19쪽.
2) 위 책, 22쪽.

들의 세계를 말해 준다. 「누가복음」에서의 문제의 행동을 하는 예수와 너무나도 닮았지 않은가.

하야오는 그러면서 "판타지가 존재하는 이유를 '해석'하기 위해 나온 '원망 충족'이라는 용어는 당초 깊은 의미와 감정을 내포하고 있었는지 모른다"[4]라고 설명을 덧붙인다. 판타지, 즉 신이 자신의 아버지라고 하는 예수의 환상은 '원망 충족'이 원인이라는 이야기다. 그것은 심리학의 고전적 해석으로서 불만스러운 현실을 대체해서 만족할 수 있는 세계를 아이들이 만들어 내는 심리 상태와 상통한다.

그는 이어서 "우리는 우리의 능력을 뛰어넘는 존재를 가정할 수밖에 없다. 만약 절대자의 존재를 가정한다면 그것은 종교가 될 것이다. 그러나 체계를 갖춘 종파로서의 종교로 비약하기 전에 사람의 마음에 대해 좀 더 생각해 보자. 사람의 마음을 이야기한다는 것은 마음 자체보다는 그것을 초월한 영역, 즉 사람이 분석할 수 없는 영역의 존재에 관해 말하는 것이다"[5]라고 말함으로써 어린이들의 세계가 종교적 세계와 닿아 있음을 엿볼 수 있게 한다. 이것은 곧 "어린아이들이 내게 오는 것을 용납하고 금하지 말라 하나님의 나라가 이런 자의 것이니라"(「마가복음」 10:14)라는 예수의 메시지와 상통한다.

예수의 심리 상태와 방어기제

앞에서의 예수의 심리 상태를 보며 심리학

---

3) 가와이 하야오, 햇살과나무꾼 옮김, 『어린이 책을 읽는다』(비룡소, 2006), 12쪽.
4) 위 책, 56쪽.
5) 위 책, 19~20쪽.

자는 바로 진단해 낼 것이다. 바로 예수가 방어기제를 사용하고 있다고. 방어기제는 해결할 수 없는 문제들에 대해 타협적인 해결책을 이끌어내는 정신적 과정을 집합적으로 일컫는 정신분석학적 용어다. 정신분석적 접근에서 필수적인 것으로 불안의 개념을 들 수 있다. 불안은 무엇을 하기 위해 동기를 유발하며, 절박한 위험을 경고하는 긴장 상태를 말한다. '원초적 자아'와 '자아' 그리고 '초자아' 간의 갈등으로 인해, 적절한 대책을 취하지 않으면 자아가 전복될 위험에 있음을 자아에게 경고하는 행위가 방어기제다. 불안한 어린 예수가 얼마든지 취할 수 있는 행위의 유형이다.

여러 가지 방어기제 중 예수가 사용한 것은 투사, 더 정확히 말하면 투사적 동일시로 보인다. 투사란 자신의 바람직스럽지 않은 감정을 다른 사람에게 옮겨서, 그 감정이 외부로부터 오는 위협으로 보이게 하는 과정이다. 이것은 흔히 자신의 감정의 산물이며 자신의 잘못이 분명한데도 외부의 탓으로 돌리는 형식으로 나타나곤 한다. 아이들의 경우는 가상의 존재에게 탓을 돌리기도 한다. 동일시란 자신이 본받고 싶은 모델을 닮고자 하고 따라 하려는 성향으로 그 모델과 자신을 동일시하는 경우다. 투사가 자신의 부정적인 일면에 대한 방어기제라면, 동일시는 긍정적인 면과 관계한다. 하지만, 이 둘을 섞어 놓은 투사적 동일시는 성격이 조금 다르다. 어떠한 대상과 자신을 동일시하는 수준을 넘어서 그 대상을 자신의 뜻대로 움직이게 하려는 심리 상태가 바로 투사적 동일시다. 뒤에 나오겠지만, 예수는 분명히 자신을 신과 동일시하면서도 신의 능력으로 자신이 모든 것을 하고 있다고 선포하기에 이르지 않던가.

이런 심리를 잘 묘사한 소설이 있다. 메리 노튼(Mary Norton)이 지은『마루 밑 바로우어즈』다.[6] 이 책은 분명히 제자리에 두었는데 지우개나 자, 가위들이 감쪽같이 사라지는 경험을 바탕으로 쓴 소설이다. 그 경험은 흡사 누가 일부러 슬쩍 가져간 것처럼 느끼게 한다는 것이다. 그런 경험은 바로 우리 자신의 집 마루 밑에 '바로우어즈' 종족이 살고 있다는 상상에 이르게 한다. 그 종족들이 인간의 물건을 훔쳐 간다는 내용이다. 여기서도 분명히 물건을 잃어버리거나 둔 자리를 잊어버리는 것은 자신임에도 그것을 누군가가, 즉 바로우어즈 종족들이 훔쳐 간 것이라고 상상한다는 내용이다. 바로우어즈 종족에게 투사시키는 것은 물론 바로우어즈 종족과 동일시하기에 이른다.

예수 또한 어린 나이에 '해결할 수 없는 문제들에 대해 타협적인 해결책', 즉 자신의 거대한 콤플렉스들과의 타협책으로 공룡과 같은 '거대한 신', 자신과 달리 무엇이든 할 수 있다는 '전능한 신', 그러면서 어머니처럼 자상한 면도 갖춘 '자비의 신'을 향해 투사적 동일시에 빠졌으리라.

외경에 나타난 어린 시절

이 장에선 외경, 특히 「토마스 복음」에서 보여 주는 예수의 어린 시절의 성격, 성장 모습 등을 다룰 생각이다. 그렇다면 먼저 외경이란 무

---

6) 메리 노튼, 손영미 옮김, 『마루 밑 바로우어즈』(시공주니어, 2002).

엇일까. 성서 문학에서 정경으로 받아들여지지 않은 작품을 말한다. 쉽게 말해서 현대에 쓰고 있는 성서 66권(구약 39권, 신약 27권) 외에 성서와 같은 성격의 작품들이다.

정경은 처음부터 정경이 아니었고, 외경도 처음부터 외경이 아니었다. 다만 기독교 학자들이 수세기에 걸쳐서 결의한 산물이다. 이럴진대 정경이라고 그 진정성이 담보되는 것도 아니고, 외경이라고 진정성이 떨어지는 것은 결코 아니다. 외경은 정경에서 놓치고 있는 부분들을 진솔하게 담아낸다는 장점이 있다. 특히나 예수의 생애는 더욱 그렇다.

「토마스 복음」에 나타난 예수의 유별난 일화들

「토마스 복음」은 예수의 쌍둥이 형제 토마스 디디무스의 저작이라고 알려졌으며, 가장 오래된 사본은 기원후 150년경에 작성된 것이다. 예수의 어린 시절을 다루는 복음서로는 가장 오래된 것으로 초대 교회에선 수백 년간 주목받았던 책이다. 사실 보수적인 기독교에서 이 복음을 달갑지 않게 여기는 이유는, 예수는 기적의 아이지만 고약한 기적을 일으켜 사람을 죽이고 쓰러뜨리는 공포의 아이로 묘사되기 때문이다. 한마디로 '지랄 같은' 성격의 소유자인 것이다.

이 복음서를 재조명하여 기록한 『토마에 의한 복음서』에 나타난 예수의 일화들을 소개하면 이렇다.[7]

---

7) 권영홈 옮김, 『토마에 의한 복음서』(스틸로그라프, 2005).

예수가 다섯 살 때 냇가에서 놀고 있었다. 흐르는 물로 웅덩이를 만들고 그 물을 맑게 했다. 말 한마디로 그렇게 한 것이다. 그리고 부드러운 진흙 반죽으로 참새 열두 마리를 빚었다. 그날은 안식일이었다. 예수와 같이 놀던 다른 아이가 많았다. 안식일에 놀며 예수가 한 일을 다른 이가 보았다.

그는 즉시 예수의 아비 요셉에게 "보시오, 당신 아이가 냇가에서 놀다 진흙으로 새 열두 마리를 빚었소. 안식일을 더럽혔소"라고 비난했다. 요셉은 거기 와서 예수가 한 일을 보고 "안식에 해선 안 될 일을 왜 했느냐?"고 했다. 예수는 손뼉을 치면서 "가 버려라!"고 외쳤다. 그러자 참새들이 울면서 날아갔다. 유대인들이 보고 놀라 지도자들에게 말했다.

율법학자 안나스의 아들이 요셉과 함께 있다가 버들가지로 예수가 모아 놓은 물을 빼 버렸다. 예수가 화가 나서 "불의한 녀석, 불경한 무식쟁이야. 물웅덩이와 물이 너를 해친 게 뭐냐? 너는 나무처럼 말라 잎이나 뿌리 열매를 갖지 못할 것이다"라 소리쳤다. 그러자 아이의 온몸이 말라 버렸다.

예수는 집으로 돌아가고 아이의 부모는 아이를 운반하며 생기가 마른 것을 한탄했다. 아이를 데리고 요셉에게 와 "이따위 짓을 하는 애는 대체 어떤 아이요? 그런 아이를 당신은 기른단 말이오?"하고 화를 냈다.

예수가 마을을 걷는데 한 아이가 달리다 예수의 어깨에 부딪치자 예수는 화가 나 "너는 더 이상 네 길을 가지 못한다"고 말했다. 아이가 즉시 넘어져 죽었다. 그 광경을 본 사람이 "말을 하면 그대로 실현되니 이 아이는 어디서 태어난 아이냐"고 물었다.

죽은 아이의 부모가 요셉에게 "당신이 이런 아이를 기르는 이상 이 마을에서 우리와 같이 살 수 없소. 이 애가 우리 애들을 죽이니 당신이

택할 길은 저주 아닌 축복하는 법을 가르치는 거요"라고 말했다.

요셉은 사람 없는 곳으로 예수를 끌고 가 "왜 이따위 짓을 했느냐? 이 사람들이 고통당하고 그래서 우리를 미워해 박해하지 않느냐?"고 말했다. 예수는 "그 말이 당신 말이 아님을 압니다. 하지만 당신 때문에 앞으로 입을 다물게요. 하지만 그 사람들은 벌을 받을 겁니다"라고 말했다.

예수를 비난한 사람들은 즉시 소경이 되었다. 그들은 공포에 질려 예수에게 "좋은 것이든 나쁜 것이든 이 애가 말만 하면 뭐든 일어나고 기적이 된다"고 말했다.

요셉이 이를 보고 일어나 예수의 귀를 세게 당겼다. 예수는 화가 나 "당신은 찾아도 발견 못하는 게 당연해요. 당신은 매우 어리석게 행동해요. 내가 당신 아들임을 모르나요? 날 건드리지 마요"라고 말했다.

또 다른 일화들을 살펴보자.

일곱 살 어느 날 그는 진흙으로 동물의 형상을 만들어 놀다가 그것들을 살아서 걷게 했다. 새들은 날아가라고 하면 날고, 먹을 것을 주면 받아먹었다. 함께 놀던 아이들이 집에 가서 부모들에게 그 얘기를 하자 부모들은 놀라 말한다. "앞으로 그 애를 조심해서 피하고 가까이 오지 못하게 해서 같이 놀지 마라. 그 아이는 마술사니까."

한번은 그가 뛰놀다 염색 가게로 들어가 맡겨진 옷들을 죄다 아궁이에 처넣어 불태웠다. 가게 주인이 야단치자 그는 "당신이 원하는 색 그대로 전부 바꿔 줄 테니 염려 말아요"라고 대꾸하곤 옷을 아궁이에서 꺼냈는데, 염색업자가 원한 색깔로 모두 염색되어 있었다.

숨바꼭질을 하던 예수는 술래가 되었고 아이들은 여인들이 일하는 아궁이로 숨었다. 아이들이 보이지 않자 예수는 그녀들에게 아이들이 어디 갔냐고 물었고 모른다는 말에 아궁이에 숨은 아이들을 가리키며 저게 뭐냐고 물었다. 그러자 여인들은 새끼 양이라고 대답했다. "새끼 양들아 너희 목자에게 나와 봐!"라고 외치자 양으로 변한 아이들이 예수 주위를 뛰어다녔다. 경악한 여자들은 잘못을 빌었고 비로소 예수는 "애들아 이리 나와. 같이 가서 놀자"라고 하자 그제야 원래 모습으로 돌아왔다.

실로 「토마스 복음」에 나타난 어린 예수는 좌충우돌이었다.

「토마스 복음」에 나타난 예수의 기질

예수는 요즘 말로 말하면 '천재 반항아'였던 것으로 보인다. 자신의 재주가 비상하긴 하지만, 그것을 잘 조절하지 못해 주위로부터 미움을 사는 그런 천재 말이다. 예수에게는 기적을 행하는 능력이 있었지만, 그것은 곧잘 주위 사람들을 죽이고 눈을 멀게 하는 데 사용되곤 했다.

『예수 평전』의 저자 이드는 "예수는 후레자식인가 호래자식인가?, 최소한의 예의도 모르는 예수, 야훼보다도 더 잔인한 예수, 비겁한 자여 그대 이름은 예수, 희대의 사기꾼, 그대의 이름은 예수" 등 온갖 부정적인 이미지를 예수에게 부과하고 있다. 그는 이어서 "예수는 말로만 온갖 미사여구를 쏟아 내다가 행동에 대한 자신과 확신이 없자 비겁하게도 죽음을 선택한 옹졸한 인간이었음에 틀림없다고 확신한다. 그러하다. 예수는 안티파스의 부당한 횡포에 대해 외면을 하였으며 가장 가까웠던 고향 사람들의 구원에는 냉담하였다. 자신의 조국 이스라엘을 침략 통치했던 로마의 권력에는 굴종 혹은 타협하기 바빴으며 자신의 행동에 마저 당당하지 못하였다"[8]라고 예수의 모습을 묘사하고 있다. 이러한 예수의 모습들은 사실 「토마스 복음」에 나타난 예수의 어린 시절과 여러 부분이 닮아 있다.

아버지 요셉은 '문제 부모?'

　　　　　　　　　예수의 '문제 행동'은 부모의 태도와 반응에서부터 유래한 것이 분명하다. 「토마스 복음」의 일화에서도 보면 아버지 요셉은 아들 예수로 인해 늘 화가 나 있는 걸로 묘사되고 있다. 아버지 요셉은 아들 예수가 커 가면서 더욱 맘에 들지 않았던 것으로 보인다. 처음엔 메시아의 사명을 가지고 하늘이 점지해 준 아들이라 생각하며 장차 크게 될 녀석이라 자랑했건만 커 가면서 점점 더 밉상이었으리라. "요셉은 사람 없는 곳으로 예수를 끌고 가 '왜 이따위 짓을 했느냐? 이 사람들이 고통당하고 그래서 우리를 미워해 박해하지 않느냐?'"라는 장면이나, "요셉이 이를 보고 일어나 예수의 귀를 세게 당겼다"라는 장면이 이를 잘 말해 준다. 어린 예수의 철없는 '이따위 짓'으로 인해 바람 잘 날 없었던 게다.

애당초 아버지 요셉은 예수를 성령이 잉태했으며, 장차 메시아가 될 것이라는 예언 등을 대하면서 모든 걸 포기하고 예수와 마리아를 받아들였다. 사실 선택의 권한도 없이 외압─하늘의 압력─에 의해 선택했다. 처음 선택할 때야 '그래, 예수를 잘 키워서 우리 민족의 구원자가

---

8) 이드, 『예수 평전』(종교와비평, 2007), 188쪽.

된다면 가문의 영광이요 나의 자랑이 될 것이다'라는 기대감도 없지 않았다. 하지만, 살아가면서 마음 깊은 곳에 묻어 두었던 본전 생각—요셉 자신의 씨앗에 대한 본능—이 났을 게다. 슬슬 화가 났을 터. 그런데다가 끊임없는 사생아설의 논쟁을 주위로부터 들을 때마다 참는 것도 한두 번이라는 생각이 들었다. 갓난아기 예수를 볼 때마다 귀여우면서도 한편으론 미워하는 양가감정이 요셉 자신을 괴롭혔다. 이러지 말아야 한다면서도 자꾸만 두 마음이 드는 자신에게 화가 났을 수 있다.

또한 요셉 입장에선 아들 예수가 커 갈수록 메시아가 될 거라는 부담감도 커져 갔을 게다. 평범한 아버지라면 자식이 유별나게 크는 것을 좋아하지 않는다. 더군다나 가난한 자신의 형편에 맞지 않게 대단한 인물로 커 나간다면, 한편으로 기쁘지만, 한편으로는 뒷바라지 못해 주는 자신의 처지에 화가 날 수 있다. 때론, 자식에 대한 시기와 질투심도 발생할 수 있다. 자신의 못난 처지와는 대조적으로 자신의 아들은 이미 너무나 잘난 아들로 확정되어 버린 상태이다. 그것도 자신이 잘 키워서 위대한 아들로 만드는 게 아니라 이미 하늘에서 그렇게 하기로 정해 놓았지 않은가. 그것도 자신의 친 혈육도 아니고, 신과 '거시기'를 해서 낳은 자식이라니.

그런데다가 출생의 비밀을 알게 된 예수는 요셉에게 있어서 더욱 '반항아'로 커 갈 수밖에. 자신이 사생아일지도 모른다는 구설수도 예수의 마음을 괴롭혔다. 자신이 메시아가 될 사람이라 자신 때문에 수천 명의 유아가 살해되었다는 이야기를 들었던 것은 충격 그 자체였다. 이러한 상황에서 예수는 스스로 '이 세상에서 참으로 쓸모없는 아이, 이 세상에 해가 되는 아이'라고 자화상을 그려 나갔으리라. 세상이 자신을 소외시키고 거부했다는 감정의 씨앗은 자리를 잡아 커 나가고 있었으리라.

그게 아니라면 적어도 아버지 요셉의 보이지 않는 거부의 기운을 느끼고 있었다. 아이들은 영악하다. 자신을 좋아하고 받아들여 주는 사람이 누군지, 자신을 싫어하고 거부하는 사람이 누군지 단박에 알아낸다. 왜냐하면 아이들은 자신이 약한 존재라고 생각하기 때문에 더 강하다고 생각하는 어른들을 어떻게 대해야 잘 살아남을지를 신기하게도 스스로 터득하고 있기 때문이다. 예수는 아주 어렸을 적부터 엄마 마리아와 달리 자신을 표시 나지 않게 은근히 거부하는 아버지 요셉을 느꼈으리라. 적어도 갓난아이와 어린아이에게 세상이란 처음 만난 부모들이 전부다.

「토마스 복음」에서 예수에 대한 요셉의 감정을 그대로 드러내 주는 장면은 "화가 난 선생은 예수의 머리를 때렸고 화가 난 아이는 선생을 저주해 기절해 엎어지게 만들었다. 요셉은 비탄에 잠겨 마리아에게 말했다. '아이를 화나게 하는 사람은 누구나 죽이니 절대 밖에 내보내지 말아요'"이다. 오죽하면 "그 후로는 죽거나 불구자가 될까 두려워 아무도 예수를 화나게 하려 하지 않았다"라고 기록하고 있을까. 이처럼 적어도 요셉에게 예수란 존재는 '받아들이지 못할 존재이며 원치 않는 짐이며 성가신 말썽의 근원'으로 굳어져 가고 있었다. 거부하고 거부당하는 콤플렉스의 악순환은 서로에게 점점 더 강화되어 가고 있었다.

예수의 잃어버린 시절

신약 성서에는 예수의 어린 시절에 대한 자세한 기록이 없다. 성서에는 예수의 탄생 기록과 잃어버렸던 예수를 성전에서 찾았던 12세 시절의 기록이 고작이다. 그러고는 바로 30세의 성인 예수로 넘어간다. 그것도 공적인 사역을 시작하는 대목부터 이어진다. 그렇다면 예수의 탄생 시절과 12세 사이의 세월 11년, 12세와 30세 사이의 세월 17년, 도합 28년여의 세월은 도대체 어디로 갔단 말인가.

기독교의 정통적인 해석은 이렇다. 신의 아들로서의 예수를 성서에서 다루는 데 예수의 어린 시절은 그다지 중요하지 않아 성서의 저자들이 생략했다고 본다. 하지만, 그렇게 말하기엔 뭔가 시원하지 않다. 한 인간의 전기문을 기록하는 데 성장 시절을 다루는 것만큼 중요한 것이 없다는 걸 복음서 기자들이 몰랐단 말인가. 예수의 어린 시절의 생략은 예수의 어른 시절의 부정과도 이어진다는 걸 그들이 놓쳤을까. 그렇지 않다면 복음서 저자들의 숨겨진 의도가 있었을까. 백 번 양보해 「누가복음」에 기록된 12세의 예수 시절까지는 부모와 함께 있었다고 치자. 그렇다면 그 이후는? 이런 의문들이 우리로 하여금 '인도로 간 예수'에게로 데려간다.

예수가 인도로 가긴 갔을까?

불문학 박사인 민희식 한양대 교수가 「예수는 한때 불교 고승이었다」[9]라는 충격적인 글을 발표한 일이 있다. 예일대 종교학 교수 제프 버클리(Jeff Berkeley)의 연구를 바탕으로 소개된 민희식 교수의 『법화경과 신약 성서』에도 예수의 불교식 이름은 '이사(Issa)'라고 한다.[10] 예수의 인도 행적을 다룬 책을 이른바 『이사전』이

---

9) 민희식, 「예수는 한때 불교 고승이었다」, 『주간중앙』 1986년 10월 26일.
10) 민희식, 『법화경과 신약 성서』(불일출판사, 1995).

라고 부른다. 러시아의 저술가 니콜라스 노토비치(Nicholas Notovitch)
가 1887년 인도 여행 중 예수에 관한 기록을 발견하고 책으로 출판한
것이다.

그런 기록들에 따르면 독실한 불교도였던 예수의 불교식 이름은 이
사다. 이사는 13세 때 유태법에 따라 가장권을 갖고 결혼을 해야 할 입
장에 처한다. 당시 소년들 가운데 유난히 준수한 이사를 사위로 삼고
싶어 하는 어느 부호의 끈질긴 요구가 있자, 그는 비밀리에 인도 상인
을 따라 인도 지역으로 떠나게 된다. 이사는 14세 때 아리아인들 속에
정착하여 힌두교 거장들에게 『베다』와 『우파니샤드』 등을 공부하게 된
다. 하지만 타고난 인간 계급을 주장하는 브라만교의 4성 제도에 실망
을 느낀다. 이에 이사는 '만인의 해탈 가능성'과 '평등사상'을 부르짖
는 불교에 매료된다. 그는 부다가야, 녹야원, 베나레스 등지에서 6년
간 불교의 교리를 배우며 수도 생활을 한다. 이사는 캐시미어를 거쳐
라다크의 레에서 팔리어, 산스크리트어를 배우며 불교를 공부했다. 이
어 티베트로 건너가 밀교계의 고승 멩그스테에게서 기적을 일으키는
비법과 심령 치료 비방 등을 집중적으로 익혔다. 불교의 고승이 된 이
사는 29세 때 이스라엘에 귀국하여 불교의 복음을 전파하기 시작했다
는 것이다.

이러한 목격자들의 보고서를 묶어 미국의 엘리자베스 C. 프로페트
교수가 『예수의 잃어버린 세월(The Lost Years of Jesus)』이라는 책을
출판하여 전 세계적 베스트셀러가 되기도 하였다.

한편 프랑스 학자 필립 드 슈아레(Philippe de Soirée)가 발표한 『토
마스에 의한 복음서』에 소개된 예수의 인도 행적은 이렇다.

인도 오릿사 주의 왕족 라반나라는 사람이 일단의 브라만 승려들을

이끌고 서쪽으로 지혜를 구하러 갔을 때, 유대 나라의 제사에 참석하게 되어 거기서 어린 예수를 보았다. 라반나는 너무나 그 총명함에 놀라 제사장 힐렐에게 그에 대한 이야기를 듣고 그가 사는 나사렛 마을로 찾아가서 브라만의 지혜를 배우러 가지 않겠느냐고 물었다. 이에 공부하기를 열망하였던 예수는 부모의 승낙을 받고 일행을 따라 인도로 떠난다. 쟈간나스 사원에서 브라만 승려가 되어 공부하기도 하고, 베나레스의 유명한 의사 우드라카에게서 높은 의술을 전수받기도 했다. 그러나 브라만의 4성 계급인 카스트 제도를 비판하였기 때문에 브라만 교도의 미움을 받아 목숨까지 위험해져 북쪽으로 피하던 중, 불교 승려의 구함을 받은 것이 인연이 되어 불교 공부를 하게 되었다. 그래서 인도의 성자 피차파치에게 많은 것을 배우고, 또 그 배운 사본이 티베트 라싸에 있다는 말을 듣고 그것을 직접 보기 위하여 소개장을 받다가 그곳에 사는 동양 제일의 현자라는 맹그스테에게서 그 사본을 배우게 된다. 맹그스테에게서 영계의 힘을 빌려 기적을 일으키는 비법까지 터득하게 되었다. 이리하여 예수는 라호르를 거쳐 귀국하는 동안 석가모니의 모범을 따라 병자를 고쳐 가며 설법도 하면서 돌아간 기간이 17년 걸렸다는 내용이다.

이 밖에도 『인도로 간 예수』, 『불제자였던 예수』, 『불경과 성경 왜 이렇게 같을까』 등 인도로 간 예수에 대한 연구 결과와 책들은 계속해서 쏟아지고 있다.[11] 이제 예수가 인도로 가지 않았다는 기독교 신자들의 신앙 하나만으로 버티기엔 그 근거 자료가 너무나 많아져 버렸다.

---

11) 송기원, 『인도로 간 예수』(창작과비평사, 1995); 엘리자베스 클레어, 김영환 옮김, 『불제자였던 예수』(나무, 1987); 윤청광, 『불경과 성경 왜 이렇게 같을까』(서울출판미디어, 1998).

예수는 왜 인도로 갔을까

사실 예수가 인도로 가지 않았다고 주장하기엔 예수의 어린 시절에 대해 성서는 너무나 많이 침묵해 버렸다. 사실 여부를 떠나서 '인도로 간 예수' 이야기가 나오는 데 대해 결과론적으로 성서 저자들은 상당 부분 책임을 면하기 어렵게 되었다. 만일 예수 사후에 누군가에 의해 '인도 예수 이야기'가 꾸며졌다 할지라도 역사가들이나 성서학자와 고고학자들에 의해서 속속 드러나는 '인도 예수 이야기'는 분명 이유가 있었을 게다. 설마 아니 땐 굴뚝에 연기 났을까.

'인도 예수'의 이야기가 사실이라면, 왜 예수는 고향을 등지고 인도로 갔을까. '고향' 하면 대부분의 사람들은 어린 시절의 추억이 서려 있는 곳으로 떠올리며, 어머니같이 포근한 마음으로 대하게 마련이다. 하지만, 어떤 사람에게 고향이란 가슴 아픈 곳, 지긋지긋한 곳, 떠나고 싶었던 곳 등으로 기억되기도 한다. 특히 어린 시절에 겪었던 좋지 못한 기억이 있는 사람들에겐 더욱 그렇다. 그렇다면 고향에 대한 예수의 기억은 어땠을까.

『뉴스미션』의 김영기 기자는 「예수 어린 시절 관련된 거처 나사렛 지역에서 발견돼」(2009년 12월 24일)라는 기사문에서 "이스라엘 고고학자들로 구성된 연구진이 어린 시절의 예수가 친구들과 어울렸던 것으로 추정되는 거처를 최근 발굴했다고 밝혔다. 발굴 장소는 이스라엘의 나사렛으로서, 유동 인구 6만 명 이상의 거대한 아랍인 도시이다"라고 전했다. 이어서 "이스라엘 연구진과 발굴자들은 거처 주변의 고대 무덤도 발굴했는데, 규모나 형식으로 볼 때 나사렛 지역은 4에이커—1에이커는 약 1,224평—크기의 약 50세대가 함께 살았던 매우 낙후된 곳으로 여겼다"고 보고했다는 것이다. 김영기는 듀크 신학교

구약학과 스티븐 채프먼(Steven Chapman) 부교수가 "예수가 매우 가난한 지역에서 불우하게 자랐다는 걸 좀 더 쉽게 이해할 수 있게 됐다"라고 한 말을 덧붙였다. 이로 보건대 예수는 가난한 목수의 아들로 살았던 자신의 어린 시절을 불행한 기억으로 가졌을 가능성이 농후하다.

예수가 부모로부터 메시아가 될 인물로 키워졌다면, 예수의 고향 기억은 더욱 좋지 않았을 가능성은 더 크다. 아니면 적어도 예수가 스스로 자신이 메시아가 될 인물이라고 자각하게 되었다 할지라도 상황은 마찬가지다. 예수가 커 가면서 조금씩 구약 성서를 알아 가고, 자기 민족의 아픈 역사도 자각하며, 당시의 정세도 알아 가고, 더군다나 어머니로부터 자신의 태몽을 간간히 들으며 자신의 정체성을 키워 갔다면 말이다. 싫든 좋든 자신이 메시아의 길을 걸어 갈 운명일지도 모른다는 예감을 했다. 예수의 이상은 조금씩 하늘 높은 줄 모르고 올라가고 있었다.

하지만, 예수에 대한 사람들의 반응은 "나다나엘이 이르되 나사렛에서 무슨 선한 것이 날 수 있느냐"(「요한복음」 1:46)였다. 이 말은 먼저 예수의 제자가 된 빌립 이후에 제자가 될 나다나엘에게 "모세가 율법에 기록하였고 여러 선지자가 기록한 그이를 우리가 만났으니 요셉의 아들 나사렛 예수니라"(「요한복음」 1:45)라고 말하자 당장 나다나엘의 입에서 튀어 나온 말이었다. 예수 당시 나사렛을 보는 이스라엘 사람들의 보편적인 시각을 드러내 준다. 말 그대로 시골 변방 나사렛에선 선한 것, 위대한 것, 대단한 것이 나올 수 없는 곳으로 치부되었다. 적어도 유대 베들레헴이면 몰라도.

군중들 사이에 예수가 누구냐에 대한 쟁론이 일어났을 때 단박에 "어떤 사람은 그리스도라 하며 어떤 이들은 그리스도가 어찌 갈릴리에서 나오겠느냐"(「요한복음」 7:41)라는 말이 나왔다. 당시 정서로는 그리스도는 갈릴리 나사렛에서 나올 수가 없었다. 이번에도 예수의 자질이나 능력, 그리고 인품에 대해 그리스도의 자격을 논하는 것이 아니라 단지 예수의 고향―출신 지역―이 문제였다.

이어서 예수의 고향 사람들조차 당장 "그들이 다 그를 증언하고 그 입으로 나오는바 은혜로운 말을 놀랍게 여겨 이르되 이 사람이 요셉의 아들이 아니냐"(「누가복음」 4:22)고 예수에게 따진다. 예수가 아무리 능력을 행하고 놀라운 권위로 복음을 전하더라도 가난한 목수 요셉의 아들일 뿐이라는 걸 상기시켜 준 것이다. 어린 시절 사생아로 놀림 받고, 괴팍하며, 가난으로 허덕이던 예수를 그들은 알고 있다는 이야기다. 그러자 예수는 "내가 진실로 너희에게 이르노니 선지자가 고향에서는 환영을 받는 자가 없느니라"(「누가복음」 4:24)고 한탄하기에 이른다. '그러면 그렇지. 어릴 적 내 과거를 너무나도 잘 알고 있는 고향 사람들에게 뭘 바랄까. 이렇게 나올 줄 알았다. 한참 클 때도 나를 인정해 주지 않던 고향 사람들은 하나도 달라진 게 없구나'라는 예수의 반응이다.

실제로 '예수 콤플렉스'란 사전적 의미는 "상대방이 나를 인정하지 않는 것은 나를 잘 모르기 때문이다"라고 느끼는 콤플렉스를 말한다. 고향 사람들이 예수를 인정하지 않는 것은 겉으로 보이는 모습만 보고 판단하는 고향 사람들의 어리석음이라고 보는 예수의 심리 상태를 일컫는 말이다. 자신을 알아주지도 않을 뿐만 아니라 무시하는 근원지인 고향, 그곳이 예수에겐 결코 유쾌한 곳이 아니었다. '나사렛 출신 가난한 목수 요셉의 아들'이란 이 꼬리표는 예수의 어린 시절의 심상을 온통 얼룩지게 했다. 한마디로 '고향 콤플렉스'라 할 수 있다.

사실 콤플렉스가 생기는 원인 중 하나가 자아와 페르소나 간의 충돌이라고 할 수 있다. '가면'이라고 불리는 페르소나는 자연인이 아닌 사회적인 존재로서의 한 사람의 역할과 지위 등을 말한다. 아버지로서, 직장인으로서, 국민으로서 당연히 갖춰야 할 격을 말한다. 예수는 부모로부터 또는 자신 스스로 메시아라는 페르소나를 요구받았고, 고향 사람들로부터는 '나사렛 출신 가난한 목수의 아들'이라는 페르소나를 요구받았다. 예수의 정체성이 '예비 메시아'로 형성되고 있던, 아니면 다른 무엇으로 형성되고 있던 예수의 자아 속에서 서로 충돌을 일으키고 있는 것은 분명해 보인다. 이 지점에서 예수에게 콤플렉스는 자연스레 형성되지 않았을까. 이른바 이상과 현실의 갈등에서 오는 아픔이라고나 할까.

심리학자 휴 미실다인이라면 "예수는 고향으로부터 거부당함을 받은 사람이 또다시 고향을 거부하는 사람의 전형적인 유형"이라고 진단할 게 분명하다. "인간의 모든 행위는 자신의 열등 콤플렉스에 대한 반응에 불과하다. 다시 말하면 당신이 다른 방식을 두고 특별히 이 방식으로 행동하는 이유는 당신이 특별히 이 방식으로 당신의 열등 콤플렉스에 적응―혹은 부적응―했기 때문"[12]이라는 J. 모러스(J. Maurus)의 진단은 얼마나 명쾌한가.

예수의 사상은 순수 창작물일까

인도로 간 예수의 이야기를 접하면서 우리는 또 다른 한 가지의 질문에 직면하게 된다. 과연 예수의 사상은 절대적인 순수 창작물일까. 보수적인 기독교인들이 말하는 대로 신의 아들로

---

12) J. 모러스, 박웅희 옮김, 『콤플렉스, 걸림돌인가 디딤돌인가』(성바오로, 1997), 33쪽.

서 하늘의 계시를 받아 스스로 깨달은 것일까. 예수가 그런 식으로 행동하고 그런 식으로 말했던 것은 환경을 초월한 '신성' 때문일까. 많은 학자들이 역사적 자료와 예수의 행적 및 언행 등의 자료를 바탕으로 '예수가 불교를 담아내고 있다'고 주장하는 데 대해서, 여전히 신의 능력을 무시한 행위이며 전혀 근거 없는 사탄의 장난이라고 할 수 있을까.

앞의 질문들에 함몰되어 있는 기독교인이라면 "성인 환자들도 역시 자기가 성장하면서 영향 받았고 계속적으로 자신에게 적용시켜 온 자기네 부모들의 태도와 아직까지도 씨름하는 모습을 관찰할 수 있었다. 이러한 태도는 자기네 부모가 곁에서 더 이상 강요하지 않음에도 불구하고 여전히 맹위를 떨치고 있음은 말할 필요조차 없었다. 그러면서 그들은 어린 시절에 대응했던 그런 태도로써 계속해서 대응하고 있었다. 이렇게 볼 때 내재과거아란 개념은 성인 생활에서도 살아 있어 발전해 온 것"[13]이라는 휴 미실다인의 말에 귀를 기울일 필요가 있다. 이어서 그는 "내재과거아를 탈피해 버렸거나 혹은 너무 나이든 나머지 그 시절의 의미가 없게 되어 버린 사람은 아무도 없다"[14]라고 못을 박는다. 그렇다. 예수에게 그 무엇이 있다면, 그것은 순수 창작물이거나 하늘의 절대적인 계시의 결과가 아니라 어린 시절부터 축적된 내재과거아의 표현일 수밖에 없을 게다.

더 나아가서 예수란 한 인물은 개인이면서 사회 전체이기도 한 데에 주목할 필요가 있다. "당신과 사람들—당신의 아내와 아이들, 그리고 회사의 상사나 이웃사람들—과의 관계의 총화가 사회입니다"[15]라고

---

13) W. 휴 미실다인, 앞의 책, 21쪽.
14) 위 책, 29쪽.

말한 인도의 성자 크리슈나무르티에 따르면 우리 자신은 '관계의 총화의 산물'인 것이다. 사람은 개별적인 존재이면서, 하나로 연결되어 있는 관계들의 총화이기도 하다는 이야기다. "이 한 장의 종이와 관련되지 않은 것은 전 우주에 단 한 가지도 없다"[16]라는 틱낫한의 깨달음에 주목할 필요도 있다. 한 장의 종이가 우리 손에 들려지기까지는 수많은 종이 제조업자, 유통업자, 운송업자, 목재업자 등이 관련되어 있고, 종이의 재료인 나무 한 그루가 커 가기 위해선 물과 공기와 바람 등 전 우주가 동원되었다는 의미다.

이럴진대 한 인간의 사상이 하늘에서 뚝 떨어진 것이라고 주장한다면, 기독교가 그토록 주장하던 '예수는 참인간이다'라는 교리에도 자체 모순을 만들게 되는 것이다. 예수의 사상은 분명 그 시대의 산물이며, 예수 개인의 경험의 결과인 게 틀림없다. 예수의 독특한 가르침과 신관 등은 실제로 예수를 인도로 데려갔던지 아니면 적어도 정신적으로라도 인도와 상통했으리라.

이 논리를 뒷받침해 주는 하나의 발견이 있다. 유재덕은 자신의 저서 『성경 밖에서 만나는 재미있는 성경 이야기』에서 "나사렛에서 5~6킬로미터 떨어진 세포리스의 발굴 덕분에 예수 성장 환경 연구에 많은 도움이 되었다"며 "세포리스 남쪽 지역을 연결하는 잘 닦인 도로와 3~4천 명이 한꺼번에 입장할 수 있는 그리스 로마 형식의 극장이 나사렛 인근 세포리스에 있었다. 거기는 외국의 새로운 문물이 밀려들던 곳"이었다고 보고했다. 그는 이어서 "예수는 시골이 아니라 도시적인

---

15) 크리슈나무르티, 권동수 옮김, 『자기로부터의 혁명』(범우사, 1999), 27쪽.
16) 틱낫한, 류시화 옮김, 『틱낫한의 평화로움』(열림원, 2002), 95쪽.

문화의 영향을 받으며 성장했다"고 강조했다. 우리가 애당초 알고 있었던 '시골 오지의 나사렛'이 아니라는 이야기다. 다양한 세계 문물이 오가던 도시 세포리스 근처 나사렛에 살았던 예수, 자신이 장차 큰 인물이 될 거라고 생각했던 예수, 고향에 대한 불만으로 가득 찼던 예수가 과연 새로운 세계에 대한 동경이 없었을까. 예수가 고향으로부터 벗어나고픈 생각이 들지 않았다면 오늘날에 거론되는 성자 예수는 고사하고 자신의 꿈조차 이룰 수나 있었을까.

어쨌든 이로써 예수가 「토마스 복음」 등의 증언대로 인도로 갔을 가능성은 더욱 커진다. 또한 예수가 인도로 가지 않았다고 하더라도, 적어도 인도의 사상과 종교를 접하고 섭렵했을 가능성은 더 짙어진다. 예수가 고향 콤플렉스와 예수 콤플렉스, 메시아 콤플렉스 등으로 인해 당시의 보편적인 유대교인들의 사상을 넘어서는 다른 사상으로 눈을 돌린 것은 자연스러운 결과이었으리라. 자신을 거부하는 고향에 대해 역으로 그 고향을 거부하고 인도로 떠났을 예수—장소적이든 심리적이든 또는 인도가 아닌 제3의 곳이든—를 상상하는 것은 어쩌면 자연스러운 일이지 않을까. 예수가 적어도 당시의 보편적이고 평범한 정신세계를 뛰어넘어 독특하고 위대한 정신세계를 구축한 사람이라면 말이다.

인류의 역사에 기록된 역사적인 영웅들은 어쨌든 역사로부터 '영웅의 소환'을 받았다. 자신의 출생지 이집트로부터 사막에로 신의 부름을 받았던 모세, 자신이 살던 노나라로부터 떠나 자신을 알아줄 군주를 찾아 천하를 주유하던 공자, 자신이 태어난 곳 메카에서 백성들을 이끌고 메디나로 이주했던 마호메트, 출가라는 명목으로 자신의 왕궁을 버리고 떠났던 석가 등이 그들이다. 그들의 특징은 살던 곳에서 떠났을 때 새로운 세계가 열렸다는 공통점이 있다. 예수가 이스라엘과 인류를 구원하는 메시아였던, 아니면 여러 종교를 융합한 종교 천재였던 상관없이 자신을 끊임없이 콤플렉스로 빠지게 했던 콤플렉스의 근원지—고향 나사렛—로부터의 탈출, 새로운 세계와의 만남, 그리고 옛 세계와 새로운 세계와의 융합은 필수 과정이었으리라.

4. 신을 아버지라고 부른
예수의 콤플렉스

아버지 요셉

그 사람이 누구인가를 알려면 그의 부모를 아는 것만큼 좋은 길은 없다. 심리학적으로도 내재과거아를 공급하는 제1원인으로 부모를 꼽는다. 부모와의 관계를 어떻게 맺었냐는 곧 그 사람의 평생 사는 방식으로 결정된다. 그 시기는 태아에서부터 유아기, 소년기, 청소년기, 청년기 등을 통틀어 말하는 것이다. 특히 한 사람이 의식의 영역에서 잘 기억나지도 않는 태아와 유아기 때 받은 부모의 영향은 거의 절대적이다. 한 사람이 그렇게 행동하고 그렇게 말하는 원인의 90퍼센트 이상이 어릴 적 부모의 영향의 결과라 할 수 있다. 그 영향은 부모 자신의 성격, 직업, 사회적으로 요구되는 부모의 역할, 부모가 가지고 있었던 사회적 배경 등 눈에 보이는 행위부터 눈에 보이지 않은 부모의 콤플렉스의 전이와 충돌 등도 섞여 있다. 그런 의미에서 예수의 아버지 요셉을 분석하는 것은 예수를 아는 데 필수적인 요소라 하겠다.

아버지 요셉은 20대? 40대? 90대?

예수가 태어나던 당시 요셉의 나이는 몇 살이었을까. 학계의 정설로는 14세 이상 20세 정도로 되어 있다. 당시 풍습과 유대 법령 『미쉬나』에도 남자의 결혼 적령기를 13세 이상으로 못 박고 있다. 20세를 넘기면 사회적으로 문제가 있는 것으로 보는 관습이 있었다. 고증을 바탕으로 예수의 생애를 다룬 영화 〈네티비티 스토리(The Nativity Story)〉[1]에서도 마리아의 나이 16세, 요셉의 나이 20세로 다루고 있다. 사실 마리아의 나이는 12~14세 정도로 보는 설이 더 유력하다.

하지만, 요셉의 나이가 40세라는 보고가 나왔다. 『구굿닷컴』의 이영주 기자는 「마리아의 남편 요셉은 누구인가」(2006년 12월 6일)라는 글에서 "예수가 세례 요한의 세례를 받고 공생애를 시작해 골고다 언덕에서 십자가에 달려 죽임을 당할 때까지 어머니 마리아는 등장하지만 요셉의 모습은 보이지 않는다. 그렇다면 요셉이 이른 나이에 요절한 것일까"라고 의문을 제시하면서 "초기 기독교 시절인 2세기에 기록된 외경인 『야고보의 원복음』에는 요셉은 힘없는 노인으로 묘사되고 있다. 기록 중에는 마리아와 결혼할 때 이미 나이가 91세였다는 기록도 있다. 이로 인해 중세 기독교 회화에 등장하는 요셉은 대개 노인의 모습을 하고 있다"라고 보고하고 있다. 그러면서 "서울신학대학교 신약학이상훈 교수는 '대부분의 학자들은 마리아와 정혼한 시기 요셉의 나이는 40세에 이르렀던 것으로 추정한다'며 '성전에서 12세 예수를 찾던

---

1) 캐서린 하드윅 감독, 2006년 작.

134

당시 요셉은 50세를 넘긴 나이였을 것'이라고 밝혔다"며 이상훈 교수의 주장을 보도했다. 이게 사실이라면 예수와 아버지 요셉의 관계는 당시 보통의 유대 가정에서처럼 권위적인 아버지와 순종해야 하는 아들의 관계로 굳어지기 쉬운 상황이라 하겠다. 예수에겐 친구 같은 아버지보다는 어려운 아버지일 가능성이 아주 짙다.

이 가능성은 당시 아버지의 역할을 보면 더욱 분명해진다. 성서학자 제임스 패커(James I. Packer)는 자신의 저서 『성서 시대의 일상생활』에서 당시 아버지들의 역할을 잘 말해 준다.

그에 의하면 "히브리어의 남편이란 말에는 '지배한다, 다스린다'는 의미도 포함되어 있다. 또한 '주인'이라고 번역될 수도 있다"며 남편과 아버지의 당시 상징적 의미를 말해 주고 있다. 당시 아버지는 "유대인들은 아버지가 가정 내에서 영적 지도도 담당하였다. 그는 가정 내의 제사장의 역할를 담당하였다. 그에게는 가족들에게 유월절 등의 각종 종교 의식을 인도하는 책임이 주어졌다"는 기록대로 영적 제사장이기도 하고, "아버지는 자기 아내와 더불어 '마땅히 행할 길을 아이에게 가르치라'(「잠언」 22:6)고 되어 있다. 아버지는 또한 모든 율법의 기록된 말씀들을 자녀들에게 전해야 했다"는 교사이기도 하고, "아버지는 필요한 경우 육체적인 체벌도 가해야 했다"는 생활 지도사이기도 했다. 그는 이어서 "『탈무드』는 말하기를 아버지는 자기 아들에 대하여 율법을 가르치는 것 외에 네 가지 책임을 지고 있다고 했다. 그는 자기 아들에게 할례를 행하며, 첫아들이면 하나님께로 대속할 것이며, 아내를 맞게 해 주며, 장사를 가르쳐야 한다"[2]라는 말로 당시 아버지들이 걸었던 보편적인 길을 일러 주었다.

사실 오늘날 평범한 가정이라도 우리가 놓치지 말아야 할 진실이 있다. 예나 지금이나 어린 자녀들의 눈에는 부모는 절대 권력자라는 것이다. 부모가 경제 권력을 쥐고 있기 때문이다. 부모로부터 학비와 용돈을 지급받는 자녀는 항상 절대 권력자 앞의 순한 백성이 될 수밖에 없다. 아무리 개방적인 부모가 자녀에게 아무런 권위 없이 평등하게 대화하자고 해도, 자녀 입장에선 '가진 자의 힘 자랑'이라고 느낄 수 있다는 걸 알아야 한다.

이럴진대 가부장적인 고대 시대에야 두말하면 입 아프지 않겠는가. 제임스 패커의 보고대로 예수에게 아버지 요셉은 영적 지도자, 교사, 생활 지도사 등이며, 예수를 그 사회의 남자로 인증해 주는 허가권자이며, 신께 아들을 바치는 제사장이며, 결혼할 아내를 결정하는 결혼 결정권자이며, 생계 유지의 길을 전수하는 밥줄 담당자였다. 예수에게 아버지 요셉은 절대 권위자이며 절대 권력자였다. 의식의 영역에서 보면 적어도 예수의 생애에서 제일 먼저 만나는 신은 바로 아버지 요셉이었다. 물론 태아와 유아기적 영역인 무의식의 영역에서야 어머니 마리아가 신으로 먼저 자리 잡았겠지만 말이다.

요셉의 직업은 도시 건축 노동자

요셉의 직업이 목수라는 데는 이견이 없다. 성서에서도 예수를 일러 '목수 요셉의 아들'이라고 표현하고 있다. 미국에서 다년간 구약학을 연구했던 이요엘 교수는 수천 년 동안 흙먼지 속에 압사된, 사라진 성서 도시들을 추적한 탐사 리포트인 『고고학

---

2) 제임스 패커, 노광우 옮김, 『성서 시대의 일상생활』(성광문화사, 1992), 14~17쪽.

자들의 카리스마를 클릭하라』라는 책을 냈다. 이 책에도 "최근 들어 유대 역사학자 요셉 하레비는 과거의 이 나사렛 동네에는 목수를 중심으로 몇 십 가구 정도 몰려 살았다는 것을 고고학적으로 밝혀냈다. 예수님의 직업이 목수였다는 것은 이 고고학적인 진술과 정확히 맞아떨어지는 내용이다"[3]라고 보고했다. 다만, 특이한 것은 나사렛 동네가 목수를 중심으로 몰려 살았다는 보고다. 요아힘 예레미아스(Joachim Jeremias)가 그의 저서 『예수 시대의 예루살렘』[4]에서 멸시받는 직업을 분류하면서 목수를 지목하지 않은 것도 그런 이유에서일 게다. 요셉은 그 시대의 아주 보편적인 하층 평민이었다.

그렇다 할지라도 목수라는 직업이 내세울 만한 직업이 아니라는 의견도 있다. 『안병무』의 저자 김명수는 '민중 예수' 전문가 안병무 박사의 말을 인용해 "예수의 직업은 소농이며 목수였다. 마태는 예수가 목수였다고 말하기보다는, 단지 '목수의 아들'이었다고만 기록하였다. 누가는 아예 예수의 직업에 관한 언급을 회피한다. 예수 시대에는 50여 종에 달하는 수공업이 있었다. 목수는 내세울 만한 직업이 못되었다"[5]라고 주장했다. 기적을 행하고 권위 있는 복음을 전하는 예수에게 "이는 그 목수의 아들이 아니냐"(「마태복음」 13:55)고 하대했던 예수의 고향 사람들을 보면 잘 알 수 있다.

그런데 목수로 번역된 히브리 단어 테크톤(tekton)은 본래 돌, 나무,

---

3) 이요엘, 『고고학자들의 카리스마를 클릭하라』(평단문화사, 2003), 387쪽.
4) 요아힘 예레미아스, 한국신학연구소 번역실 옮김, 『예수 시대의 예루살렘』(한국신학연구소, 1988).
5) 김명수, 『안병무』(살림, 2006), 172쪽.

금속과 같은 물질로 물건을 만드는 노동자를 의미한다. 그래서 라틴계 교부들은 목수보다는 장인(匠人)으로 해석하고 있다. 그런 면에서 요셉은 여러 가지 일을 할 수 있는 장인이었을 가능성이 크다.

한편 다른 각도로 보면 도시 건축 노동자로도 볼 수 있다. 예수의 설교 중에 나오는 "그러므로 누구든지 나의 이 말을 듣고 행하는 자는 그 집을 반석 위에 지은 지혜로운 사람 같으리니 비가 내리고 창수가 나고 바람이 불어 그 집에 부딪치되 무너지지 아니하나니 이는 주추를 반석 위에 놓은 까닭이요 나의 이 말을 듣고 행하지 아니하는 자는 그 집을 모래 위에 지은 어리석은 사람 같으리니 비가 내리고 창수가 나고 바람이 불어 그 집에 부딪치매 무너져 그 무너짐이 심하니라"(「마태복음」 7:24~27)는 비유는 건축을 해 본 사람의 경험이 아니면 할 수 없는 것이라는 게 성서학자들의 견해다.

가난한 목수이며, 장인이며, 도시 건축 노동자였던 요셉의 아들 예수. 그는 과연 그런 아버지로부터 어떤 영향을 받았을까. 예수는 안병무 박사의 지적대로 '내세울 만한 직업'이 아니었던 아버지를 부끄러워했을까. 아니면, 적어도 그런 집안에 태어난 자신을 한탄했을까. 직업이 곧 계급이며, 평생의 삶의 방식을 정하던 고대 사회에서 아버지 요셉은 예수에게 어떤 존재였을까. 어쨌든 한 가지 확실한 것은 아버지의 직업과 출신 성분이 평생 예수의 발목을 잡았다는 것이다.

요셉은 의로운 사람이었을까

"그의 남편 요셉은 의로운 사람이라 그를 드러내지 아니하고 가만히 끊고자 하여"(「마태복음」 1:19)라는 구절은 성서에서 유일하게 요셉의 인격을 평가하는 구절이다. 성서는 요셉을

'의로운 사람'이라고 표현했다.

이를 토대로 교회 설교자들은 "보라, 요셉이 얼마나 의로운가를"이라며 요셉을 칭찬하기에 나섰다. '처녀가 잉태하면 돌로 쳐 죽이라'는 당시의 『미쉬나』를 염두에 두고 조용히 파혼하려고 했던 의로운 요셉, 천사의 명령대로 아내 마리아를 데리고 오던 착실한 요셉, 헤롯 대왕을 피해 이집트로 떠나라는 천사의 명령대로 가족을 데리고 떠나던 책임감 있는 가장 요셉 등을 예로 들었다.

이런 연유로 『인간 예수』의 저자 잭 도미니언은 "예수와 하늘 아버지와의 관계는 그와 땅의 아버지와의 경험에 기초하고 있다. 예수가 하늘 아버지와의 관계를 친밀하고 따뜻하게 그린 것은 땅의 아버지와의 관계에서 그와 유사한 경험을 하지 않고서는 불가능한 일이다"[6]라고 설명하고 있다. 이 책에서도 요셉은 다정다감한 사람이며 책임감 있는 가장으로 묘사되고 있다.

하지만, 과연 그랬을까. 적어도 모든 사람의 성격엔 양면이 있다고 볼 때, 요셉의 어두운 면은 없었을까.

먼저 그 실마리를 풀기 위해 「마태복음」 1장 19절을 『공동번역 성경』—대한민국 천주교와 개신교 일부 교단에서 에큐메니컬 운동에 적극적인 교단이 함께 번역한 한국어 성경이다. 현재 성공회와 정교회에서 사용하고 있다—버전으로 살펴보자. 거기엔 "마리아의 남편 요셉은 법대로 사는 사람이었고 또 마리아의 일을 세상에 드러낼 생각도 없었으므로 남모르게 파혼하기로 마음먹었다"라고 적혀 있다. 『개역성

---

6) 잭 도미니언, 앞의 책, 129쪽.

경』에서 '의로운'이란 단어는 '법대로 사는'이라는 의미를 내포하고 있다고 생각한 번역이다. 그렇다. 요셉은 의로웠다기보다 법대로 사는 사람이었다. 종교가 한 사회를 지배하던 고대 시대에 율법을 착실히 따르던 보편적인 남성이었다는 이야기다. 그러기에 간음을 저질렀을 가능성이 있는 배우자 마리아의 범법 행위에 따른 처벌을 두려워하여 파혼하기로 마음먹은 것이다.

생각하기에 따라선 법을 중요시하는 고대 시대의 한 남성이 약혼 여성의 간음―간음의 가능성―을 모른 체하고 자신만 살길을 찾았다고 볼 수 있다. 파혼하기로 마음먹었다는 것은 요즘과 같은 파혼이 아님을 주목해야 한다. 당시의 풍습에 의하면, 약혼은 곧 결혼이었다. 그러므로 파혼이 아니라 이혼에 해당되었다. 이혼을 하려면 남자 쪽에서 이혼 증서를 써 주어야 했다. 그러면 여성은 이혼녀로 낙인찍히는 것이었다. 당시 사회에서 이혼녀는 여성으로 태어나 당하는 조건 중에서 가장 불리한 조건 중 하나였다. 집안 대 집안의 약속이었으므로 여성 집안의 수치이기도 했다. 이래저래 약혼 남성이 약혼 여성에게 이혼 증서를 써 주는 것은 그 여성을 사회의 가장 낮은 곳으로 곤두박질시키는 행위라 할 수 있다.

곧 이어 "이 일을 생각할 때에 주의 사자가 현몽하여 이르되 다윗의 자손 요셉아 네 아내 마리아 데려오기를 무서워하지 말라 그에게 잉태된 자는 성령으로 된 것이라"(「마태복음」 1:20)의 요셉은 또 어떤가. 성서는 요셉이 아내를 데려오기를 무서워했다고 표현하고 있다. 누구든 충분히 그럴 수 있다. 입장 바꿔서 우리 자신에게 어느 날 자신의 약혼자가 '하늘의 자식'을 잉태했다며 받아 달라고 하면 막막하고 무섭지 않을까. 더군다나 고대 사회라면 더욱더. 그런데 문제는 이런 메시지를 전해 준 천사의 명령을 곧이어 잘 따르는 요셉의 태도다. 헤롯 대왕의 유아 살해를 피해 이집트로 떠나라고 천사가 명령했을 때도 요셉은 순순히 잘 따랐다.

요셉과 같은 부류의 사람을 종교, 특히 기독교에서 보면 순종 잘하는 하늘의 백성이라고 볼 수도 있겠다. 어쩌면 전형적인 '종교 예스맨'이라 하겠다. 하지만 심리적으로 보면 자신의 주견이 있음에도 불구하고 자신보다 더 권위적인 존재라고 인정되면 명령에 무조건 복종하는 사람이라고 할 수 있다. 그는 법을 잘 지키는 사람이기에 항상 상위법을 따라서 행동하는 법 지상주의의 행동 양식의 소유자일 수 있다. 그는 자신의 생각보다 이웃들의 눈이 더 중요하고, 종교적 규율이 더 중요한 사람이다.

그는 또한 '아니오'라고 해야 할 때도 과감하게 '아니오' 하지 못한다. 다만 슬그머니 관계를 끊어서 조용히 일을 처리하려고 한다. 일을 처리할 때 사람 중심이 아니라 체면 중심이다. 일이 복잡하게 꼬이는 걸 몹시 싫어한다. 사회적인 규율을 어기는 범법 행위를 하는 것은 부끄러운 일이라고 생각하기 때문이다. 그는 법대로 하지 않는 것을 가장 혐오한다. 어떤 일을 처리하는 데 책임을 잘 지는 사람처럼 보이지만, 그것은 어디까지나 상위법을 따른다는 명분이 주어졌을 때다. 그가 추구하는 사회는 권위가 중시되는 사회다.

자유 전도사 에리히 프롬이라면 이런 부류의 사람을 '~로부터의 자유'조차 이룩하지 못한 사람으로 설명할 것이다. "원죄는 인간을 타락시킨 것이 아니라 인간을 자유롭게 했다. 그것은 바로 역사의 시작이었다. 인간은 자신의 힘으로 살아가고, 또 완전한 인간이 되는 것을 배우기 위하여 에덴동산을 떠나야만 했다"[7] 라는 프롬의 설명대로라면 아직 불복종할 줄도 모르는 불완전한 인간으로 남아 있는 형태라고 할 수 있다. 말하자면 주체적인 인간이 아니라는 이야기다.

이런 요셉의 행동은 성서에서조차 존재감이 없게 나타나고 있다. 탄생 설화에서 예수의 아버지로 활약한 장면 말고는 요셉의 활동을 성서에서 찾아볼 수가 없다. 「마태복음」의 족보에서도 '마리아의 남편 요셉'이라고 기록되어 있다. 하다못해 "이 사람이 마리아의 아들 목수가 아니냐"(「마가복음」 6:3)고 당시 사람들이 지칭하기까지 한다. 요셉의 아들 목수라고 표현하지 않았다. 물론 이즈음에 요셉은 이미 죽었다는 설을 내놓는 증거 구절이 되기도 하지만, 어쨌든 요셉이 죽어서는 더욱 존재감이 없어졌다는 증거라 할 것이다.

요셉, 그는 착하고 온순하긴 했지만, 주체적이지 못하고 권위에 복종하기만 하는, 당시 힘없는 백성들의 한 모델이라 할 수 있다. 그는 세상의 권위에 짓눌려 기를 못 펴지만, 가정에서는 상당히 권위적일 경우가 많다. 권위 콤플렉스를 가진 남성이 권위적일 확률은 상당히 크기 때문이다.

아들은 아버지의 뒷모습을 보고 배운다

『아들은 아버지의 뒷모습을 보고 배운다』[8]라는 책 제목처럼 아들은 아버지의 앞모습보다는 잘 드러나지 않는 뒷모습을 보고 배운다. 배운다는 것은 그대로 답습한다는 의미가 아니라

---

7) 에리히 프롬, 앞의 책, 14쪽.
8) 가와키타 요시노리, 김석희 옮김, 『아들은 아버지의 뒷모습을 보고 배운다』(작가정신, 2009).

순기능으로든 역기능으로든 아버지의 영향을 받는다는 의미다.

아들은 커 가면서 아버지로부터 "남성적 성격은 도전, 지도, 활동, 훈련, 모험 등의 성질"을 배우고, 어머니로부터 "여성적 성격은 생산적인 수용, 보호, 실용주의, 참을성, 모성적인 것"[9]을 배운다. 아들이 만일 아버지와의 관계에서 상처를 입고 콤플렉스를 형성한다면 그는 남성적인 것을 제대로 배우지 못할 수 있다. 아들은 특히 세상의 모든 권위를 대변하고 상징하는 아버지와 관계가 좋지 않다면 곧 권위 자체를 부정하고 적대시하는 사람으로 살아갈 공산이 크다. "가부장 콤플렉스의 긍정적인 측면은 이상과 훈련과 양심과 개인주의이며 부정적 측면은 위계질서, 억압, 불평등, 복종이다"[10]라는 에리히 프롬의 말대로 가부장 콤플렉스의 부정적 측면인 위계질서, 억압, 불평등, 복종을 혐오하는 사람으로 살아갈 수 있다.

더군다나 '아니오' 하지 못하고 받아들인 예수를 처음엔 받아들였을 것이다. 앞에서 말한 요셉의 기질대로라면 말이다. 하지만, 시간이 지나가면서 아들 예수를 점차 멀리했을 가능성은 얼마든지 있다. 아버지 요셉은 어린 예수를 볼 때마다 자신의 확고한 의지를 제대로 표명도 하지 못하고 얼떨결에 받아들이기로 결정해 버린 자신의 모습이 생각났으리라. 직계 혈통을 중요시하던 사회에서 시간이 지날수록 본전 생각이 났을 게다. 더군다나 마리아에게서 다른 예수의 형제들을 얻게 되었을 때, 자신의 핏줄이 아닌 예수보다 핏줄인 다른 아들들을 편애했을 가능성은 더욱 커진다. 아버지 요셉에게 아들 예수는 자신의 어두운 면

---

9) 에리히 프롬, 박민경 옮김, 『사랑의 기술』(선비, 1990), 61쪽.
10) 에리히 프롬, 김병익 옮김, 『건전한 사회』(범우사, 1994), 54쪽.

을 생각하게 하는 콤플렉스의 근원지였다.

그런 면에서 아들 예수의 입장도 마찬가지였다. 평생 자신의 발목을 잡았던 출신 지역과 출신 성분의 콤플렉스는 자신의 아버지가 요셉이었기 때문이다. 예수에게 아버지 요셉은 콤플렉스의 근원지였다. 베레나 카스트(Verena Kast)는 그의 저서 『나를 창조하는 콤플렉스』에서 "예수는 남성에게 나타난 본래 부정적인 아버지 콤플렉스의 경우에 해당된다"[11]고 강조했다. 휴 미실다인의 분석대로 '아버지로부터 거부당한 외로운 늑대, 황야의 무법자'가 바로 예수였다.

어머니 마리아

프로이트가 오이디푸스 콤플렉스라는 개념을 세상에 알린 것은 대단한 업적 중 하나다. 그런데 예수의 어머니를 이야기하자고 하면서 웬 오이디푸스 콤플렉스를 들추어낼까. 흔히들 아버지와 연관해서 오이디푸스 콤플렉스를 연상하는 고정관념을 살짝 뒤집어 볼까 한다.

예수도 '오이디푸스 콤플렉스'가 있다

이쯤 되면 예수도 오이디푸스 콤플렉스가 있었을까를 물을 수밖에 없다. 보수 기독교인이라면 "설마 지금 예수

---

11) 베레나 카스트, 이수영 옮김, 『나를 창조하는 콤플렉스』(푸르메, 2007).

님에게 이런 콤플렉스를 뒤집어씌우려는 건 아니겠지"라고 할 수도 있겠다.

하지만, '예수에게는 절대로 오이디푸스 콤플렉스가 없다'라고 천명하는 순간 예수는 참사람이 아니게 된다는 것을, 이 시점까지 나와 함께 걸어온 독자라면 받아들일 수 있으리라. 이렇듯 "자라면서 모든 사람이 홍역을 치르듯이 오이디푸스 콤플렉스를 치르고, 성인이 되는 길을 발견한다는 것이다"라고 말한 정신분석가 제라르 포미에(Gérard Pommier)는 아주 맛깔나게 오이디푸스 콤플렉스를 표현했다. 그렇다. 포미에의 말대로 그 콤플렉스는 홍역과도 같은 것이다. 자라면서 누구나 겪는, 아니 겪어야만 면역성을 키우는 그런 홍역 말이다. '예수는 홍역을 겪었다'라고 말하는 것과 '예수는 오이디푸스 콤플렉스를 가지고 있다'는 말과는 같은 맥락이다.

프로이트는 오이디푸스 콤플렉스를 이렇게 설명했다. 남성이 아버지를 증오하고 어머니에 대해서 품는 무의식적인 성적 애착이라고. 이것은 그리스 신화 오이디푸스에서 딴 말로 프로이트가 정신분석학에서 쓴 용어이다. 오이디푸스는 테베의 왕 라이오스와 이오카스테의 아들인데 숙명적으로 아버지를 살해하고 스핑크스의 수수께끼를 풀어 테베의 왕이 되었다. 어머니인 줄 모르고 결혼한 그들은 그 사실을 알자 이오카스테는 자살하고 오이디푸스는 자기 눈을 뺀다. 프로이트는 이러한 경향은 남근기(男根期, 3~5세)에서 분명하게 나타나며 잠재기(潛在期)에는 억압된다고 한다. '아버지처럼 자유롭게 어머니를 사랑하고 싶다'는 원망(願望)은 '아버지와 같이 되고 싶다'는 원망으로 변하여 아버지와의 동일시(同一視)가 이루어지며, 여기에서 초자아(超自我)가 형성된다.

프로이트에 따르면 유아는 오이디푸스 콤플렉스를 극복하고서야 비로소 성인(成人)의 정상적인 성애가 발전하는 것이지만, 이를 이상적으로 극복한다는 것은 매우 힘든 일이며, 일반적으로 신경증 환자는 이 극복에 실패한 사람이다. 그리고 이 콤플렉스는 때와 장소를 가리지 않고 보편적으로 존재하는 생물학적인 것이라고 생각하였다.

대상관계 심리학자들이 쓴 책 『종교와 무의식』에는 "엄마에 대한 아이의 성적 경향이 강렬해지면서 양가감정이 개입해 들어온다. 적대감이 등장하고 아버지의 애정과 경쟁하기 시작한다. 그는 어머니를 차지하기 위하여 아버지를 제거하기 원하는 동시에 아버지에 대한 사랑의 의존을 계속하기 원한다"[12]라고 오이디푸스 콤플렉스를 설명한다. 유아는 엄마를 성적 대상으로 생각하는 동시에 아버지를 경쟁 상대로 느낀다는 것이다. 뿐만 아니라 아버지를 제거하고 싶어 한다는 이야기다. 오이디푸스 신화 속 오이디푸스가 실제로 아버지를 죽이고 어머니를 차지했듯이 말이다. 이 논리는 기독교 심리학자 M. 스캇 펙(M. Scott Peck)이 "남자아이에게 아버지는 엄마의 관심을 얻기 위한 경쟁자로 비춰진다"[13]고 말한 것과 일치한다.

우리는 율라노프가 말한 적대감에 주목할 필요가 있다. 적대감, 이 책에서 줄곧 이야기해 오던, 휴 미실다인이 말한 '거부된 아이'의 특성이 아니던가. 아버지 요셉과 경쟁 상대로 생각했던 유아 예수는 아버지의 거대한 힘으로부터 거부당했다. 어머니 마리아를 독차지하고 싶다는 생각으로부터 거부당했다. 세상을 경쟁 패러다임으로 보게 되는 결

---

12) 앤 배리 율라노프, 앞의 책, 183쪽.
13) M. 스캇 펙, 손홍기 옮김, 『아직도 가야 할 길 그리고 저 너머에』(열음사, 2004), 54쪽.

정적 계기를 아버지 요셉이 제공했다.

그러고 보면 이 세상의 모든 아기들은 거부와 경쟁의 소용돌이 속에서 자라나는 셈이다. 더군다나 아버지 요셉조차 '신의 아들'로 태어난 '잘난 아들'을 보면서 아기 예수를 경쟁 상대로 생각하는 심리가 작용했으리라. 끊임없이 사생아 구설수에 오르게 하는 아기 예수는 요셉에게 끊임없이 콤플렉스를 발산하게 했을 터. 두 사람 사이의 거부와 경쟁의 심리는 심화될 수밖에 없었을 게다.

하지만, 이런 예수와 요셉의 콤플렉스의 근원에는 마리아라는 여성이 똬리 틀고 있다. 애당초 마리아가 먼저 선택한 길이었다. 아무리 신이 강요를 해도 거부하면 그만이었다. 아무리 천사가 명령해도 거부하면 그만이었다. 하지만 그녀는 거부하지 않았다. 그녀가 거부하지 않았기에 예수는 평생 거부 콤플렉스에 시달렸던 것이다.

더군다나 율라노프가 "엄마에 대한 아이의 성적 경향이 강렬해지면서 양가감정이 개입해 들어온다"라고 말한 대로 엄마에 대한 성적 경향의 근원지도 '어머니 마리아'였다. 아버지와의 경쟁 상대를 형성한 근원지가 그 누구도 아닌 어머니 마리아였다. 그래서 세상의 모든 어머니는 아들을 끔찍이 사랑하면서, 동시에 경쟁과 거부의 전쟁터로 내모는 근원이 된다.

마리아로부터 분리는 불안의 근본적 요소

태아와 유아기에 엄마와 아기의 관계는 '공생적 합일'이라고 하는 적절한 단어로 표현할 수 있다. "공생적 합일은 임신 중인 어머니와 태아의 관계에서 그 생물학적 유형을 찾을 수 있다. 그들은 둘이면서 하나이다. 그들은 '같이' 살고(공생) 서로를 필요로 한다. 태아는 어머니의 일부이고 필요한 모든 것을 어머니로부터 받는다. 어머니는 태아의 세계인 것이다. 어머니는 태아에게 영양을 공급하고 보호하지만 어머니 자신의 생명도 태아에 의해서 강화된다. 정신적인 공생적 일치에 있어서의 두 신체는 독립적이지만 심리적으로는 똑같은 애착을 갖는다"[14]라며 프롬은 잘 풀어 설명했다.

프롬은 이어서 "갓난아기는 엄마와의 분리를 제대로 인식하지 못하고 자기 자신도 인식 못하고 자기 밖에 존재하는 세계를 깨닫지 못한다. 어머니의 젖과 어머니를 구분하지 못한다. 이 단계를 프로이트의 용어로 자기도취의 상태"[15]라고 아기의 심리 상태를 설명한다. 아기에겐 어머니가 곧 젖이고, 젖이 곧 어머니이다. 이럴 때 아이가 어머니로부터 충분하게 사랑받지 못하면 '사랑 결핍'이라는 상태에 이르게 된다. 프롬은 이 시절을 "이러한 모든 경험은 '나는 사랑받고 있다'는 경험으로 요약되고 모아진다. 나는 어머니의 자식이므로 사랑받는다. 나는 무력하므로 사랑받고 있다"[16]라고 강조했다. 심리학자 말러(Margaret S. Mahler)는 이러한 상태를 공생기라고 명명했다. 사실 이 공생기에 소외되고 거부당하는 사람은 아기가 아닌 아버지다.

하지만, 언제까지 아기는 그렇게 살 수 없다. 자궁 속의 태아는 자궁 밖으로 나와야 하고, 엄마 품속의 유아는 엄마 품속을 떠나야 한다. 떠나지 않고 살 수 있는 방법은 없다. 이럴 때 아기는 극심한 불안을 경험하게 된다. 프롬도 그의 저서 『사랑의 기술』에서 "분리의 경험은 불안

---

14) 에리히 프롬, 『사랑의 기술』, 37쪽.

15) 위 책, 64쪽.

16) 위 책, 65쪽.

을 일으킨다"라는 명언을 남겼다.

그렇다. 분리의 경험은 불안을 만들어 낸다. 어머니의 자궁으로부터의 거부와 소외 등은 아기의 콤플렉스의 근원지가 된다. 프롬은 이런 현상을 '분리 콤플렉스'라고 불렀다. 분리 콤플렉스로 인해 사람들은 또 다른 '공생적 합일의 존재'를 찾게 된다. 그것이 국가, 종교, 이념, 꿈, 혈연관계 등의 사회적 실체들과 만나는 계기가 된다.

이런 현상들을 가와이 하야오는 그의 저서 『어린이 책을 읽는다』에서 잘 표현해 주었다. 그는 "우리는 누군가 살아 있는 인물을 절대적 존재라고 느끼는 경우가 있다. 그러나 그것이 영원할 수 없다는 사실을 알아야 한다. 한편으로 누군가를 절대적 존재라고 느껴 본 경험이 없다면 불행한 사람이며, 절대적 존재가 상대적인 존재가 되는 고통을 겪지 못했다면 그다지 성숙하지 못한 사람이다. 절대성이 깨어졌을 때 그때까지 축적된 인간관계의 깊이와 그 후의 노력이 뒷받침되지 않는다면 그 관계는 파괴되고 말 것이다. 그렇지 않다면 겉으로는 절대화가 깨져 상대화의 고통을 맛보지만 사실 그 관계는 깊어지는 법이다. 어린이에게 어머니는 어느 시기까지 절대적인 존재이다. 그러나 언젠가는 상대화되어야 한다"[17]라고 말이다. 종교적인 눈으로 본다면 신의 세계가 무너지는 경험을 아이가 한 꼴이 된다.

이런 분리의 경험들은 예수의 사역에서 '제자들의 배신과 예수의 최후'라는 장면으로 표출된다. 이는 "애착 행동은 애착 이물—혹은 인물들—로부터 분리될 때 이런 상실을 경험하는 사람이 불안, 우울, 분

---

17) 가와이 하야오, 앞의 책, 113~114쪽.

노, 심지어는 절망을 경험한다는 것을 가정한다. 예수의 삶에서 우리는 그가 제자들에게 자신의 임박한 죽음을 대비하게 하는 것을 본다. 예수는 제자들이 겪을 상실감에 공감했으며, 세상을 떠남에 앞서 스스로도 불안하고 우울하고 슬펐을 것이다"[18]라는 잭 도미니언의 진술이 잘 말해 준다.

메시아 아들을 키우는 어머니

컴퓨터 백신의 대가인 안철수 교수의 일화가 있다. 그의 어머니는 평생 그에게 높임말을 썼다고 한다. 그래서 그는 중학교에 들어가기까지 세상의 모든 어머니는 다 그런 줄 알았단다. 중학생이 된 어느 날, 아침에 지각할 거 같아서 허겁지겁 나오는 안철수에게 그의 어머니가 "차 조심하고 잘 다녀오세요"라고 말했고, 그 장면을 그의 친구가 목격하고는 이상해 했기에 알게 되었단다. 그래서 그는 이런 어머니 때문에 평생 누구에게 함부로 말을 놓아 본 적이 없다고 했다.

이런 일화는 종종 "보라, 얼마나 훌륭한 어머니인가. 아들에게 상대방을 존중하는 법을 몸으로 가르쳐 준 장한 어머니가 아닌가"라고 인용되곤 한다. 하지만, 이런 방식에도 양면은 있다. 자신의 속으로 낳은 아들에게 하대하지 않고 평생 말을 높였던 그 어머니의 심리는 어땠을까. 그 어머니의 어린 시절은 또 어땠을까. 잘 알 수는 없지만, 적어도 아들과의 적당한 거리를 두고 살았다는 것은 분명하다. 자신의 아이를

---

18) 잭 도미니언, 앞의 책, 79쪽.

'자기의 것'으로 생각하는 보편적인 어머니들의 심성이 아니라는 이야기다. 좀 더 과대 해석을 해 보자면 자신의 아이를 어려워하는 것일 수도 있다. 심리적으로 말하면 자신의 아이와 그 어머니는 아주 일찍 분리가 되어 버린 상태일 수 있다. 이래서 세상의 모든 이치는 양면이 있게 마련일 게다.

보통의 어머니라면 자신의 아이가 '튀는 아이'로 커 가는 것을 좋아하지 않는다. 보통의 어머니라면 자신의 아이가 유별나게 크는 것을 안쓰러워한다. 2006년 10세의 나이로 인하대학교에 입학한 천재 소년 송유근 군, 그의 어머니가 한 텔레비전 방송국의 다큐멘터리 프로에서 천재 아들을 키우는 어려운 심정을 토론한 것이 이를 잘 말해 준다.

태어나기 전부터 천사로부터 메시아라는 라벨을 단 태아 예수. 뭇 남성이 아닌 신과의 섹스를 통해 생산된 태아 예수. 태어나면서 동방박사들과 목자들에게 왕 또는 구세주로 높임 받는 아기 예수. 수없이 많은 유아들을 죽게 만든 원인 제공자 아기 예수. 부모들이 겪는 급박한 상황에서도 천사의 인도로 위기를 모면하게 만드는 아기 예수. 성전에서 잃어버린 아들을 찾자 성전을 자신의 아버지의 집이라고 말하는 소년 예수. 각종 외경에 의하면 기적을 밥 먹듯이 일으키는 소년 예수. 이런 예수를 대하는 마리아는 '저 녀석이 내 속으로 낳은 아들이 맞기는 맞나'라며 모골이 송연해지지 않았을까. 자신의 속으로 낳은 자식이지만, 만만하지 않은 예수를 바라보며 마리아는 일종의 상실감마저 들지 않았을까. 평범한 아기를 키워 보고 싶은 보편적 모성에 상처를 받았을 수 있다.

마리아는 그 '잘난 아들'을 메시아처럼, 아니 메시아로 대하고 살았으리라. "마리아는 이 모든 말을 마음에 새기어 생각하니라"(「누가복음」 2:19)라는 말이 근거가 될 수 있다. "오늘 다윗의 동네에 너희를 위하여 구주가 나셨으니 곧 그리스도 주시니라"(「누가복음」 2:11)는 천사의 메시지와 "천사들이 떠나 하늘로 올라가니 목자가 서로 말하되 이제 베들레헴으로 가서 주께서 우리에게 알리신 바 이 이루어진 일을 보자 하고"(「누가복음」 2:15)는 목자들의 행동을 마리아는 마음에 깊이 새겼다. 나아가 천사가 동정녀 탄생을 고지하는 순간부터 일어난 범상치 않은 모든 상황들을 마리아는 마음에 새겼다.

이어서 "사흘째 되던 날 갈릴리 가나에 혼례가 있어 예수의 어머니도 거기 계시고"(「요한복음」 2:1)라고 시작되는 '물로 포도주를 만든 기적'의 이야기 속에 잘 드러나고 있다. 혼인 잔치에 청함을 받은 예수와 제자들이 도착하자 연회장의 포도주가 다 떨어져 버린다. 이에 어머니 마리아는 다짜고짜 아들 예수를 찾아 '포도주가 없다'는 메시지를 전한다. 예수의 실상을 모르는, 또는 마리아가 생각하는 예수를 잘 모르는 3자의 입장에서 보면 참 생뚱맞은 장면이다.

또한 예수의 대답이 걸작이다. 포도주가 떨어졌다고 알리는 어머니에게 "여자여 나와 무슨 상관이 있나이까 내 때가 아직 이르지 아니하였나이다(「요한복음」 2:4)라고 한다. '여자여'라는 말이 히브리어 원어로 존칭어라고 하니 딴죽 걸 건 없다. 다만 위기의 상황을 어렵게 알린 어머니에게 한 말치고는 시쳇말로 '싸가지 없는 말'이 아닌가. 그래도 마리아는 예수의 말에도 아랑곳하지 않는다. "그의 어머니가 하인들에게 이르되 너희에게 무슨 말씀을 하시든지 그대로 하라 하니라"(「요한복음」 2:5). 좋게 말하면 예수를 전폭적으로 신뢰한다고 말할 수 있다.

하지만 앞의 장면들이 보통의 모자지간이 나눌 수 있는 대화는 아닌 게 분명하다. 어쩌면 상식적으로 납득이 가지 않는 모습들이다. 적어도 그 순간만큼은 아들 예수가 아니라 기적을 행하는 메시아 예수로 마리아의 심상에 박힌 셈이다. 이런 습관들은 하루아침에 형성된 것이 아니라 적어도 30년 이상의 과거의 경험들이 만들어 낸 내재과거아들의 모습인 것이다. 그렇게 본다면 예수가 가진 메시아 콤플렉스는 어머니 마리아의 태도에서 기인한 것이라고 볼 수 있다.

약한 자, 그대 이름은 마리아

예수가 커 가면서 예수의 눈에 비친 어머니 상은 어땠을까. 나는 여러 가지 가능성 중에서 한석봉의 어머니로 보았을 가능성을 짚어 내고 싶다. 과부로서 어렵게 키운 아들을 가문의 영광으로 승화시키려는 어머니의 모습 말이다.

성서와 그 밖의 역사적 자료에 의하면 예수의 아버지는 일찍 죽은 걸로 알려져 있다. 그렇다면 예수의 어머니는 일찌감치 미망인의 반열에 들어섰다. 사생아의 어머니라고 하는 사회적 질시도 무척이나 힘들었지만, 남편 잃은 과부의 길은 더욱 힘들었으리라.

예수 당시 사회적인 약자의 대표로 고아와 과부를 손꼽았다. 성서의 여러 구절들에서 고아와 과부는 같이 등장한다. 마치 실과 바늘처럼. 가부장적 사회에서 아버지를 잃어버린 자녀와 남편을 잃어버린 여성은 날개 잃은 새들과 같은 처지였다. 모든 면에서 소외될 수밖에 없는 사회적 약자들이었다.

"과부와 고아와 나그네와 궁핍한 자를 압제하지 말며 서로 해하려고 마음에 도모하지 말라 하였으니"(「스가랴」 7:10)라며 선지자들도 고아와 과부를 압제하지 말라고 권고했다. 그들이 얼마나 경제적인 궁핍에 허덕였는지 "네가 네 포도원의 포도를 딴 후에 그 남은 것을 다시 따지 말고 객과 고아와 과부를 위하여 남겨 두라"(「신명기」 24:21)라는 신의 명령이 내려질 정도였다. 성서 시대의 신앙적 경건을 "하나님 아버지 앞에서 정결하고 더러움이 없는 경건은 곧 고아와 과부를 그 환난 중에 돌보고 또 자기를 지켜 세속에 물들지 아니하는 그것이니라"(「야고보서」 1:27)라는 말대로 고아와 과부를 돌보는 것으로 신앙 척도를 삼았다. 오죽하면 "고아와 과부를 위하여 정의를 행하시며 나그네를 사랑하여 그에게 떡과 옷을 주시나니"(「신명기」 10:18)라는 구절대로 신조차 고아와 과부를 위해 정의를 행해야만 했을까.

이런 길은 사실 마리아가 선택한 길이다. 기독교 시각에서야 순종하는 신앙인의 모습이겠지만, 심리적으로 보면 상황에 질질 끌려 다니는 모습일 수 있다. 하지만 마리아의 선택이 불가피했다 할지라도 선택의 과정은 다분히 가부장적이다. 높은 권위자가 선택했으니 잔말 말고 따라오라는 식이었다. 마리아에겐 애당초 거부할 수 있는 권리조차 없었는지도 모른다. 모든 상황은 일방적이었다. 원치 않은 임신, 그로 인해 연출되는 급박한 상황, 순간순간 마리아와 요셉의 행동을 지시하는 권위자의 리더십 등이 그것이다. 이것은 마치 당시 가부장제에 길들여진 여성을 이끌어 가는 그 시대의 남성들의 모습이다.

예수가 조금씩 커 가면서 그런 어머니에 대해 깊이 생각하지 않았을까. 당시의 대세였던 종교 사상을 뒤엎는 '사상의 대가' 예수라면 말이다. 사생아라고 놀림을 당하는 소년 예수를 보며, 예수가 잠든 사이 혼자서 몰래 눈물짓던 어머니 마리아의 모습이 낯설지 않았을 수 있다. 모두가 자신의 잘못인 것만 같아 밤에 달을 보며 통곡하던 어머니 마리아의 모습이 한 번쯤은 예수의 눈에 비쳤을 게다. 남편을 여의고 사는 탓에 마을 추수가 끝난 후 남몰래 벼 이삭을 주워 오면서 한숨 쉬던 어머니 마리아의 모습은 또 어땠을까. 무엇보다 '아들 예수를 메시아로 키워 내지 못하면 어떡하지'라며 전전긍긍했을 어머니 마리아의 모습은 어땠을까.

마리아의 그런 모습이 마리아의 개인적인 선택의 결과라고도 할 수 있지만, 가부장적 사회의 구조적인 악의 산물이라고 예수가 깨달았다면 또 어떨까. 불평등한 구조, 즉 애당초 어머니 마리아가 휘말릴 수밖에 없는 게임이 '예수 탄생'의 사건이라고 생각되었다면 어떨까. 단지 여성으로 태어났기에 짊어져야 하는 사회적 페널티가 너무 가혹하다고 느꼈다면 또 어떨까. 남자로 태어난 자신과 달리 여자로 태어난 어머니의 불평등한 삶을 보면서 남자 예수는 죄책감과 미안한 마음이 들지 않았을까.

간음하다 현장에서 붙들려 온 한 여인을 두고 군중과 대치 상태 중이던 예수. 그는 땅바닥에 글을 쓰며 침묵을 지키다 드디어 입을 뗀다. "너희 중에 죄 없는 자가 먼저 돌로 치라"(「요한복음」 8:7)고. 그 여인은 이미 예수의 마음속엔 어머니 마리아와 '오버랩'되고 있었던 것이다. "예수께서 이르시되 나도 너를 정죄하지 아니하노니 가서 다시는 죄를 범하지 말라 하시니라"(「요한복음」 8:11)라는 '죄 사면 명령'은 다름 아닌 자신의 어머니에게 내린 것이리라. 나아가서 그런 어머니를 바라보며 죄책감에 시달렸던 자신에게 내린 명령이었으리라. 이렇게 볼 때 예수의 사역에서 드러나는 '죄인과 소외된 자'의 관심은 다름 아닌 어머니 마리아에 대한 '투사'라고 볼 수 있다.

아! 어머니 마리아여

그럼에도 예수에게 좋은 성품—예를 들자면 자신의 설교를 들으러 왔다가 배고파 하는 군중을 굳이 그냥 돌려보내지 않고 오병이어의 기적을 일으키는 자상한 예수, 자신을 배신한 제자들이라도 부활한 후 다시 찾아가서 포근히 감싸 앉는 사랑의 예수 등—은 어머니 마리아의 것으로 보인다.

예수에게 여성성—융이 말한 아니마(Anima)—은 고스란히 어머니 마리아의 공로로 돌려도 무리가 없을 듯하다. 외경 등에서나 역사적 자료 등에서 아버지 요셉에 대한 부정적인 평가는 있지만, 어머니 마리아에 대한 부정적인 평가는 거의 찾아볼 수 없는 것이 이를 증명한다. 마리아는 그 시대에 있었던 보편적인 현모양처였기 때문이다.

예수와 제자가 갈릴리 호수를 배 타고 건너갈 때에 태풍을 만나 고전하는 장면 속의 예수에게 어머니 마리아의 기운이 서려 있다. 바람 때문에 갈팡질팡하던 예수의 제자들과 달리 "예수께서는 고물에서 베개를 베고 주무시더니 제자들이 깨우며 이르되 선생님이여 우리가 죽게 된 것을 돌보지 아니 하시나이까 하니"(「마가복음」 4:38)라는 구절대로 태연스럽게 눈을 감았던 예수에게서 마리아의 '자궁 속 예수'를 발견하게 된다. 어떤 급박하고 억울한 상황에서도 날뛰지 않고 홀로 삭히며 꾸역꾸역 참아 내던 어머니 마리아의 기질이 배어난다.

어쨌든 예수에게 어머니란 존재는 생각하면 눈물 나고, 안쓰럽고, 죄송하고, 마음 아프지만, 또한 든든하고 고마운 존재이기도 하다. 어머니에 대한 양가감정은 예수에게 복잡한(complex) 심상으로 자리 잡고 있었다. 십자가 위에서 고통을 당하며 죽는 최후의 순간에도 자신의 제자에게 "또 그 제자에게 이르시되 보라 네 어머니라 하신대 그때부터 그 제자가 자기 집에 모시니라"(「요한복음」 19:27)라고 부탁할 정도로 애틋한 존재가 바로 어머니 마리아였다.

예수의 또 다른 아버지는 '신'

에크하르트는 "사람은 무엇을 해야 하느냐보다 자기가 무엇인가를 깨달아야 한다"라고 말했다. 이 말처럼 예수가 무엇을 하기 전에 자신이 누구인가를 깨닫고자 애썼던 것은 참으로 현명한 일이다. 예수는 드디어 "아버지와 나는 하나다"(「요한복음」 10:30)라고 자신을 선포한 것은 장엄한 일이기까지 하다. 물론 예수의 말에 대한 반응으로 "유대인들이 다시 돌을 들어 치려 하거늘"(「요한복음」 10:31)이라는 불상사가 생겼다 할지라도 말이다. 예수가 자신을 일러 '신의 아들'이라고 말하거나 '신과 하나'라고 말하는 행위가 당시로선 얼마나 도발적이고 참담한 행위라는 걸 잘 말해 주는 장면이다. 그렇게 말하는 예수의 정신세계와 심리 상태는 과연 어떤 것일까. 우리는 그것이 알고 싶다.

예수가 '투사'한 신

심리학자들이 신을 설명할 때 제일 많이 사용하는 단어 중 하나가 '투사'다. 에크하르트 톨레(Eckhart Tolle)는 "구약 성서의 신은 인간의 마음에 투사된 신"이라고 자신의 책 『지금 이 순간을 살아라』에서 밝혔다.[19] 이처럼 프로이트, 카를 융 등 내로라하는 심리학자들은 신을 인간의 투사의 산물이라는 데 의견을 같이하고 있다.

투사는 다른 사람들도 나의 태도나 감정 등과 똑같은 것을 가졌다고

---

19) 에크하르트 톨레, 노혜숙 옮김, 『지금 이 순간을 살아라』(양문, 2008).

단정하려 드는 방어기제 중 하나다. 자기 자신이 납득하기 어려운 사고(思考), 감정이나 만족할 수 없는 욕구를 갖고 있는 경우에 그것을 타인에게 돌려 버리는 것과 같은 무의식적인 마음의 움직임이다. 이것이 부정적으로 나타나면 자신이 잘못한 것도 남의 탓으로 돌려 버리는 극단적인 방어기제로 나타나곤 한다. 깨어질지 모르는 연약한 자기 자신을 스스로 방어하려는 자기 방어 행위가 투사다.

그런데 그런 투사의 시발점은 무엇일까. 내가 『모든 종교는 구라다』에서 "두려움은 콤플렉스이면서 신의 세계로 인도한다. 두려움은 콤플렉스의 원인이면서 결과물이기도 하다. 예수의 하느님 나라는 예수의 콤플렉스가 만들어 낸 나라이며 예수 당시 사람들의 콤플렉스가 만들어 낸 나라이며 나아가서 인류의 콤플렉스가 함께 동참하여 만들어 낸 나라이다"[20]라고 말한 것처럼 두려움이 시발점이다.

또한 에리히 프롬의 말을 빌리자면 분리의 경험은 불안을 일으키기 때문이다. 전능한 환상으로 엄마와 고착되어 공생적 합일 상태에서 살고 있는 아기의 분리의 경험은 불안과 두려움을 유발시킨다. 극도의 불안과 공포로부터 자신을 방어하기 위해 무언가—예컨대 국가, 종교, 사상 등—에 자신을 투사시키는 일은 모든 인간의 자연스러운 행위다. 예수 또한 예외는 아니었다.

프롬은 "특히 라이크(Theodor Reik)는 어린이가 아버지를 향하여 지닌 이 유아적 태도가 이제 하느님을 향한 태도로 전이되는 현상이 바로 위대한 종교들 가운데서도 발견된다는 사실을 말하고 있다. ……

---

20) 송상호, 앞의 책, 20쪽.

아버지를 향한 아들의 유아적인 태도가 바로 어른이 하느님을 향하여 갖는 태도로 반복된다는 것을 지적한다. 말하자면 이 유아적인 상태가 바로 종교적인 상태와 그 유형을 같이한다는 것이다"[21]라고 설명했다. 유아적인 태도는 어른이 되어서도 신을 향하여 갖는 태도로 반복된다는 것을 우리는 명심해야 한다. 그래서 종교무용론자들은 "종교는 사람들의 정신적 독립을 저해하고 그들을 지적으로 위협하며 사회적으로 필요한 권위에 대한 유아적인 양순성으로 그들을 이끌어 가는 역할을 한다. 이와 함께 종교는 또 다른 본질적인 기능을 가지고 있다. 즉 대중을 향하여 어느 정도의 충족 수단을 제공함으로써 복종하는 아들로부터 반항하는 아들로 자신의 위치를 변경시키려는 시도를 봉쇄해 버린다"[22]라는 프롬의 의견과 같이한다. 종교는 아편과 같다는 것이나, 종교는 집단 망상이라고 한 도킨스(Richard Dawkins)의 견해에 동의하게 된다.

그런 투사의 행위를 '오이디푸스 콤플렉스의 탈출 시도의 행위'라고 말한 이가 있다. 마광수는 "예수 그리스도는 그래서 자기가 '아버지 요셉'의 아들이 아니라 '하나님의 성령'에 의해 잉태된 '하나님의 아들'이라고 했다. 그는 아버지로부터의 탈출, 말하자면 오이디푸스 콤플렉스로부터의 탈출을 시도한 셈이다. 그는 인간의 모든 심리적 갈등의 원인이 가족 관계에 있고, 그 가운데에서도 '아버지의 권위의식'이 자식에게 가장 큰 피해를 준다는 사실을 알고 있었기 때문이다"[23]라고 설파

---

21) 에리히 프롬, 『불복종에 관하여』, 287쪽.
22) 위 책, 286쪽.
23) 마광수, 앞의 책, 229쪽.

했다. 자신이 사랑하는 어머니를 아버지에게 빼앗길지도 모른다는 두려움에 아버지를 제거하고 싶어 하는 콤플렉스의 탈출구로 예수는 '신에 대한 투사'를 선택한 것이다. 자신의 어머니를 눈물짓게 만들었던 아버지 요셉에 대한 적개심과 오이디푸스 콤플렉스로부터 예수 자신을 방어해 줄 그 무엇으로 신을 선택했던 것이다.

사실 신이란 존재가 외부 세계에 따로 존재한다기보다는 부모로부터 받았던 주관적인 경험을 토대로 아이의 심리가 신을 창조해 내는 행위가 투사의 행위다. 『종교와 무의식』에는 "아이가 부모에 대해 갖는 이미지는 실제로 부모에게 있는 것에 대한 지각들, 부모에 대한 아이의 주관적 반응들, 즉 순전히 아이 자신이 만들어 낸 상"[24]이라고 설명하고 있다. 이어서 "여기에 다시금 위니캇(Donald Winnicutt)이 말하는 중간 대상들이 살고 있는 중간 영역이 더해지는데, 이 영역은 바깥 대상과 그에 대한 주체의 반응들로서 이루어진 영역이다. 융은 이 중간 영역을 실제의 외적 타자와 주체의 내적 경험, 이 두 가지 모두로부터 구별하고자 이마고 세계의 영역이라고 부른다"라고 하며 우리를 '이마고'의 세계로 초대한다. 그러면서 "투사의 현상에서 우리가 타자에게 투사하는 것이 바로 이마고들이다. 우리가 투사하는 이마고와 그 이마고가 투사되는 대상과 동등시 또는 동일시될 때에 고통이 발생한다. 이런 일이 생길 때 우리는 대상이 우리가 투사한 이마고와 정확하게 똑같다고 믿는다. 우리는 대상—다른 사람—을 그 자체로서 보려 하지 않는다"[25]라며 이마고의 특징을 설명한다.

---

24) 앤 배리 율라노프, 앞의 책, 270쪽.
25) 위 책, 279~281쪽.

율라노프는 어머니 이마고, 아버지 이마고, 하느님 이마고라는 개념 등을 사용하기도 한다. 그러니까 예수에게서 표현되는 신의 모습은 모두 예수의 주관적 경험적 영역(이마고)의 결과물이라 할 수 있다. 예수가 만난, 어쩌면 만들어 낸 신은 예수의 두려움의 산물인 것이다.

이러한 개념은 다음과 같은 프로이트의 신관을 만나면 분명해진다. 프로이트의 신관에 의하면 하늘에 있는 이상화된 초인으로서의 신은 매우 유치하고 현실에 적합하지 않은 개념이다. 그는 하느님을 '높여진 아버지'라고 불렀다. 왜냐하면 인간은 자라면서 어렸을 적에 느꼈던 공포를 계속적으로 경험하기 때문이다. 그런 공포에 직면할 때면 어렸을 적 아버지의 전능함, 즉 그에 대한 의존성이 발현되어 아버지에 대한 투사로서 '신'을 창출해 낸다는 것이다.

그래서 프로이트는 "인간은 하느님을 어렸을 적의 부모의 이미지로 창조한다"고 말한다. 그 증거로 양가감정, 즉 하느님을 숭배하면서도 두려워하는 감정을 가지는 이 두 가지의 감정이 공존하는 것이 곧 아버지에 대한 감정을 그대로 물려받은 것이기 때문이라고 주장한다. 우리가 어렸을 적의 아버지에 대해 존경하면서도 두려워하는 모습이 바로 이런 신을 대하는 태도의 근원이라고 보는 것이다.

예수가 '동일시' 한 신

세상 전체가 나를 안아 주는 것 같았다. 세상이 나를 안아 주고 있었다. 항상 나를 사랑해 주는 사람들이 나를 안아 주고 있었다. 저 별들이 나를 안아 주고 있었다. 내가 말했다. "아버지. 저는 당신의 아들입니다."

앤 라이스의 『어린 예수』에 나오는 한 장면이다. 어린 예수가 로마의 압제에 허덕이는 백성들, 자신으로 인해 발생한 유아 살해의 현장 등을 돌아보면서 자신을 신의 아들로 깨닫는 순간이다. 김규항이 "복음서는 한 평범한 시골 청년이 어떻게 하느님의 아들로 여겨지게 되었는가를 증언한 책이지 '하느님 아들의 인간 흉내 쇼'를 적은 책이 아니다"[26]라고 강조한 것과 상통하는 장면이다.

투사가 자신의 이마고를 대상에게 투영하는 행위라면, 동일시는 말 그대로 대상과 자신을 동일시하는 행위다. 투사가 주로 부정적인 측면과 관계가 있다면, 동일시는 주로 그 반대의 경우에 해당된다. 이럴진대 "예수는 신이 된 인간인가, 인간이 된 신인가"라는 기독교의 끝나지 않은 논쟁은 결국 동일시의 방향을 다투는 논쟁에 불과하다.

어쨌든 예수의 '신과의 동일시' 콤플렉스는 탄생 설화에서부터 그 싹이 보인다. 어머니 마리아와 아버지 요셉이 겪었던 탄생 설화와 태몽 등은 어린 예수에게 어떤 식으로든 전달되었으리라. 그런 이야기를 해주지 않고 아들 예수를 메시아 예수로 키우는 방법은 없을 테니까 말이다. 그런 이야기를 들으면서 컸던 예수는 자신도 모르게 점차 신과 동일시하는 자신을 발견하고는 놀랐을 게다. 온통 자신을 콤플렉스로 점철시키는 현실에서부터 도피해서 무언가와 동일시해야만 했던 예수에겐 자연스러운 일이었을 터. "만일 인간이 어딘가에 소속되어 있지 않거나 그 생활에 아무런 의미와 방향을 갖지 못한다면 그는 자기 자신을 하나의 티끌처럼 느껴서 마침내는 개인적 무의미성에 압도되고 말 것

---

26) 김규항, 『예수전』(돌베개, 2009), 63쪽.

이다"**27** 라는 프롬의 말은 예수의 절박성을 나타내기에 충분하다.

율라노프는 "오이디푸스 갈등 해소의 결과로서 소년의 자아가 변화되는 두 번째의 근본적인 방식은 리비도 영역에서이다. 전에는 어머니에게 향했던 애정이 이제 소년 자신의 정신으로 되돌아온다. …… 상실된 대상은 소년의 인격 안에서 초자아의 한 구성 요소인 '자아 이상'으로 새롭게 자리 잡는다"**28** 라고 강조한다. 오이디푸스 콤플렉스의 갈등 해소로 자아 이상, 말하자면 신으로 새롭게 자리 잡는다는 이론이다. 이어서 "초자아는 금지된 행동이라고 생각되는 것을 억압하고, 자아 이상은 가장 높은 가치를 지닌 태도와 행동으로 우리를 인도하고 고무한다"**29** 라고 자아 이상의 역할을 일러 준다. 콤플렉스의 결과로 생긴 자아 이상은 예수를 신으로 데려갔다고 추론할 수 있다.

청소년기의 예수는 아마도 "청소년기에는 개인으로서의 어머니와 아버지 대신에 종교를 통해 알고 있는 초개인적인 어머니와 아버지가 나타날 수 있다"**30** 는 베레나 카스트의 말처럼 초개인적인 어머니와 아버지가 예수에게서 나타났으리라.

J. 모러스는 『콤플렉스, 걸림돌인가 디딤돌인가』라는 그의 저서에서 열등 콤플렉스를 가진 사람이 자신의 열등감을 보상하는 15가지 방법들 중 제1의 방법으로 "자신을 영웅과 동일시한다"**31** 라고 강조하고 있다. 대표적인 예가 청소년들이 연예인과 자신을 동일시하는 현상이다.

27) 에리히 프롬, 이상두 옮김, 『자유에서의 도피』(범우사, 1990), 46쪽.
28) 앤 배리 율라노프, 앞의 책, 185쪽.
29) 위 책, 185쪽.
30) 베레나 카스트, 앞의 책, 17쪽.
31) J. 모러스, 앞의 책, 33쪽.

청소년들이 '19금'이라는 규제와 공부라는 억압 속에 묶여 자유 콤플렉스 속에서 허덕일 때 나타나는 현상이라는 이야기다.

융은 자아와 페르소나를 동일시하는 현상을 '팽창'이라고 설명했다. 이 팽창은 "정신적으로 건강한 사람은 자기가 가면을 쓴 채 연기를 하고 있다는 사실을 알고 있지만, 정신적으로 건강하지 못한 사람은 자기가 연기하고 있는 사람이 곧 자기 자신이라고 생각한다"[32]는 현상이라고 융은 설명하고 있다.

예수에게 자아와 메시아 또는 신의 아들이라는 페르소나가 팽창에 이른 현상이라고도 할 수 있다. 예수는 정신적으로 건강한 사람의 경우인지 아니면 정신적으로 건강하지 못한 사람의 경우인지 예수 자신만이 제대로 알 것이다.

예수가 '투사적 동일시' 한 신

우리는 지금까지 예수가 신을 아버지로 또는 자신과 하나라고 말한 행위는 투사와 동일시라는 방어기제의 일종이라고 말해 왔다. 나는 여기서 더 나아가 예수의 그런 행위를 '투사적 동일시'라고 명명할 것이다. 대상관계 이론에서 투사적 동일시는 한 개인이 특정한 상황에서 다른 사람들의 행동이나 반응을 유발하는 대인 관계 행동 유형이다. 동일시와 다른 점은 동일시에서 끝나지 않고 동일시의 대상을 끊임없이 자신의 의도대로 유도하고 조정하려는 행위가 수반된다는 것이다.

---

32) 송상호, 『문명 패러독스』(인물과사상사, 2008), 49쪽.

투사적 동일시는 세 가지 단계로 반응한다. 첫째 단계는 나쁜 것으로 경험된 부분 혹은 내부에서 자기를 파괴하려고 위협하는 부분 때문에 자기의 일부분을 제거하고자 하는 소망을 중심으로 투사한다. 다음 단계에서 투사적 동일시를 하는 사람은 투사 대상자로 하여금 투사적 환상에 적합한 방식으로 행동하게 압력을 가한다. 마지막 단계는 투사 대상자가 조정에 의해 유도된 감정들과 반응하여 대상 관계를 가진다는 것이다.

이러한 3단계의 과정은 신학자이자 사회학자인 한스 몰(Hans J. Mol)이 말한 정체성의 신성화 3단계와 놀랍도록 일치한다. 한스 몰은 한 사회에서 대상화, 의탁, 신화의 세 과정을 거쳐 종교(신) 만들기가 이루어진다고 보고하고 있다. 그의 논리를 다룬 책『인간 본성에 대하여』에는 이해가 쉽고, 모순과 예외가 적은 이미지와 정의를 사용하여 현실을 기술하는 대상화 과정이 첫 단계라고 했다. 이 대상에는 자연력을 통제하는 신, 당장 금기를 강요할 것 같은 영혼들, 천당과 지옥 등이 해당된다. 의탁의 과정에서 신자들은 같은 일을 하는 사람들의 복지와 대상해 온 관념들을 위해 자신들의 일생을 바친다. 이 의탁은 각종 의례를 통해서 이루어진다. 예를 들자면 할례, 성만찬식, 세례식 등이다. 마지막으로 한스 몰은 "초자연적인 힘을 지니고 그 부족과 특수한 관계를 맺고 있는 인간이나 동물들은 그 부족과 함께 싸우고 먹고 자손을 낳았다"[33]라고 보고하면서 신적인 존재와 사람 사회 간의 관계 맺기를 설명했다.

---

33) 에드워드 윌슨, 이한음 옮김, 『인간 본성에 대하여』(사이언스북스, 2000), 260쪽.

예수의 경우는 예수의 여러 가지 불우한 환경과 콤플렉스가 신에게 투사되고, 그 신을 향해 투사와 동일시가 함께 일어나면서 신을 자신의 방식으로 움직이려고 하며, 나아가서 그런 식의 유도된 감정으로 신과 관계를 맺어 간다는 이야기로 풀 수 있다.

위의 내용에 근거될 만한 하나의 문서가 있다. 바로『유란시아서』이다.『유란시아서』123편 "예수의 어린 시절" 편에는 예수가 '하늘 아버지에게 말하기를 고집했다'는 부분이 나온다. "이해 동안, 요셉과 마리아는 예수가 드리는 기도에 관하여 곤란을 겪었다. 땅에서 아버지인 요셉에게 이야기하는 것과 아주 비슷하게 예수는 하늘 아버지에게 말하기를 고집했다. 신과 더 엄숙하고 경건한 형태로 교통하는 것으로부터 이렇게 벗어나는 것은 부모에게, 특히 어머니에게, 조금 마음 상하는 일이었지만, 그의 태도를 바꾸도록 설득할 수 없었다. 그는 가르침 받은 대로 기도를 드리곤 했지만, 다음에 '하늘에 계신 내 아버지와 그냥 잠깐 이야기'하기를 고집했다"(『유란시아서』123편 3:6)라는 구절이다. 이렇듯 예수는 제대로 된 투사적 동일시를 행했다.

예수는 "아버지께서 아들을 사랑하사 만물을 다 그의 손에 주셨으니"(「요한복음」 3:35)라며 신이 자신에게 만물을 주었다고 선언한다. "내가 진실로 진실로 너희에게 이르노니 아버지께서 하시는 일을 보지 않고는 아무것도 스스로 할 수 없나니"(「요한복음」 5:19)라며 자신의 행위가 곧 신의 행위라고 주장한다. "아들을 공경하지 아니 하는 자는 그를 보내신 아버지도 공경하지 아니하느니라"(「요한복음」 5:23)라며 자신을 공경하는 것이 곧 신을 공경하는 것이라고 말한다. "나는 나의 뜻대로 하려 하지 않고 나를 보내신 이의 뜻대로 하려 하므로"(「요한복음」 5:30)라며 은근히 자신의 의지를 신의 의지라고 격상시킨다. "본래 하나님을 본 사람이 없으되 아버지 품속에 있는 독생하신 하나님이 나타내셨느니라"(「요한복음」 1:18)며 자신을 영원한 신의 아들로 추켜세운다. 드디어 예수는 "아버지와 나는 하나다"(「요한복음」 10:30)라는 심리상태에 이르게 된다. 그러면서 예수는 십자가 최후의 순간에 신과 타협하기까지 한다. "이르시되 아빠 아버지여 아버지께는 모든 것이 가능하오니 이 잔을 내게서 옮기시옵소서. 그러나 나의 원대로 마시옵고 아버지의 원대로 하옵소서 하시고"(「마가복음」 14:36)라고.

예수의 공생애 사역은 한마디로 투사적 동일시한 신과의 밀고 당기기라 할 수 있다. "종교적 투사도 동일한 발전 과정을 거친다. 하나님은 처음에는 우리의 소원들의 투사를 담을 수도 있고, 우리 자신의 전능 환상을 위한 거짓된 만족으로 작용할 수도 있을 것이다. 그러나 현실은 머지않아 하나님을 우리 자신의 통제 바깥에 두도록 우리를 가르친다"[34]라는 율라노프의 말처럼 예수의 신은 발전 과정을 거쳤던 것이다.

누구나 '신의 아들'이다

하지만 더 놀라운 사실이 있다. 이러한 일들은 사람이면 누구에게나 있을 수 있는 인간 내면의 반영이라는 것이다. 『프로이트와 종교』의 저자 권수영은 "종교적 사실은 단순히 외부적으로 '벌어진 일' 자체를 의미하는 것이 아닌, 인간의 내면적 세계에 비추어진 다양한 이미지들과 가지는 관계의 문제"[35]라고 설명했다.

이러한 현상은 융을 만나면 좀 더 분명해진다. "융은 심리학자이면서

---

34) 앤 배리 율라노프, 앞의 책, 48쪽.
35) 권수영, 『프로이트와 종교』(살림, 2005), 10쪽.

동시에 스위스 취리히 정신과 병원 의사이기도 하다. 그는 자신에게 찾아온 수많은 환자들을 상담하고 돌보고 치료했다. 그의 이러한 임상 경험이 그가 구축한 심리학의 세계에 지대한 영향력을 미쳤다고 할 수 있다. 그런데 그가 만난 환자들을 통해서 실제로 그의 환자들에게 있어서 부의 문제나 사회적 지위나 가족의 유무가 그들의 문제와는 아무런 관련이 없었다. 오히려 그것은 우리가 소위 영적인 삶이라고 말하는 매우 비합리적인 욕망에서 나온 문제이며, 그것을 그는 대학이나 도서관, 심지어 교회에서까지도 얻을 수 없는 것들이다"[36]라는 설명이 잘 말해 준다. 이어서 융은 "환자들 중 그의 관심사가 삶에 있어서 종교관을 발견하고자 하는 것이 아니었던 사람은 아무도 없었다"[37]고 털어놓았다. 예수가 투사적 동일시를 한 신은 실은 모든 이의 무의식 속에 잠재하고 있는 부분이라는 이야기다.

단, "종교는 우리를 영원히 어린아이로 머물러 있게 한다. 그래서 우리는 착한 아이가 되겠다고 약속할 때마다 상을 주는 일종의 신적인 산타클로스에게 욕구 충족을 위한 소원과 안전에의 희구를 투사하는 것이다"[38]라는 율라노프의 충고를 기억하자. "유아적 전능 환상에 남모르게 매달림으로 해서, 비록 우리가 투사된 신의 형상을 통해서 그 환상을 대리로 산다 할지라도 우리는 아버지의 상의 지배로부터 우리 자신을 해방시키는 데 실패하게 된다"[39]는 위험성을 놓치지 말기로 하자.

36) W. B. 클리프트, 이기춘 옮김, 『융의 심리학과 기독교』(대한기독교출판사, 1984), 20쪽.
37) 위 책, 22쪽.
38) 앤 배리 율라노프, 앞의 책, 39쪽.
39) 위 책, 39쪽.

예수가 만난 신은 여성인가 남성인가

예수가 만난 신은 아버지 신일까 어머니 신일까. 성서 곳곳에서 예수는 신을 '아버지'라고 표현하고 있는데 무슨 생뚱맞은 소리냐고 할 것이다. 하지만, 예수가 자신이 만난 신을 아버지라고 표현한 것은 당시의 보편적인 관념에 의해 표현된 것이다.

성서고고학자 제임스 패커는 "만약 남자아이에게 아버지 이외의 다른 어떤 사람이 그를 가르치는 책임을 떠맡게 되면 그 사람이 그의 '아버지'로 간주되었다. 후기에 가서는 남자아이를 가르치도록 특별히 책임 맡겨진 사람을 '아버지'라고 불렀고, 그는 자기가 가르친 학생들을 '나의 아들들'이라고 불렀다"[40]라고 밝히고 있다. 당시에는 후견인 같은 존재를 아버지라고 불렀으며, 황제와 왕들 사이에서도 간혹 양자(후견인)에게 권력이 이양되는 경우도 있었다.

이런 측면에서 보면 예수가 자신이 만난 신을 어머니가 아닌 아버지라고 말한 것은 사회 보편적 통념에서 벗어나지 못한 표현이라 할 수 있다. 그러므로 예수가 '아버지'라고 표현했다고 해서 '예수의 신'이 곧 남성적일 거라는 짐작은 섣부른 것이다.

예수가 만난 신이 아버지 신이라고 단정하는 데는 또 한 가지의 당시 통념이 작용했다. 윌리엄 E. 핍스는 "호머의 서사시와 같은 초기 그리스 문화에도 이중 부모의 개념은 등장한다. 예를 들면, 오디세이는 이더카 레어테스 왕의 아들이기도 하고 제우스 신의 아들이기도 하다.

---

40) 제임스 패커, 앞의 책, 132~133쪽.

사이러스 고든(Cyrus Gordon)은 오디세이 신화를 신약의 예수 탄생 설화와 비교하여 설명한다. '예수와 오디세이에게는 각각 육의 아버지와 신의 아버지가 있었으나 왕족임을 강조하기 위해 그들의 이름은 육의 아버지 계보에 기록되어 있다. 예수의 족보는 다양한 인물들로 구성되어 있으나 궁극적으로 예수는 다윗 왕의 혈통인 요셉의 아들임을 분명히 밝히고 있다.' 그리스 문화권에는 이중 부모가 있는 위대한 인물들이 많다. 스페우시포스는 그의 숙부인 유명한 철학자 플라톤의 탄생 과정을 설명한다"[41]면서 당시에 통용되었던 '이중 부모' 관습을 예로 들었다.

에드워드 윌슨(Edward Wilson)도 그의 저서 『인간 본성에 대하여』에서 "유일신 종교에서 신은 언제나 남성이다. 이 강력한 가부장적 성향은 몇 가지 문화적 원천을 갖고 있다. 유목 사회는 이동성이 높고, 긴밀하게 조직되어 있고, 호전적이기도 하다. 즉 균형을 남성의 권위 쪽으로 이동시키는 특징을 모두 갖고 있다. 경제의 주요 토대인 유목이 주로 남자들의 책임이라는 점도 중요하다. 유대인은 원래 유목 민족이었으므로 성경은 신을 목자로, 그의 선택된 양으로 기술하고 있다. 모든 유일신교 중 가장 엄격한 종교의 하나인 이슬람교가 처음 교세를 키운 것도 아라비아 반도의 유목 민족 속에서였다"[42]라고 자세하게 설명하고 있다.

『인간 예수』란 책은 기독교 복음주의 입장에서 예수의 심리를 다룬 명저다. 이 책의 저자 잭 도미니언은 예수가 민중과 제자를 사랑하는

---

41) 윌리엄 E. 핍스, 앞의 책, 56쪽.
42) 에드워드 윌슨, 앞의 책, 261~262쪽.

모습들, 그리고 나아가서 '사랑의 아버지 되시는 신'으로 인식할 수 있었던 근원적인 요소로 아버지 요셉의 성품을 꼽았다. 아버지 요셉으로부터 '좋은 아버지 상'이 예수의 심상에 새겨져서 후에 만난 신 또한 그 아버지와 동일시된다고 보고 있다.

도미니언의 확증 편향성의 논리대로라면 그러는 게 당연하다. 기독교 복음주의의 시각으론 요셉은 '의로운 사람'이어야 하기 때문이다. 하지만 요셉이 결코 의롭지만은 않다는 나의 확증 편향성의 논리라면, 또 이 논리가 더 타당하다면 그것은 아니다.

또한 도미니언의 논리는 한 가지 큰 허점이 있다. 도미니언이 말한 대로 요셉이 의롭고 자상한 성품의 소유자라고 치자. 그래서 예수가 요셉과 같은 아버지 때문에 신을 '사랑의 아버지 하느님'이라고 인식했다고 말한다면, 여전히 신은 여성이 아닌 남성일 수밖에 없다는 당시 사람들의 가부장적 신관과 맞닿아 있을 뿐이다. 성서 저자의 표현의 한계와 예수 자신의 표현의 한계를 넘어서 예수가 만난 신은 과연 어머니 신일까 아버지 신일까.

모계 사회, 모계 종교

신이 여자였던 시절이 있다고 주장한 책이 있다. 여러 차례 전시회를 연 조각가이며, 자신의 예술을 통해 고고학과 고대 종교에 관심을 가지게 되었던 멀린 스톤(Merlin Stone)의 저작 『하느님이 여자였던 시절』[43]이 바로 그것이다.

---

43) 멀린 스톤, 정영목 옮김, 『하느님이 여자였던 시절』(뿌리와이파리, 2005).

스톤은 "그러나 더 꼼꼼히 살펴보면, 여러 지역에서 사용되는 아주 많은 이름들이 사실은 위대한 여신을 가리키는 다양한 칭호들에 불과하다는 것이 분명해진다. 하늘의 여왕, 높은 곳의 여주(女主), 하늘의 통치자, 우주의 여주, 하늘의 주권자, 거룩한 모임의 암사자, 또는 그냥 단순히 거룩한 여주 등. 종종 여기에 도시의 이름이 첨가되면서 이름이 훨씬 더 구체적이 된다. 그러나 우리는 수많은 혼란스러운 신들을 마주하고 있는 것이 아니라 다양한 언어와 방언에 따른 여러 칭호와 만나고 있는 것일 뿐, 이 각각은 아주 비슷한 여성 신을 가리키고 있다. 일단 이렇게 폭넓고 좀 더 전체적인 관점에서 보면 근동과 중동에서는 하나의 여신을 최고의 신으로 섬겼다는 것이 분명해지는데, 이것은 오늘날 사람들이 하느님을 생각하는 것과 마찬가지다"[44]라고 보고하고 있다.

이 책의 주장을 대략 정리하면 이렇다. 스톤은 '여신 신앙'을 종교(religion)라고 볼 수 없고 단순한 숭배 행위(cult) 정도로 보는 기존 학계의 시각을 정면으로 비판하고 있다. 지금까지 발견된 고고학 자료를 토대로 보면 '이시스, 이슈타르' 등으로 불린 당시의 여신은 고대 근동과 중동에 널리 퍼진 하나의 신앙이었다. 이것은 오늘날에 알려진 하느님과 같은 개념이었다. 또한 여신을 숭배하던 곳에서는 여성의 지위가 상당했다. 이런 지역에서는 소위 모계 사회였다. 딸들이 혈통을 이어 나갔고, 여자들이 남편을 몇 명 거느렸고, 경제적인 주도권도 쥐고 있었다.

그런데 어떻게 해서 여성 신이 남성 신으로 바뀌게 되었을까. 스톤은 북방인들의 남하를 그 이유로 꼽는다. 그들은 가부장적이며, 남성

---

44) 위 책, 67~68쪽.

신을 섬겼다. 그들은 여성 신의 지역을 헤집고 다니면서 자신들의 방식을 강요했다. '남성 신'이 '여성 신'을 힘으로 무참하게 짓밟았다. 이에 '여성 신의 시대'는 가고 '남성 신의 시대'가 되었다.

부계 사회, 부계 종교

원시 초기 모계 중심 사회에서 점차 사회가 분화되면서 부계 중심 사회로 이동하게 되었다. 이것은 곧 신관의 변화와 직결되었다. 더 이상 인류는 여신을 필요치 않게 여겼다.

부계 종교 시대를 탁월하게 설명한 것은 역시 프로이트의 종교론이다. 프로이트는 "신이란 부성(父性) 콤플렉스에서 비롯된 토템 신앙이 현대의 종교로 탈바꿈하면서 개념화된 추상적 존재, 즉 신성하게 떠받들어진 아버지"라고 규정했다.

프로이트는 또한 '아버지를 먹음으로 하나가 되는 아들'의 신화를 그의 저서 『종교의 기원』 중 "토템과 터부" 장에서 자세하게 다루고 있다.

프로이트는 "정신분석학은 일찍이, 토템 동물이 현실에서는 아버지의 대역이라는 사실을 밝힌 바 있다. 이것은, 여느 때는 죽이고 먹는 것이 금지되어 있는 토템 동물을 특정한 시기에는 죽여서 나누어 먹고, 그리고 슬퍼한다는 모순된 사실에서 아버지의 경우와 일치한다. 오늘날의 어린아이들에게서 자주 나타나는 아버지 콤플렉스의 특징이자, 성인의 삶을 통해서도 지속적으로 나타나는 감정의 양가적 태도는 아버지 대역인 토템 동물에게도 해당된다고 볼 수 있는 것이다. 다윈의 이른바 원시군설(原始群說)에는 토테미즘의 발단을 해명할 여지가 없다. 이 원시 무리 이론은 여자들을 독점하고 자식들은 모두 무리에서 쫓아내 버리는 질투심 많은 폭력적인 아버지를 등장시키고 있을 뿐, 그 이상은 아무것도 해명해 주지 못한다. …… 토템 향연의 축제를 원용할 경우, 우리에게는 이 질문에 대답할 가능성이 열린다.

어느 날 문득 추방당했던 형제들이 힘을 합하여 아버지를 죽이고 그 고기를 먹어 버림으로써 부군(父群)을 결딴낸다. 말하자면 자군(子群)은 단결함으로써 혼자서는 도저히 불가능하던 일을 성취시키고 마침내 부군의 결딴을 성사시킨다(문명의 발달로 인한 신무기 개발이 형제들에게 우월감을 고취했는지도 모른다). 그들은 식인종들이었으니, 살해한 아버지의 고기를 먹었을 것임은 두말할 나위도 없다. 폭력적인 원초적 아버지는, 아들 형제 누구에게든 선망과 공포의 대상이자 전범(典範)이었다. 이들 형제들은 먹는 행위를 통해 아버지와의 일체화를 성취시키고, 각자 아버지가 휘두르던 힘의 일부를 자기 것으로 동화시켰다. 아마도 인류 최초의 제사였을 토템 향연은 이 기억할 만한 범죄 행위의 반복이며 기념 축제였을 것이다. 그리고 이 범죄 행위로부터 사회 조직, 도덕적 제약, 종교 같은 것들이 비롯되었을 것이다.

전제를 도외시하고, 이 결론에 신빙성이 있다는 것을 확인하기 위해서는 작당한 형제들이 아버지에 대한 모순된 감정에 지배되고 있었다는 점을 생각해 볼 필요가 있다. 이 모순된 감정이라는 것은, 어린아이들이 신경증 환자에게서 쉽게 볼 수 있는 아버지 콤플렉스의 양가적인 감정 습관이라고 해도 좋다. 이들은 저희들 권력욕과 성욕의 막강한 장애물인 아버지를 한편으로는 원망하면서도 한편으로는 사랑하고 찬미한다. 그들이 아버지를 제거함으로써 그 증오를 해소하고 그와 동일시하려는 자신들의 소망을 성취시키고 나면, 이때까지 억눌려 있던 애정이 고개를 드는 것이다. 이것은 통상 자책이라는 형태로 나타난다. 이어서 죄의식이 생겨나는데, 이것은 무리 전체의 집단적 자책과 일치하게 된다.

이로써 죽은 아버지는 살아 있을 때보다 더욱 강력한 아버지가 된다. 이런 일은 오늘날 인간의 운명을 통해서도 흔히 볼 수 있다. 죽은 아버지가 살아 있을 때보다 더 강력한 존재가 되면 아들들은 이전에는 아버지라는 존재가 방해하던 일을 스스로 금한다. 정신분석학을 통해 우리에게 잘 알려져 있는 '사후 복종'이라는 심리 상태가 이것이다. 이제 아들들은 아버지의 대용인 토템의 도살을 삼감으로써 저희들 행위를 철회하고 그 행위를 통해서 얻을 수 있는 과실을 단념하는 것이다"[45]라고 자신의 종교관을 설파했다.

바야흐로 예수 당시의 시대는 여가장적 신이 아닌 가부장적인 신의 시대였던 것이다. 아버지를 먹음으로써 하나가 된다는 의식은 특정한 제물―양, 비둘기, 염소―을 신에게 희생 제사로 드린 후 그 고기를 먹음으로써 하나가 되는 유대교의 관습과 일치한다.

예수가 만난 신의 정체성

그렇다면 예수가 만난 신의 정체성은 무엇일까. 이것을 설명하기 위해 나는 잠시 신학자 마커스 보그(Marcus J. Borg)가 쓴 『예수 새로 보기』로 가고자 한다.

마커스 보그는 예수 당시의 시대까지를 '거룩의 에토스'가 지배해 오던 시대라고 보았다. 그는 "거룩은 '시대정신'이 되어 수세기 동안 유대의 사회적 세계의 발전을 주도해 오면서 예수 시대까지 이르렀고,

---

45) 지그문트 프로이트, 이윤기 옮김, 『종교의 기원』(열린책들, 2004), 214~217쪽.

유대인들의 에토스나 삶의 방식의 특수한 내용을 제공했다. 거룩의 에토스는 점점 거룩의 정치학이 되어 갔다"[46]라며 구약 시대와 예수 당시 시대를 통찰했다. '거룩'에 해당하는 히브리 원어는 '구별한다'는 의미다. 또한 에토스는 관습, 습관 등을 의미하는 고대 그리스어로서 한 시대의 주류 문화를 의미한다. 구약 성서 시대와 예수 당시 시대는 '거룩'이라는 에토스가 주류 문화였던 것이다.

이것은 이방인과 구별하는 선민의식으로 자리 잡았고, 율법을 준수하지 않는 사람들보다 우월하다는 우월의식으로 자리 잡아 갔다. 그 에토스는 율법을 준수할 수 있도록 환경이 주어진 기득권층과 그렇지 못한 피기득권층의 차별과 분리를 공고히 하는 데 기여했다. 드디어 이스라엘 사회는 "율법을 지키지 않는 자들에 대한 경제적 압력과 연관된 거룩의 정치학에 대한 강조는 죄인들과 아웃캐스트―버림받은 자들―집단을 양산해 냈다"[47]고 마커스 보그는 강조했다. 예수가 왜 그토록 아웃캐스트에 집착하는 반면 기득권층을 성토하는지 그 이유를 엿볼 수 있는 대목이다.

마커스 보그는 "하나님의 이미지는 예수의 사역에 있어서 가장 충격적인 행태 가운데 하나인 소위 '죄인들', 즉 버림받은 사람들과 식사를 함께하시는 데서 함축적으로 드러나고 있다. 1세기 팔레스타인에서 누군가와 음식을 함께 나눈다는 것은 그를 식탁 공동체에 받아들인다는 의미임을 생각할 때 예수의 그런 행동은 그들을 받아들인다는 뜻임을 알 수 있다"라고 예수의 행위를 설명했다. 예수가 만난 신이 당시의 신

46) 마커스 보그, 김기석 옮김, 『예수 새로 보기』(한국신학연구소, 1997), 124~125쪽.
47) 위 책, 131쪽.

과는 사뭇 다름을 역설했다. 그는 이어서 "예수가 그들을 받아들인 것은 하나님께서 그들을 받아들이셨다는 주장으로 이해될 수도 있었을 것이다"라고 예수의 '받아들임'의 의미를 설명했다.

여기까지 이야기를 끌고 온 마커스 보그는 드디어 "자비롭다는 단어는 히브리어와 아람어에서 '자궁'이란 명사의 복수형이다. 따라서 자비롭다는 말은 자궁성 예컨대 양육, 출산, 껴안기 등의 뉘앙스를 가지고 있으며 더 나아가서 부드러움을 연상케 한다"[48]라며 예수가 만난 신의 여성성을 전면에 내세운다. 그러면서 그는 "예수는 그의 동시대인들과 우리들, 그리고 인습적인 지혜들과는 달리 실재를 궁극적으로 은혜로우며 자비롭다고 인식한다는 점에서 우리와 구별된다"[49]고 예수의 신 인식의 독특함을 일러 주고 있다. 결론적으로 "1세기의 유대교가 하나님의 거룩하심을 앞세우는 데 비해 예수는 하나님의 자비에 초점을 맞춘다"[50]라고 예수의 '어머니 신'을 강조했다.

이런 마커스 보그의 주장과 상통하는 신학자가 또 있다. 그는 가톨릭 신부이기도 한 앨벗 놀런(Albert Nolan)이다. 그는 자신의 책『그리스도교 이전의 예수』에서 "사탄의 나라는 배타적이며 이기적인 파벌 연대성의 입각하는 반면에 하느님 나라는 온 인류를 포괄하는 보편 연대성에 입각하기 때문이라는 점이다"[51]라고 예수가 만난 신의 나라를 역설했다.

---

48) 위 책, 143쪽.
49) 위 책, 140쪽.
50) 위 책, 180쪽.
51) 앨벗 놀런, 정한교 옮김, 『그리스도교 이전의 예수』(분도출판사, 1994), 109쪽.

앨벗 놀런은 예수 당시의 유대교는 파벌 연대성으로 점철된 가부장적 종교라고 간파하면서, 예수는 그것을 뛰어넘어 보편 연대성이라는 모성적 종교를 표방했다고 말해 주고 있다. 이어서 그는 "그들이 쟁취하려던 것은 유대인 민족주의요 유대인 인종주의였다. 유대인의 우월감이요 유대인의 특권이었다. 참 해방이란 그러나 근본적으로 사람을 사람으로 받아들임이다. 원수를 사랑함은 인간을 인간으로 받아들이면서 만인과 연대하여 사는 삶이다"[52]라고 예수가 만난 신의 나라를 설명했다.

아버지의 사랑은 '내가 바라는 대로 네가 행동을 하기에 그만큼 너를 사랑한다'라고 말한다. 아버지의 사랑은 조건적이며, 파벌적이며, 권위적이다. 반면 어머니의 사랑은 '너는 나의 자식이므로 무조건 사랑한다'라고 말한다. 어머니의 사랑은 무조건적이며, 포용적이며, 탈권위적이다. 그런 의미에서 예수가 만난 신은 다분히 여성적이며, 모성적이다.

예수는 "또 네 이웃을 사랑하고 네 원수를 미워하라 하였다는 것을 너희가 들었으나 나는 너희에게 이르노니 너희 원수를 사랑하며 너희를 박해하는 자를 위하여 기도하라. 이같이 한즉 하늘에 계신 너희 아버지의 아들이 되리니 이는 하나님이 그 해를 악인과 선인에게 비추시며 비를 의로운 자와 불의한 자에게 내려 주심이라"(「마태복음」 5:43~45)라고 말함으로써 자신이 만난 신을 피력했다. 예수가 만난 신이 동시대와 다르다는 것을 그는 "~하였다는 것을 너희가 들었으나 나는 너희에게 이르노니~"라는 말로 분명히 했다. 이 표현은 복음서 곳곳

---

52) 위 책, 171쪽.

에서 드러나는 예수의 상습적인 표현 중 하나다.

예수는 그의 제자 베드로와 함께 "그때에 베드로가 나아와 이르되 주여 형제가 내게 죄를 범하면 몇 번이나 용서하여 주리이까. 일곱 번까지 하오리이까. 예수께서 이르시되 네게 이르노니 일곱 번뿐 아니라 일곱 번을 일흔 번까지라도 할지니라"(「마태복음」 18:21~22)는 대화를 주고받았다. 죄를 범하면 몇 번이나 용서해 줄까를 고민하는 조건부적인 사랑과 용서에 대해 예수는 무한한 모성애를 하라고 주문하고 있다. 이 말은 마치 어린아이가 시시때때로 잘못하더라도 엄마의 품에 염치없이 안기며 칭얼댈 때 엄마는 기꺼이 받아주는 장면과 겹친다. 예수는 항상 입버릇처럼 "아버지께서 나를 사랑하신 것같이 나도 너희를 사랑하였으니"(「요한복음」 15:9)라고 이야기한다. 예수가 만난 아버지 신은 실상 사랑과 자비와 포용으로 대변되는, 여성의 자궁과 같은 어머니 신이었던 것이다.

이것은 앞에서 우리가 이야기한 것처럼 아버지 요셉에 대한 적개심과 반항으로 점철된 예수의 심성의 반영이라 할 수 있다. 예수에게 아버지 콤플렉스는 세상의 모든 아버지적인 요소—권위적이고 파벌적이고 계층적이고 배타적인—와의 거부를 부추겼고, 상대적으로 어머니 마리아와의 친근감은 세상의 모든 어머니적인 요소—탈권위적이고 보편적이고 포용적이고 자비적인—와 동일시를 이루게 하였다.

이런 의미에서 예수는 필연적으로 아버지 같은 신이 아닌 어머니 같은 신을 만날 수밖에 없었으리라. 그런 면에서 예수의 사역은 부성적인 신으로 치우쳐 가던 당시의 시대에 모성적인 신을 제시하여 균형을 잡으려 했던 몸부림이라고 할 수 있다. "모든 여성적인 것이 세상을 구원한다"고 말한 괴테의 명언은 예수의 사역을 그대로 설명해 준다.

5. 예수의 전환기와 콤플렉스의 승화

예수의 신 체험과 콤플렉스

　예수가 신을 아버지라고 부른 것은 일부 심리학자들의 표현대로 과대망상증이나 신경증의 결과일까. 예수는 심리학적으로 볼 때 투사적 동일시의 천재인가. 과연 그 수준으로만 머물렀을까. 아니면 우리가 다 알지 못하는 또 다른 세계와의 접촉이 있었을까. 만일 그게 사실이라면 그러한 현상들을 심리학적으로 어떻게 설명할 수 있을까. 또 콤플렉스와는 어떤 상관관계가 있을까. 이런 의문들은 우리로 하여금 예수의 신 체험 세계로 인도한다.

신과 만나는 예수

　　　　　　예수가 신을 아버지라고 불렀고, 그의 모든 사역 내내 그 신과 동행했음에도 예수와 신의 만남을 다룬 복음서 구절은 놀라울 정도로 짧다. 달랑 두세 구절에 불과하다. 물론 어떤 사건의 진정성 여부나 메시지의 고귀함이 이야기의 분량으로 결정되는 것은 아니다. 우리는 흔히 짧은 경구 속에서도 얼마든지 천금 같은 메시지를 전달받는다.

하지만, 적어도 복음서는 예수의 전기문이다. 예수의 젊은 시절을 다루지 않아 의문을 증폭시킨 것도 모자라 예수의 공적 사역의 출발 지점인 '신과의 만남'을 단 두세 구절로 갈무리하다니. 지난 일이긴 하지만, 복음서 기자들은 두 가지 중대한 실수를 한 듯하다.

어쨌든 예수는 "그때에 예수께서 갈릴리 나사렛으로부터 와서 요단강에서 요한에게 세례를 받으시고"(「마가복음」 1:9)의 구절대로 요한에게 세례를 받았다. 이 세례는 요즘 교회당에서 약식으로 하는 그런 세례가 아니다. 이스라엘의 젖줄인 요단강에 옷 벗고 들어가 물에 콱 잠겼다가 나오는 유대교 의식 중 하나다. 이런 예수에게 이 세례는 예수 자신의 콤플렉스 덩어리에 푹 잠겼다가 다시 거듭나고 있다는 심적 흐름을 회화적으로 묘사한 장면이기도 하다. 어쨌든 사람들은 예수를 들어 '기독교의 교조'라고 말하지만, 이 장면을 봐도 예수는 아주 충실한 유대교인이었다. 가톨릭 신부 앨벗 놀런이 쓴 책 제목대로 '그리스도교 이전의 예수'라는 이야기다.

이것은 예수와 세례 요한이 "예수께서 대답하여 이르시되 이제 허락하라 우리가 이와 같이하여 모든 의를 이루는 것이 합당하니라 하시니 이에 요한이 허락하는지라"(「마태복음」 3:15)라고 나눈 대화에서도 드러난다. 요한이 예수에게 "내가 당신에게서 세례를 받아야 할 터인데 당신이 내게로 오시나이까"(「마태복음」 3:14)라고 말한 후에 있었던 일이다. 복음서 저자야 예수를 이미 세상을 구원할 그리스도로 설정하고 있으니 요한이 그러는 것도 무리는 아니다. 그런 요한에게 예수는 "이렇게 하는 것이 합당하다"라고 말한다. 이치에 맞아 떨어진다는 이야기다. 이 장면은 예수가 자신을 '유대교인'이라고 공식 선포한 꼴이 된다.

예수는 어렸을 적부터 유대교 율법을 암송했고, 유월절엔 아버지와 함께 양을 잡았고, 1년에 한 번씩 예루살렘 성전으로 다녔던 착실한 유대교도였다. 예수에겐 유대교가 권위 콤플렉스를 가져다 준 종교이기도 하지만, 한편으론 그의 정신의 진원지이기도 하다. 그가 어떤 사상을 가졌든, 그가 어떤 주장을 하고 행동을 했던 그의 모든 행동의 범주는 유대교에서 출발한 것이다. 예수가 사상적으로 유대교를 뛰어넘었다 해도 여전히 그의 사상의 '친정'은 유대교라는 걸 부인할 수 없다.

복음서는 예수의 젊은 시절에 대해 답답할 정도로 침묵하다가 갑자기 뜬금없이 예수가 세례 받는 장면으로 넘어간다. 물론 예수가 세례를 받는 그때를 설명하려고 요한의 행적이 먼저 기록되긴 했지만, 그것은 여전히 예수의 직접적인 행적과는 무관하다. 어쨌든 "예수는 갈릴리 나사렛으로부터 와서"라고 마가는 기록하고 있다. 예수가 온 곳이 어디라고? 바로 갈릴리 나사렛이다. 갈릴리 나사렛은 '선지자가 날 수도 선생이 날 수도 없는 그런 천박한 곳이 아니었던가. 예수가 그 동네 출신인데 세례를 받으러 온 것이다. 그것도 당대의 예언자 세례 요한에게 말이다.

세례 요한의 행적을 살펴보면 예수의 사역과 외침과 상당 부분 겹친다. 요한의 첫 메시지도 "회개하라 천국이 가까이 왔느니라 하였으니"(「마태복음」 3:2)였고, 예수의 첫 메시지도 "이때부터 예수께서 비로소 전파하여 이르시되 회개하라 천국이 가까이 왔느니라 하시더라"(「마태복음」 4:17)였다. 요한의 의식주 생활도 "이 요한은 낙타털 옷을 입고 허리에 가죽 띠를 띠고 음식은 메뚜기와 석청이었더라"(「마태복음」 3:4)

이었고, 예수의 의식주 생활도 "예수께서 이르시되 여우도 굴이 있고 공중의 새도 집이 있으되 인자는 머리 둘 곳이 없도다 하시고"(「누가복음」9:58)였다. 요한은 불의한 헤롯 대왕에게 바른말을 하다가 "왕이 곧 시위병 하나를 보내어 요한의 머리를 가져오라 명하니 그 사람이 나가 옥에서 요한을 목 베어 그 머리를 소반에 얹어다가 소녀에게 주니 소녀가 이것을 그 어머니에게 주니라"(「마가복음」6:27~28)고 죽임을 당했고, 예수는 불의한 당시 종교 기득권층들에게 자신이 신의 아들로서 그들을 저주하고 욕하다가 "우리 대제사장들과 관리들이 사형 판결에 넘겨주어 십자가에 못 박았느니라"(「누가복음」24:20)고 죽임을 당했다.

그 두 사람은 그 시대의 이단아들이었고, 아웃사이더였다. 그 시대로부터 소외당한 대표적인 거부 콤플렉스의 소유자들이었다. 이런 요한이 예수에게 세례를 주어, 그를 메시아로 인증하는 듯이 보이는 세례 장면은, 어쩌면 두 사람의 콤플렉스의 흐름상 자연스러운 것이리라.

어쨌든 요한이 예수에게 세례를 주자 "곧 물에서 올라오실 새 하늘이 갈라짐과 성령이 비둘기같이 자기에게 내려오심을 보시더니"(「마가복음」1:10)라는 장엄한 장면이 펼쳐진다. 예수는 자신을 그동안 괴롭혔던 지난날의 콤플렉스(물)에 푹 잠겼다. 예수가 다시 콤플렉스(물) 위로 떠오르니 하늘이 갈라졌다고 복음서는 표현하고 있다. 카를 융에 의하면 이런 현상들을 심리학적으로 '대극과의 통합'이라 할 수 있다. 우리는 조금 있다가 다른 종교 교조들의 '신 체험'을 다루면서 이러한 현상을 심도 있게 살펴보려고 한다.

어쨌든 예수가 물에 잠겼다가 올라오는 순간, 신의 세계도 마음을 열고 비둘기 같은 형상으로 예수에게 임한다. 예수는 지금 자신의 개인 무의식에서 집단 무의식 —신의 영역—의 세계로 접속을 시도하고 있는 것이다. 아니 예수가 그랬다기보다는 '성령'이라고 표현되는 그 어떤 정신 에너지가 예수의 정신세계로 방문을 했다고 표현하는 것이 더 정확하다 하겠다. 자기 자신이 소우주라고 본다면, 이런 현상은 천지개벽의 현상이다.

하늘이 열리고 바로 "하늘로부터 소리가 나기를 너는 내 사랑하는 아들이라 내가 너를 기뻐하노라 하시니라"(「마가복음」 1:11)라는 목소리가 들린다. 이 장면이 실제로 일어난 일인가, 아니면 예수의 심상에서 일어난 환상인가를 따지는 것은 아주 무의미한 일이다. 이랬든 저랬든 예수의 영혼에 실제로 일어난 진실이기 때문이다.

예수가 들었다는 "너는 내 사랑하는 아들이라"고 한 목소리가 하늘로부터인지 아니면 예수의 깊은 내면으로부터인지를 따지는 것도 무의미한 일이다. 예수는 그 순간 자신의 존재의 기반이 송두리째 흔들리는 체험을 했기 때문이다. 오랜 세월 동안 자신을 괴롭혔던 묵직한 콤플렉스들이 그 순간만큼은 예수의 마음속에서 뛰놀고 있었다. 그 순간만큼은 예수에게 콤플렉스는 더 이상 아픔이 아니라 기쁨이었다. 하늘로부터 들린 목소리가 분명히 "내가 너를 기뻐하노라"라고 말하고 있다. 그것은 있는 그대로의 '예수 너'를 받아들인다는 내면의 목소리다. 콤플렉스로 점철되어 있던 아픔의 '예수 너'를 '나의 아들로, 나의 기뻐하는 자'로 품어 준다는 포용의 순간이다.

지금까지 우리는 이 사건 직전의 예수가 신을 자신의 아버지로 선포한 일이 있었다면, 또 그렇게 생각하고 살았다면, 그것은 예수의 심리적 투사였을 가능성이 크다고 말해 왔다. 하지만, 지금 예수가 벌이고 있는 장면은 단순한 심리적 투사나 동일시와는 그 차원이 다르다 할 것이다.

다른 종교 교조들의 신 체험

동학의 창시자 최제우는 "수운 선생은 경신년(1860년) 4월 결정적인 종교 체험을 했다"라는 구절대로 종교 체험을 했다.[1] 윤석산은 그의 저서에서 그 후로도 이어진 최제우의 종교 체험 등을 "신과 대화를 하는 신 체험"이라고 표현했다.

최제우가 신 체험을 하는 장면을 "음력 4월 5일은 곧 장조카 맹륜의 생일날이다. 조카가 의관을 보내 생일에 오기를 청하니, 그 청을 이길 수가 없어 조카의 생일연에 참석하게 된다. 상을 받고 잘 물리고 난 뒤에, 수운 선생은 갑자기 정신이 아득해지고 아무것도 보이지 않으며, 도대체 정신을 수습할 수가 없게 되었다. 마치 무엇에 씌어서 미친 것 같기도 하고 술에 취한 것 같기도 하여, 일어나려고 해도 일어날 수가 없고, 선 자리에서 그냥 넘어지고 엎어지는가 하면, 몸이 저절로 한 자 이상씩 뛰어올라 도저히 그 증상을 알 수가 없었다. 간신히 사람들의 도움을 받아 집으로 돌아왔는데도 이런 상태가 그치지 않고 계속되었다. 꿈인지 생시인지 알 수 없는 어떤 경지 속으로 점점 빠져들게 되고, 알 수 없는 강력한 힘에 취한 듯한 황홀한 경지에 수운 선생은 놓이게 되었다. 이런 상황에서 문득 천지를 진동하듯 커다란 소리가 어디선가 들려왔다. 정신을 차리고 가만히 들어보니 다름 아니라 수운 선생 자신을 부르는 소리였다. 마음에 이상한 기분이 들어 가만히 듣고 있으려니 또렷또렷한 그 소리는 다른 어디에서 오는 소리가 아니라, 바로 자신의 안에서 들려오는 소리가 아닌가"[2]라고 윤석산은 기록하고 있다. 이 장

---

1) 윤석산, 『동학 교조 수운 최제우』(모시는사람들, 2004).

면들은 동학의 경전 중 하나인『동경대전』의 기록들을 극적으로 표현한 것이다.

이슬람교의 교조 마호메트 또한 이와 비슷한 경험을 했다. 그는 히라의 동굴에서 기도하다가 잠시 잠이 들었다. 그때 누군가 깨우는 듯한 느낌을 받았는데, 바로 천사였다. 천사는 글자가 새겨진 비단 천을 그의 얼굴에 들이대면서 "읽어라"고 말했다. 마호메트는 이때를 회상하며 이렇게 말했다고 한다.

사람의 형상을 한 천사가 떠나간 다음, 나는 집에 가기 위해 자리에서 일어나려고 했지만 다리에 힘이 빠져 일어설 수가 없었다. 한참을 앉아 있다가 간신히 일어나 집으로 향했다. 하지만, 온몸은 여전히 떨렸다. 중간쯤 왔을 때 다시 하늘에서 천사의 음성이 들려왔다. "무함마드여, 그대는 알라의 예언자이다. 나는 그분이 보내신 사자이다." 나는 소리가 들려오는 쪽을 올려다보았다. 그곳에 천사가 있었다. 나는 두려움에 옴짝달싹할 수가 없었다. 너무 두려운 나머지 얼굴을 다른 곳으로 돌려 버렸다. 그러나 천사는 내가 눈을 돌리는 곳마다 나타났다. 한동안 멍하니 서 있던 나는 천사가 떠나간 후 한참 뒤에야 간신히 집으로 돌아올 수 있었다.[3]

이렇듯 최제우와 마호메트는 시대와 인종과 문화적 배경이 전혀 다름에도 비슷한 체험을 했다. 사실 예수가 한 체험과도 대동소이하다.

---

2) 위 책, 101~102쪽.
3) 나종근 엮음,『무함마드』(시공사, 2003), 91쪽.

신 체험은 지금도 계속 된다

이런 신 체험의 역사는 오늘날에도 계속 이어지고 있다. 『신과 나눈 이야기』의 저자 닐 도널드 월쉬(Neale Donald Walsch)가 바로 그 주인공이다.

라디오 디제이로 평범한 삶을 살고 있던 주인공 닐은 운전 중 여성에게 한눈을 팔다 사고로 목이 부러지게 된다. 몸이 불편해지자 직장을 잃고 집까지 잃어버린다. 텐트 하나와 작은 옷가방이 전부인 거리의 노숙자 신세가 된 것이다. 그렇게 계속될 것만 같았던 바닥 생활은 라디오 주말 프로그램의 디제이가 되면서 끝나는 듯했다. 그러나 이 순조로운 생활도 얼마 가지 않는다. 회사가 망해 버린 것이다. 거의 절망적인 상태에서 닐은 평소 습관대로 대답 없는 질문을 종이에 적어 나갔다. 이때 닐에게 놀라운 체험의 문이 열렸다.

"그런데 내가 그 누구도 대답해 줄 수 없는, 쓰디 쓴 이 마지막 질문을 휘갈기고 나서 펜을 내던지려 했을 때, 놀랍게도 보이지 않는 어떤 힘에 단단히 붙잡히기라도 한 것처럼 저절로 움직이기 시작했다. 뭔가 더 써야겠다는 생각이 전혀 없는데도, 어떤 생각이 저절로 흘러나오고 있었다. 그래서 나는 그 흐름을 따르기로 했다"[4]라고 닐은 자신의 체험을 기록하고 있다. 이렇게 시작된 신과의 대화는 3년 동안 매일 새벽 4시 31분에 이루어진다. 이 내용들을 다룬 책이 바로 『신과 나눈 이야기』다. 이 책은 세계적인 베스트셀러가 되었고, 닐의 실화를 바탕으로 한 영화 〈신과 나눈 이야기〉[5]도 제작되었다.

---

4) 닐 도널드 월쉬, 조경숙 옮김, 『신과 나눈 이야기 1』(아름드리미디어, 1997), 12쪽.
5) 스티븐 사이먼 감독, 2007년 작.

나는 여기서 나의 신 체험을 말하지 않을 수 없다. 1980년대 중반, 나는 고민에 빠져 있었다. 가정 형편이 어려워 고등학교를 자퇴하고 의자 공장, 신발 공장, 식당 등을 전전하던 나는 한계에 부딪쳤다. 어린 나이에 직장 생활을 시작했던 나는 한 공장에서 오래 버티지 못하고 자주 자리를 옮긴 탓에 자신이 정말로 못나 보였기 때문이다. 나아가서 내 가정환경과 부모, 그리고 기독교인인 나는 신을 원망하는 데 이르렀다. 이렇게 수십 일을 고민하면서도 다행히(?) 교회당을 나가 기도를 하곤 했다. 기도라고 하기보다 차라리 원망의 독설이라는 게 더 적합했다. 그날도 나는 나 자신을 포함한 모든 존재들에게 원망을 퍼붓고 있었다.

그런데 1986년 8월 그날, 조그만 교회당에서 나의 마음을 강타하는 강력한 목소리가 있었다. "상호야, 부족한 너를 내가 사랑한다"라고. 이 소리가 내 내면의 소린지 바깥에서의 소린지 분간이 가진 않았지만, 한 가지 확실한 것은 마음속 깊은 곳으로부터 뜨거운 기쁨이 솟구쳐 올랐다는 것이다. 그런 큰 기쁨을 가지고 교회당 밖을 나섰을 때, 새벽 보름달이 나를 향해 환하게 웃어 주며 말했다. "상호야, 축하한다. 네가 만날 존재를 만났구나"라고. 20년이 넘게 지난 지금도 그날 보름달의 그 미소가 눈에 선하다. 이날 신기하게도 길거리를 걸으니 모든 사람들이 천사 같고, 모든 거리가 너무 깨끗하게 보였다. 이런 경험의 기운이 몇 달을 갔다. 이후로 나는 나의 부정적인 콤플렉스가 극복되면서, 나 자신조차 놀라울 정도로 어떤 힘에 의해 나의 성격이 조금씩 변해 갔고, 지금에 이르렀다. 나를 너무나도 잘 아는 형제들이 나의 변화해 가는 모습을 증언해 줄 수 있을 정도다.

종교 체험, 어떻게 볼 것인가

그렇다면 예수의 체험과 비슷한 이런 체험들을 어떻게 설명해야 할까. 종교에 심취한 사람들의 주장처럼 우리가 모르는 또 다른 영적 세계가 있다고 말해야 할까. 아니면 단순히 정신적 환상에 도취되는 정신 증세에 불과할까. 이런 고민들을 안고 우리는 심리학자들의 목소리에 귀 기울여 보자.

결론부터 말하자면 그 현상은 "예수님 자신이 말씀하신 것처럼 모든 시대와 모든 장소에 있어 많은 사람들은 예수님의 이름을 알지 못하면서도 그 안에 있는 이 실재와 만났던 것"[6]이지 않을까. 개신교의 위대한 신학자 폴 틸리히(Paul Tillich)는 이처럼 신 체험을 '모든 존재의 근원과의 만남'이라고 역설했다. 이는 종교인이든 비종교인이든 상관없이 '궁극적 관심에 붙잡힌 상태'에 이를 수 있다고 보았다.

프랑스 리옹의 예수회 신학자인 앙리 드 뤼박(Henri de Lubac)은 "원상회복 작업으로서, 구원은 상실한 합일을 다시 얻는 것, 즉 신과의 초자연적인 합일로의 복귀이며 또 동시에 인간 상호간의 합일로의 복귀인 것처럼 생각 된다"며, 신 체험을 초자연적 합일이라고 설명했다.

철학자이자 심리학자이기도 한 에리히 프롬도 "신비 체험에서는 우주와 하나가 되면서도 자아의식과 통찰력이 극도로 강화된다. 그것은 자신의 완전한 개성에 대한 체험이면서도 그것을 넘어서 자신의 존재와 세계 전체의 궁극적 근거에 대한 체험이다. 그것은 자기 자신이 완성되었음을 느끼는 자긍심의 경험이면서도 자기 자신이 우주라는 베

---

6) 폴 틸리히, 강원룡 옮김, 『새로운 존재』(대한기독교서회, 1990), 118쪽.

안의 한 올의 실에 지나지 않는다고 느끼는 겸손의 경험이기도 하다"[7] 라고 신 체험을 설명했다.

심리학자 율라노프는 "우리가 거기서 만나는 것은 우리 존재의 중심적 요소들인데 그것이 너무 갑작스럽고 강하게 부딪쳐 옴으로 해서 종종 우리의 몸과 정신이 흔들리고 일상적인 몰두가 멈추게 된다. 우리는 그 순간 우리가 전에 살아왔던 모든 것으로부터 해방되어 최소한 '이전'과 '이후'를 아주 분명히 느낀다"라고 그 현상을 설명했다. 앞에서 신 체험을 했다는 사람들의 증언과 놀랍도록 일치한다. 이어서 "근원 경험은 망아의 순간이거나 고양의 순간일 수도 있는데, 그때의 기쁨이 너무 커서 우리 삶이 언제까지나 즐거움의 여운에 접촉되기도 한다"[8] 라고 신 체험의 감정 상태를 설명한다. 마호메트와 최제우의 경우 두려움의 감정이 앞섰다면, 예수의 경우는 기쁨의 상태가 아니었던가.

또한 "근원 경험은 우리에게 단 한 번 또는 일련의 만남을 통해 거듭 경험되며 우리 삶의 전체 속에서 자체를 반복, 변화, 출현, 재출현함으로써 마침내 우리로 하여금 그것이, 모든 것 위에 기초해 있는 기반이요, 인간 경험의 본질임을 알게 된다"고 율라노프는 말한다. 그러면서 그는 "신학에 있어서 근원 경험은 종교 경험의 처음 시작일 뿐 아니라 앞으로도 지속적으로 하나님께 주의를 기울이며 사는 삶의 잠재적 가능성이 된다. 이것은 우리가 교회나 회당, 또는 학교에서 배운 그 무엇이 아니라 우리에게 실제로 일어났던 그 무엇, 즉 원초적인 종교 경험이다"[9]라고 말함으로써 특정 종교만의 경험이 아님을 역설하고 있다.

---

7) 박찬국, 『에리히 프롬과의 대화』(철학과현실사, 2001), 227쪽.
8) 앤 배리 율라노프, 앞의 책, 12~13쪽.

심리학자의 진단

이러한 경험을 심리학적으로 잘 설명하는데 카를 융을 따라올 심리학자는 없을 듯하다. 융은 이러한 현상을 한마디로 '대극의 통합'의 체험이라고 했다.

융은 "대부분의 경우에 있어서 놀랄 만한 작용을 하는 것은 원형적인 본성을 지니고 있는 내용들이다. 때때로 영혼의 자동성은 사람들에게 내면적인 음성을 듣게 하거나 환상적인 이미지들을 보게 한다"고 신 체험의 현상을 설명했다. 이 현상은 "암시나 모방에 의한 것이 아닌 종교적인 회심들은 대부분의 경우 내면적인 어떤 자동성 때문에 생긴 것이다. 이 회심들은 궁극에 가서 인격의 변화를 가져온다"라고 그 체험의 진실을 밝혔다. 융은 이어서 "사실, 사람들이 집단적 무의식이 가진 힘을 각성하고 그것을 그들의 정신에 통합시킨다면, 그것은 그들의 삶에 숨겨져 있는 비밀과 지혜를 깨닫게 하여, 그들의 삶을 무한하게 변화시킬 수 있을 것이다"라고 말함으로써 집단적 무의식과의 정신적 통합이 신 체험과 상통함을 설명하고 있다.

융은 이러한 현상들을 "인간의 심리 속에 있는 이 균열을 극복하는 것이 일종의 죽음과 부활 체험이라고 하는 것은 진실이다. …… 자아는 자기를 만날 때 죽음의 체험을 한다. 자기와의 만남은 균열 극복의 체험인 것이다"[10]라고 밝혔다. 융에 의하면 "자기 체험이란 대극들의 통일 체험이다. 그리고 자기 체험이란 사실 종교 체험에서 주장하고 있는 것이다"라면서 자기 체험과 종교 체험을 동일선상에 놓고 보았다.

---

9) 위 책, 15쪽.
10) W. B. 클리프트, 앞의 책, 107쪽.

세계의 위대한 종교들이 서로 다른 용어들을 쓰고 있지만, 그들은 융을 비롯한 많은 심리학자들이 이미 직면했던 그 똑같은 체험들에 대하여 말하고 있는 것이다.

이런 융의 모든 말들을 종합해 보면 이렇다. 남자와 여자, 선과 악, 어둠과 빛, 이상과 현실, 페르소나와 콤플렉스 등의 대극 사이의 긴장은 오히려 심리적 에너지의 원천이 된다는 것이다. 그것은 되고 싶은 자아와 현재의 자아의 불일치, 불공평과 불합리로 점철된 이 세상과 이상의 나라인 신의 세상의 불일치, 온통 콤플렉스를 만들게 하는 현실과 콤플렉스와 화해할 수 있는 이상의 불일치 등의 경험은 오히려 대극의 통합을 이루는 에너지가 되었던 것이다. 그래서 융은 "모든 종교들은 사람들의 마음에 생겨난 어떤 균열들을 치료해 주고자 한다는 것이다"[11]라며 종교의 참된 역할을 역설했다.

그래서 로버트 A. 존슨(Robert A. Johnson)은 "종교란 religion란 단어는 라틴어로 '다시'라는 의미의 're'와 '연결되고 묶고 다리를 놓는다'라는 의미를 지닌 'ligare'에서 유래되었다. '끈을 동여 묶다'라는 뜻을 지닌 'ligature'도 같은 뿌리에서 파생되었다. 그러므로 종교란 '다시 함께 묶는다'라는 뜻이다"[12]라고 종교를 정의했다. "근본을 생각하게 하는 힘, 그게 바로 종교의 힘이다"[13]라는 권삼윤의 말과 일맥상통한다.

그런 의미에서 예수의 신 체험은 특정 종교와 상관없이 오늘도 누구

---

11) 위 책, 69쪽.
12) 로버트 A. 존슨, 고혜경 옮김, 『당신의 그림자가 울고 있다』(에코의서재, 2007), 103쪽.
13) 권삼윤, 『자존심의 문명 이슬람의 힘』(동아일보사, 2001).

에게나 계속되어야 하지 않을까.

사탄의 시험과 콤플렉스

예수가 신을 만난 후 자신을 신의 아들로, 또는 자신이 곧 신이라고 말하는 경지에 도착하자마자 바로 제동이 걸렸다. 하늘이 예수에게 '나의 사랑하는 아들이요, 나의 기뻐하는 자'라고 말한 그 목소리의 여운이 채 가시기도 전이다. 이 이야기를 연극이나 소설로 치자면 참으로 생뚱맞은 스토리 구성이다. 흔히들 주인공이 온갖 유혹과 역경을 딛고 일어서는 역전의 드라마를 연출한다. 그런 면에서 예수의 전기를 다룬 복음서는 비소설적이고 엉성하기까지 하다. 온갖 유혹을 먼저 당하고 난 후 득도의 세계로 이르는 석가의 스토리가 훨씬 소설적이다. 그럼에도 두 사람의 '시험 사건'은 악의 존재와 선의 존재가 끊어지지 않고 이어져 있다는 점에서 일맥상통한다. 하여튼 이런 사건들을 심리적 세계의 창으로 본다면 어떻게 설명할 수 있을까.

예수를 누가 시험했을까

예수를 시험한 주체는 과연 누굴까. "그때에 예수께서 성령에게 이끌리어 마귀에게 시험을 받으러 광야로 가사"(「마태복음」 4:1)라는 구절을 보면 마귀다. "예수께서 성령의 충만함을 입어 요단강에서 돌아오사 광야에서 사십 일 동안 성령에게 이끌리시며 마귀에게 시험을 받으시더라"(「누가복음」 4:1~2)는 구절을 봐도 마귀다. 이렇듯 우리가 흔히 알고 있는 대로 시험의 주체는 마귀다.

그런데 이 두 구절이 약간 수상하다. 둘 다 "성령에게 이끌리어"라고 표현하고 있다. 예수가 마귀에게 시험 받으러 광야에 간 것은 자의가 아니라 성령, 즉 신의 의지라는 말이다. 그렇다. 유혹의 장소로 이끌어 간 것은 마귀도 예수도 아닌 신이었다. 직전에 예수를 자신의 아들이라고 칭하던 자상한 신은 지금 여기에 없다. 어느덧 돌변한 신은 시련의 장소로 자신의 아들을 이끌어 간다. 지금은 '신은 사랑하는 자에게 시련을 주신다'는 달콤한 말로 위로할 상황이 아니다. 어쨌거나 지금 예수는 상당히 힘든 위기 상황에 직면했다. 당장 유혹과 시험에 빠진 사람에게 이런 식의 위로는 별로 도움이 되지 않는다.

더군다나 "성령이 곧 예수를 광야로 몰아내신지라"(「마가복음」 1:12)는 마가의 기록은 신이 유혹의 장소로 은근슬쩍 데려간 것처럼 기록한 다른 두 복음서와 확연히 다르다. 노골적으로 신이 예수를 광야로 몰아내었다고 기록하고 있다. 이 부분에서 기독교 복음주의 입장에선 '아기 사자를 벼랑 끝으로 내몰아서 훈련시키는 어미 사자의 심정'을 말하고 싶겠지만, 그것은 '신은 절대로 유혹하는 존재가 될 수 없다'라는 기독교적 설정에서 나온 의미 부여일 뿐이다. 신은 분명히 예수를 광야로 내몰았다. 달리 말하면 유혹의 주체가 마귀인 것처럼 보이지만, 실상은 신이라는 이야기다. 아니면 적어도 신과 마귀가 모종의 거래가 있었던 지. 어떻게 된 것일까.

이런 현상을 명쾌하게 설명해 주는 사람이 있다. 로버트 A. 존슨은 그의 저서 『당신의 그림자가 울고 있다』에서 "세상에 존재하는 모든 덕목은 그 반대되는 것으로 인해 타당성을 지닌다. 어두움이 없는 빛은 아무 가치도 없다"[14]라고 밝혔다. 어두움이란 빛의 그림자를 말한다.

빛이 없으면 어두움도 없겠지만, 역으로 어두움이 없으면 빛도 존재할 가치가 없는 것이다. 그렇다. 악마가 없는 신은 아무 가치도 없다. 악이 없는 선은 아무 가치도 없다. 미움이 없는 사랑은 아무 가치도 없다. 악마란 신의 뒷모습이다. 역으로 말하면 신은 악마의 앞모습이다. 이 둘은 서로 떼어 놓을 수 없는 동전의 양면과도 같은 것이다. 우리 내면엔 언제나 선과 악, 빛과 어두움, 신과 악마 등이 함께 존재한다.

그런 의미에서 지금 예수가 당하고 있는 시험은 신 체험이며, 동시에 자기 체험인 것이다. 이 세상의 모든 악마들—마귀, 사탄, 마군, 마라, 악령, 악귀 등—의 유혹은 곧 신의 유혹이다. 예수가 신과의 합일 이후 등장하는 악마의 유혹은 어쩌면 자연스러운 수순이다. 신과 합일하는 자아도 곧 우리 자신이고, 악마의 유혹을 받는 자아도 곧 우리 자신이다. 어느 것 하나 뿌리칠 수도 거부할 수도 없는 소중한 자아이다. 더 나아가면 신과 악마는 모두 우리 내면의 반영이며, 곧 우리 자신들이다. 유혹받는 예수의 모습은 부자연스럽거나 숨겨야 할 무엇이 아니라 진솔한 우리 자신들의 반영이기에 박수쳐 주어야 할 무엇이다. 심리학적으로 보면 제대로 된 대극의 통합이 있으려면 서로 드러내 놓아야 한다. 쉬쉬하고 숨기는 곳엔 통합이란 있을 수 없다. 신이 나타났다면 마귀도 나타나야 한다.

1차전, "돌로 떡을 만들어라"

예수의 제일 첫 관문은 "시험하는 자가 예수께 나아와서 이르되 네가 만일 하나님의 아들이어든 명하여 이 돌들

---

14) 로버트 A. 존슨, 앞의 책, 101쪽.

로 떡덩이가 되게 하라"(「마태복음」 4:1)는 것이다. 시험하는 자는 예수에게 가정법을 들이댔다. '네가 만일 신의 아들이라면'이라고. 이 유혹은 참으로 고단수다. 조금 전 예수가 하늘로부터 신의 아들이라고 인정받았는데, 바로 이어서 이런 문제를 낸다. 이 시험을 실행하지 않으면 자신이 신의 아들이 아니라고 말하는 것처럼 보이고, 실행한다면 신의 아들이면서 마귀의 유혹에 넘어갔다는 치명타를 입게 된다.

사실 우리들에게도 수없이 많은 가정법의 유혹이 오곤 한다. 내가 대통령이라면, 내가 부자라면, 내가 좀 더 잘생겼다면, 내가 만일…… 등등. 어쨌든 예수 입장에선 이제 겨우 콤플렉스와 화해하고 기쁨의 순간을 누리나 했는데 그 기쁨도 잠시다.

그런데, 예수에게 왜 그런 일이 일어났을까. 사실은 예수에게 그러한 일이 일어나는 것은 아직도 예수의 내면에서 그런 부분이 해결되지 않았다는 증거다. 아니 콤플렉스와 완전히 화해하지 못했다는 증거다. 지금의 유혹 사건은 그런 내면의 흐름이 회화화되었을 뿐이다. 누군가에게 유혹을 받는다는 것은 아직 그 문제로부터 자유롭지 못하다는 증거가 아니겠는가. 시험하는 자 마귀가 바보가 아닌 이상 유혹할 때 유혹의 항목을 함부로 선택하겠는가.

역시 마귀는 지혜로웠다. 예수의 아킬레스건이 무언지 누구보다 잘 알고 있었다. 돌로 떡을 만들어 보라고 주문했다. '예수 네가 신의 아들이라면 그 정도는 할 수 있지 않은가'라고. 성서 원문에는 떡이라기보다 빵이었다. 예수 당시의 주식이다. 왜 이 유혹부터 먼저 이루어졌을까. 그것은 예수의 지난 시절이 잘 말해 준다. '가난한 목수 요셉의 아들 예수'가 자신의 출신 성분이다.

사실 예수의 사역에서 유난히 가난한 자에게 자비로웠던 예수, 소외된 자에 대한 관심이 특출했던 예수에겐 아주 매력적인 유혹의 거리다. 그리고 보면 예수의 강점인 자비심은 콤플렉스에서 나온 것이다. 자신의 소외 받던 어린 시절, 가난했던 성장기에서 짓눌렸던 아픔이 예수의 생애 전반에 묻어 나오고 있다. 그런 아픔이 고스란히 소외된 자에 대한 관심과 자비로 나타나고 있다. 가난해 본 사람만이 가난의 아픔을 알 수 있다. 가난해 본 사람만이 가난의 콤플렉스가 얼마나 묵직한지 알 수 있다. 먹고사는 문제가 언제나 절실한 사람들의 심정을, 한 끼가 없어서 오늘도 수만의 사람들이 죽어 가는 지구 저편의 아픔을 어찌 다 알까. 배고파 본 사람이 배고픔을 알고, 아파 본 사람이 아픔을 안다는 인지상정이 예수에게도 통했다.

이런 상황을 누구보다 잘 아는 악마는 제일 처음 예수를 먹을거리로 유혹했다. 악마는 슬슬 예수의 가난 콤플렉스를 건드렸다. 그런 예수에게 일확천금의 기회를 제공하려 했다. "이 한 건만 해 낸다면 네가 바라는 세상에 다가갈 수도 있어. 배고픔이 없는 세상, 배고파 하는 이가 없는 세상 말야. 그리고 돌로 빵을 만드는 능력만 부린다면 너의 자비심은 무한대로 확장될 거고, 가난했던 너의 어린 시절 콤플렉스와도 영영 작별할 수 있어"라고 악마는 유혹한다.

사실 우리 인간에게 먹고사는 문제만큼 중차대하고 신성한 것이 또 있던가. 우리 모두가 살기 위해 태어난 존재이기에 우리를 당장 살게 하는 에너지를 공급하는 일은 숭고하다. 예수는 유혹하는 악마를 향해 "예수께서 대답하여 이르시되 기록되었으되 사람이 떡으로만 살 것이 아니요 하나님의 입으로부터 나오는 모든 말씀으로 살 것이라 하였느니라 하시니"(「마태복음」 4:4)라고 역설하지만, 그것은 여전히 반쪽짜리 진실이다. 자칫 사람의 빵보다 신의 말씀이 더 중요하다고 말하는 듯 보인다. 내 몸에 에너지가 공급되지 않는데 어찌 정신과 영혼의 활동이 있는가. 먹고살아서 숨을 쉬기에 신도 있고, 종교도 있고, 정신도 있는 것이다. 물론 예수도 이 사실을 누구보다 잘 알고 있다. 그러면서 그는 빵으로만 살 수 없으며, 신의 말씀으로 살아야 한다고 주장한다. 여기서도 현실과 이상의 갈등이 여지없이 표출되고 있다. 빵으로 대변되는 현실과 신의 말씀으로 대변되는 이상이 스파크를 일으키고 있다. 지금 예수의 내면에서 콤플렉스가 요동을 치고 있다.

2차전, "성전에서 뛰어내려라"

마귀는 1차전으로 그치지 않았다. 마귀의 목적은 예수를 무너뜨리는 것이다. '강한 자가 이기는 것이 아니라 이긴 자가 강하다'라는 문구를 마귀가 모를 리 없다. 보라, "이에 마귀가 예수를 거룩한 성으로 데려다가 성전 꼭대기에 세우고"(「마태복음」 4:5)라고 하질 않는가. 성전 꼭대기로 예수를 데려갔다. 2차전은 사뭇 스케일이 크다.

그런데 마귀가 데려간 곳이 바로 성전이다. 성전이 어디던가. 예수가 어릴 적 자신의 '아버지의 집'이라고 했던 곳이다. 일찌감치 예수가 신과의 동일시를 했음을 상징하던 곳이다. 그곳은 또한 예수가 공적 사역에 나설 때 깽판을 쳤던 곳이기도 하다. 복음서는 "노끈으로 채찍을 만드셔서, 양과 소와 함께 그들을 모두 성전에서 내쫓으시고, 돈을 바꾸어 주는 사람들의 돈을 쏟아 버리시고, 상을 둘러 엎으셨다"(「요한복음」 2:15)라고 예수의 행적을 기록하고 있다. 성전은 거룩한 유대교의 중심 장소이기도 하지만, 예수에게는 반항의 대상이기도 했다. 예수가 "독사의 자식들아, 화가 있을 것이다"라고 욕을 퍼부었던 사람들이 모두 성전을 중심으로 먹고사는 사람들이었다. 성전을 중심으로 권력을 누리고, 혜택을 누리던 사람들이었다. 예수에게 성전은 타도의 대상이기도 하면서, 한편으론 아버지의 집이기도 했다.

"이르되 네가 만일 하나님의 아들이어든 뛰어내리라 기록되었으되 그가 너를 위하여 그의 사자들을 명하시리니 그들이 손으로 너를 받들어 발이 돌에 부딪치지 않게 하리로다 하였느니라"(「마태복음」4:6)고 유혹한다. 생각만 해도 아주 멋있고 극적이다. 이 한 건만 성공한다면 예수가 추구하는 신의 나라가 앞당겨질 수도 있다. 이 한 건만 성공한다면 수많은 무리들이 그를 구세주로, 메시아로 인정할지도 모른다. 이 한 건만 성공한다면 예수가 신의 아들이라는 것을 아주 확실하게 입증하여 예수의 권위가 확실하게 올려질 수도 있다. 이 한 건만 성공한다면 그동안 예수에게 따라붙었던 '천한 나사렛 출신'이라는 꼬리표를 떼고, 새로운 위상으로 거듭날 수도 있다.

여기서 잠깐. 건물에서 뛰어내려도 멀쩡한 사람이 있다면 우리는 누군지 잘 알고 있다. 할리우드 영화에 나오는 슈퍼맨, 배트맨, 스파이더맨과 같은 영웅들이다. 그들은 하나같이 건물과 건물을 자유자재로 넘나든다. 옥상에서 떨어져도 다치는 법이 없다. 심지어 하늘을 맘껏 날아다닌다. 그들은 실패하기도 하지만, 궁극에 가서는 곤경에 빠진 인간들을 구해 낸다. 곤란에 처해 있는 인간들이 있는 곳이라면 그들은 어디든지 달려간다. 마치 자신의 일처럼 그 곤경을 해결해 낸다. 그러면서도 그 곤경에 빠트리는 존재—성서로 말하면 악마와 같은 존재—를 상대로 싸운다.

그런데 어쩌면 유치하기까지 한 이러한 영화들을 어린이가 아닌 어른들이 열광하는 이유는 뭘까. 사람들은 현실 세상에서 겪는 부조리함과 불공평들로 인해 매일같이 자기 한계 상황을 실감한다. 이럴 수도 저럴 수도 없는 세상 앞에 좌절하곤 한다. 자신의 꿈과 이상을 펼치기엔 너무 퍽퍽한 세상에 직면하곤 한다. 날개가 없어 날지도 못하는 자신을 한탄할 수 있다. 이때 어디선가 나타난 슈퍼맨은 자신들이 하고 싶은 일을 척척 해낸다. 느닷없이 나타난 스파이더맨은 못하는 일이 없다. 그래서 사람들은 영웅을 보며 환호한다. 대리 만족을 느낀다.

더군다나 그 영웅들의 매력은 평소의 모습이 자신들과 똑같다는 데 있다. 어떤 특수 복장을 하기 전에는 아주 평범한 사람들일 뿐이다. 이런 것을 보면서 사람들은 자신 안에도 그러한 슈퍼맨, 배트맨, 스파이더맨이 잠재하고 있다며 자위한다. 이러한 현상을 슈퍼맨 콤플렉스 또는 구세주 콤플렉스라고 한다. 자신들도 어떠한 복장을 하기만 하면 영웅들처럼 될 수 있다는 환상을 가지게 만든다. 사람들의 콤플렉스를 묘하게 승화시켜 공감대를 이끌어 낸 영화들이라 하겠다.

이 이야기는 예수에게도 여전히 유효하다. 부조리와 불공평이 판을 치는 현실에서의 탈출구를 신의 나라로 그는 설정하고 있다. 자신을 끊임없이 괴롭혔던 출신 성분이 더 이상 문제가 되지 않는 나라, 소외와 차별이 없는 나라에 대한 상상이 예수에게 있었다. 예수에게는 그 신의 나라가 슈퍼맨의 나라로 상상될 수도 있고, 배트맨의 나라로 상상될 수도 있다.

사실 악마가 예수를 유혹하면서 전제를 붙인다. "네가 만일 신의 아들이라면 그 정도는 충분히 할 수 있다"라고. 신의 아들이라면 신의 사자인 천사가 가만두지 않을 것이라고 말이다. 더 이상 가난한 목수 요셉의 아들이 아닌 신의 아들인 예수는 할 수 있다고 부추긴다. 어쨌든 곤경에 처한 사람을 구하려고 날개를 달고 나타나는 슈퍼맨과 곤경에 처한 예수를 구하려고 날개를 달고 나타나는 천사, 이 둘은 아주 묘하게 닮았다.

이에 예수의 대답 또한 참으로 묘하다. "예수께서 이르시되 또 기록되었으되 주 너의 하나님을 시험하지 말라 하였느니라 하시니"(「마태복음」 4:7)라고 한다. 지금 분명히 자신이 유혹받고 있는 상황인데도 신을 시험하지 말라고 호통을 치다니. 그것은 예수는 지금 신과 자신을 동일시하고 있다. 자신 속에 내재한 신의 권능이 있음을 악마에게 알리고 있다. 아니 사실은 자신을 무너뜨리려 하는 콤플렉스를 향해 자신속에 있는 또 다른 자신이라 할 수 있는 신의 불꽃을 내세우는 것이다. 이 신의 불꽃은 어쩌면 자신을 괴롭혔던 콤플렉스를 음식 삼아 예수의 내면에서 시나브로 커 왔던 생명일 수 있다. 말하자면 그 콤플렉스를 자양분으로 성장한 신의 나라의 씨앗일 수 있다. 예수는 지금 자신의 경험과 환경으로 인해 생성된 자신의 그림자를 신의 불꽃으로 퇴치하려고 하는 중이다.

3차전, "엎드려 경배하라"

마태는 마귀의 시험을 한 단계씩 수준을 높이고 있다. 이를 문학적 기법으로는 점층법이라고 한다. 땅에 있는 돌에서 성전으로, 성전에서 지극히 높은 산으로. 이것은 위치적으로도 그렇지만, 심리적으로도 그렇다. 경제의 유혹에서 종교의 유혹, 종교의 유혹에서 세계 권력의 유혹으로. 유혹하는 사람들의 특징은 처음부터 센 걸로 하지 않는다. 아주 기초적인 것부터 슬슬 유혹한다. 1차가 안 되면 2차로, 2차가 안 되면 3차로 단계를 높여 유혹하는 것은 세상 모든 유혹자들의 공통 수법이다.

이번엔 "마귀가 또 그를 데리고 지극히 높은 산으로 가서 천하만국과 그 영광을 보여"(「마태복음」 4:8)라는 시험을 준비한다. 이번에 상대할 시험은 '천하만국'이다. 이 또한 어린이용 만화영화나 〈슈퍼맨〉 같은 영화에서 자주 등장하는 소재다. 여기의 모든 악당들은 세계를 장악하려 하고, 모든 주인공들은 세계를 악의 손에서 지켜 내려 한다. 이것은 시대가 변하고 환경이 변해도 인간들의 공통 욕심은 비슷하다는 걸 보여 주는 것이리라. 모든 것이 자신의 뜻대로 되지 않아 힘들어하는 인간들이 세상을 자신의 맘대로 하고 싶은 환상의 표출이리라.

마귀는 속삭인다. "이르되 만일 내게 엎드려 경배하면 이 모든 것을 네게 주리라"(「마태복음」 4:9)고. 참으로 달콤하고 그럴싸하다. 사실 세상의 유혹이란 것이 달콤하지 않고 그럴싸하지 않은 게 있었던가. 그냥 고개만 숙이면 된다. 고개만 숙이면 되는데 그것도 못하는가. 고개만 숙이면 천하만국이 예수 자신의 것이 된다.

역사적으로도 이런 장면은 수없이 있었다. 박노자는 『박노자의 만감일기』에서 "명나라 초기의 군주 혜제를 섬겨 그에게 궁중 강의를 해 주었던 선비 방효유는 연왕이 황위를 찬탈하자 그의 즉위 조서를 쓰라는 명령을 거칠게 거부하며 찬탈자 연왕을 향해 '역적'이라는 소리를 질렀던 것으로 유명하다"[15]라고 방효유의 일화를 소개한다. 이 일화에 의하면 연왕은 "조서를 쓰지 않으면 9족을 멸하겠다"고 했고, 방효유는 "그래, 10족을 다 멸해도 안 쓰겠다"고 했다. 이에 방효유는 옥사했고, 제자와 친척 등을 포함해서 847명이 모두 죽임을 당했다. 박노자는

---

15) 박노자, 『박노자의 만감일기』(인물과사상사, 2008), 168쪽.

방효유의 행동이 내심 마음에 들지 않는다고 고백하고 있다. 정통 계승이냐, 찬탈이냐는 지배자들의 논리일 뿐, 평범한 농민들의 입장에선 둘 다 세금 거두는 자들일 뿐이라는 이유였다.

사실 예수가 지금 마귀에게 고개 숙이는 것은 악에게 고개 숙이는 것이며, 불의와 타협하는 것이라고 보는 것이 기독교의 일반적인 시각이다. 목숨을 잃을지언정 불의와는 절대 타협하지 않겠다는 투사들의 결연한 의지가 엿보인다. 하지만, 방효유의 사건을 조금 돌려서 생각한 박노자의 시각처럼 우리도 조금만 돌려 생각해 본다면 어떨까. 좋은 게 좋은 거라는 생각은 악의 생각이며, 배신자들의 전형이라고 생각하던 지난 시대가 반드시 옳았을까. 그런 시각으로 접근해 본다면 지금 예수는 악에 굴복하느냐 마느냐의 시험이라기보다는 자신 속에 있는 콤플렉스와의 충돌이라 볼 수 있는 것이다. 그것이 옳고 그름의 문제이거나 선과 악의 문제가 아니라는 이야기다.

어쨌든 지금 예수는 이러한 유혹의 중심에 서 있다. 세계 모든 나라를 보여 주면서 악마에게 절하고 경배하기만 하면 모든 것을 주겠다는 시험이다. 사실 예수에게는 아버지에 대한 반감으로 키워 온 권위와 권력에 대한 적개심이 있었다. 누구보다 주류 세력과 기득권 세력에 대해 반감을 가지고 반항하던 예수였다.

하지만 역으로 예수의 내면에는 오히려 그러한 세계에 대한 동경이 자리 잡고 있을 수 있다. 그런 세력에 끼어들지 못한 아쉬움이 있을 수 있다. 자신의 의지와는 상관없이 오로지 출신 성분 하나 때문에 꼬리표가 따라붙는 세상에 대한 적개심이 작용할 수 있다.

어떤 한 사람이 유난히도 강조하는 어떤 주장이 있다면, 그것은 사실 그 사람의 또 다른 한 부분일 가능성이 크다. 권위를 없애자고 강력히 주장하는 사람의 깊은 내면에는 권위의식이 깔려 있고, 권력을 타도하자고 강력히 주장하는 사람의 깊은 내면에는 권력욕이 똬리를 틀고 있다. 사람은 누구나 자신 내면의 어두운 부분을 환경에 투사하여 미워하고 싫어하게 마련이다. 유난히도 그것을 싫어하는 것은 유난히도 그것이 자신의 그림자와 닮았기 때문이다.

이런 콤플렉스의 세계를 잘 아는 악마는 예수에게 권력을 보장한다는 달콤한 거래를 제시한다. 예수가 이 부분으로부터 완전히 자유로운 사람이었다면 과연 악마가 이 카드를 들고 예수를 유혹했을까. 악마가 바보가 아닌 이상 말이다. 누구보다 영악한 악마는 예수가 평소 가진 주류 콤플렉스를 대놓고 건드렸다.

이에 예수는 단호하게 "주 너희 하나님께 경배하고 오직 그분만을 섬겨라"라고 말한다. 이것은 악마에게 단호하게 말한 것일 수도 있지만, 사실은 바로 예수 자신에게 한 말이다. 이제 겨우 자신의 콤플렉스를 극복하며 새로운 세상으로 나아가려 하는데, 마음속 깊은 곳에서 스멀스멀 기어 올라오는 욕구는 예수에게 또 다른 부담으로 작용했을 것이다. 예수가 간파한 이 세상은 온통 불의와 불공평이 판을 치는 세상이었고, 그래서 그는 정의와 공평이 충만한 신의 나라를 이 세상에서 추구했다. 이런 그가 이제 막 눈을 떠서 신의 나라로 한 걸음 진입하려고 하는 찰나 악마는 묘하게도 현실적이고 실리적인 대안을 예수에게 제시한다. 그것은 아마도 예수 내면의 속삭임이었으리라. 그것은 어쩌면 예수로선 거부할 수 없는 유혹이었으리라.

융 심리학의 권위자인 박종수 교수는 "사탄에게 경배하는 것은 심리학 관점에서 볼 때 자아가 그림자를 경배하는 것과 같다. 자아가 정신의 중심인 자기의 음성을 듣지 않고 그림자에 의해 지배될 때 자아는 불안정 상태가 된다. 그리고 콤플렉스의 희생양이 되어 불안한 삶을 영위하게 된다"[16]라고 이 현상을 설명했다. 그에 의하면 마귀에게 경배한다는 것은 실은 자신의 내면의 일이라는 것이며, 그것은 자아가 자신의 어두운 그림자에게 고개 숙여 귀의하는 행위라는 것이다. 그렇게 되면 콤플렉스의 희생양이 되어 불안한 삶을 영위하게 된다는 이야기다. 예수 입장에서 불안정 상태를 원하지 않는다면 마귀의 유혹을 거부해야만 했으리라.

어쨌든 이때도 예수의 처방은 "이에 예수께서 말씀하시되 사탄아 물러가라 기록되었으되 주 너의 하나님께 경배하고 다만 그를 섬기라 하였느니라"(「마태복음」 4:10)이다. 이것은 마귀에게 내린 처방을 넘어서 예수 자신에게 한 것이 분명하다. 자신이 추구하는 이상 세계의 주인인 신에게 주목하라고 자신을 채찍질하는 것이리라. 자신이 주군으로 떠받드는 분을 경배하고 섬기라고 자신의 콤플렉스에게 호되게 호통치고 있는 것이리라. 자칫 잘못하면 콤플렉스에 잠식되어 자신이 추구하는 세상을 놓칠 수 있다는 위기감을 단호한 자기 방어 행위로 물리치고 있다. 이때도 예수가 사용한 방어기제는 '동일시'였다. 신에게 경배하고 그를 섬기는 길만이 이런 콤플렉스로부터 해방되는 길이라고 자신을 다잡고 있는 것이다.

어쨌든 예수의 시험 사건을 심리적 사건이라고 말해 준 게리 윌스(Garry Wills)의 탁월한 설명을 들어보라.

그들은 요한에게 세례를 받고 난 이후에 예수가 겪었던 시험들을 묘

---

16) 박종수, 『융 심리학과 성서적 상담』(학지사, 2009).

사하고는 있지만, 서술 방식은 광야에서 마주친 사탄이라는 단 하나의 사건을 상징으로 삼아, 그가 사춘기와 청년기에 겪었던 정신적 탐구의 전 과정을 축약해 놓았음이 분명하다.[17]

---

17) 게리 윌스, 권혁 옮김, 『예수는 그렇게 말하지 않았다』(돋을새김, 2007), 47쪽.

6. 예수의 사역에서 나타난
콤플렉스 현상들

성전의 상을 뒤엎다

또 누구든지 나를 믿는 이 소자 중 하나를 실족케 하면 차라리 연자 맷돌을 그 목에 달리우고 바다에 던지움이 나으리라. 만일 네 손이 너를 범죄케 하거든 찍어 버리라. 불구자로 영생에 들어가는 것이 두 손을 가지고 지옥 꺼지지 않는 불에 들어가는 것보다 나으니라. 만일 네 발이 너를 범죄케 하거든 찍어 버리라. 절뚝발이로 영생에 들어가는 것이 두 발을 가지고 지옥에 던지우는 것보다 나으니라. 만일 네 눈이 너를 범죄케 하거든 빼어 버리라. 한 눈으로 하나님의 나라에 들어가는 것이 두 눈을 가지고 지옥에 던지우는 것보다 나으니라.(「마가복음」 9:42~47)

누군가가 바로 우리 옆에서 저러한 말을 거침없이 해 댔다면 그 사람을 어떻게 봐야 할까. 그의 말의 옳고 그름을 떠나서 저런 표현을 쓰는 사람의 심리 상태는 어떨 거 같은가. "맷돌을 목에 달고 바다에 빠져 죽으라, 손과 발을 찍어 버리라, 눈을 빼어 버리라"는 독설을 내뿜을 때 그는 조금도 분노하지 않았을까. 그가 조금도 분노하지 않았다면 오히려 더 무서운 사람이 아닐까. 이 말의 주인공에게 '성인'이니 '신의 아들'이니 하는 종교적 프리미엄을 주지 않고, 선입견 없이 이 말들을 있는 그대로 느껴 보라. 가슴이 떨리지 않은가.

두 얼굴의 예수

앞에서 그러한 독설을 내뱉었던 그가 입버릇처럼 '네 이웃을 네 몸과 같이 사랑하라'고 한 바로 그 사람이다. 그는 자신의 설교를 들으러 광야에 나온 민중들을 돌려보내면서, 가다가 배가 고플까 봐 한사코 기적을 베풀어 그들의 배를 불려 주던 사람이다. 그는 종교 지도자들에게 체포되어 죽을지 모르는 상황에서도 "유월절 전에 예수께서 자기가 세상을 떠나 아버지께로 돌아가실 때가 이른 줄 아시고 세상에 있는 자기 사람들을 사랑하시되 끝까지 사랑하시니라"(「요한복음」 13:1)던 사람이다. 그는 자신을 배신하고 떠나 버렸던 제자들을 부활한 후 일일이 찾아가서 위로하고 힘을 줬던 사람이다. 논리의 정당성을 떠나 그의 이런 이중 성향을 어떻게 보아야 할까.

"화평케 하는 자는 복이 있다"(「마태복음」 5:9)고 강조하던 그는 평화의 전도사처럼 보인다. 하지만 그는 얼마 가지 않아 같은 입으로 "내가 세상에 화평을 주려고 온 줄로 아느냐 내가 너희에게 이르노니 아니라 도리어 분쟁케 하려 함이로라. 이후부터 한 집에 다섯 사람이 있어 분쟁하되 셋이 둘과, 둘이 셋과 하리니, 아비가 아들과, 아들이 아비와, 어미가 딸과, 딸이 어미와, 시어미가 며느리와, 며느리가 시어미와 분쟁하리라 하시니라"(「누가복음」 12:51~53)고 강조한다.

"나는 이렇게 말한다. 앙갚음을 하지 말아라. 누가 오른뺨을 치거든 왼뺨마저 돌려대고, 또 재판에 걸어 속옷을 가지려고 하거든 겉옷까지도 내 주어라"(「마태복음」 5:39~40)며 제자들을 가르치던 그가 정작 자신에게 일이 닥치니 다르게 행동한다. 종교 지도자들에 의해 체포된 그에게 말이 공손하지 못하다며 한 경비병이 뺨을 때렸다. 그러자 그는 "내가 한 말에 잘못이 있다면 어디 대 보아라. 그러나 잘못이 없다면 어찌하여 나를 때리느냐"(「요한복음」 18:22~23)고 즉시 반항을 한다.

"네 원수를 사랑하며 너를 미워하는 자를 선하게 대하라"(「누가복음」 6:27)고 가르치던 사랑의 전도사가 정작 자신의 정적에겐 저주를 퍼붓는다. 외식하는 바리새인과 서기관들에게 그는 복음서 여러 군데서 "화 있을 것이다"라고 말하면서 "뱀들아 독사의 새끼들아 너희가 어떻게 지옥의 판결을 피하겠느냐"(「마태복음」 23:33)라고 욕설을 한다. 독사의 새끼란 당시 유대인들 사이에선 가장 심한 욕 중 하나로서 사탄의 자식이라는 표현이다.

이러한 예수의 모습들을 우리는 어떻게 받아들여야 할까. 기독교 안티들의 주장대로 예수를 사이코패스나 위선자로 보아야 할까. 아니면 기독교 복음주의자들의 주장대로 '나름대로 이유 있는 주님의 처사'라고 보아야 할까. 이러한 심리 상태를 심리학자들은 과연 뭐라고 할까.

성전에서 폭력을 휘두르다

예수가 만인 앞에서 화를 냈다. 뿐만 아니라 폭력을 행사했다. "예수께서 성전에 들어가사 성전 안에서 매매하는 모든 사람들을 내쫓으시며 돈 바꾸는 사람들의 상과 비둘기 파는 사람들의 의자를 둘러엎으시고"(「마태복음」 21:12)라는 구절이 이를 말해 준다. 예수의 이런 행위를 들어 '의분'이니 '정의로운 행위'니 하는 것은 종교적 또는 정치적 해석에 불과하다. 그것은 엄연히 폭력이며, 분노의 표출이다. 요즘 말로 말하면 기물 파손과 영업 방해에 해당하는 범죄 행위다.

사실 이 사건이 있기 전까지 당시 분위기는 좋았다. "나귀와 나귀 새끼를 끌고 와서 자기들의 겉옷을 그 위에 얹으매 예수께서 그 위에 타시니 무리의 대다수는 그들의 겉옷을 길에 펴고 다른 이들은 나뭇가지를 베어 길에 펴고 앞에서 가고 뒤에서 따르는 무리가 소리 높여 이르되 호산나 다윗의 자손이여 찬송하리로다. 주의 이름으로 오시는 이여 가장 높은 곳에서 호산나 하더라"(「마태복음」 21:7~9)라고 기록하고 있는 것처럼 잔치 분위기는 무르익은 듯 보였다. 이런 잔치 분위기는 "예수께서 예루살렘에 들어가시니 온 성이 소동하여 이르되 이는 누구냐 하거늘 무리가 이르되 갈릴리 나사렛에서 나온 선지자 예수라 하니라"(「마태복음」 21:10~11)는 구절로 클라이맥스를 연출한다. 민중들의 환호 장면은 예수에게 사실 벅찬 순간이다. 그동안, 선한 것이 나올 수 없을 거라던 나사렛 출신, 가난한 목수 요셉의 아들이라는 콤플렉스를 말끔히 씻고, 바야흐로 예수가 원하던 선지자의 시대가 도래하는 듯 보였다. 잠시나마 예수 특유의 평정심을 내려놓고, 그는 기분이 하늘을 날아갈 듯했으리라.

그런데 이런 그가 예수살렘에 도착하자마자 성전을 찾았다. 왜 무슨 이유로. 성전은 예수가 열두 살 때 자신의 아버지의 집이라고 말한 곳이다. 성전은 "내 집은 기도하는 집"(「마태복음」 21:13)이라고 말함으로써 자신의 아버지에게 기도하는 집이다. 그렇다면 예수는 자신의 아버지에게 기도하러 간 게 분명하다. 기도가 대화라면, 자신의 아버지에게 대화하러, 말하자면 조금 전 상황을 신에게 자랑하고 칭찬받으러 갔는지도 모른다. 나아가서 그런 성취를 일구어 내게 한 아버지 신에게 감사하러 갔을 것이다.

그러나 이게 웬 걸. 성전에 들어서자 염소 소리, 비둘기 소리, 양 소리 등이 진동하고, 염소 똥, 비둘기 똥, 양 똥 때문에 냄새가 진동한다. "날이면 날마다 오는 게 아니다"며 외치는 장사꾼의 목소리와 돈 바꾸는 시끄러운 소리는 또 어떻고. 이런 장면들을 쳐다보는 예수 입장에선 화날 만도 하지 않은가. 이제 겨우 민중들에게 인정받은 메시아로 우뚝 서나 싶었는데, 정작 자신의 메시아성을 정당하게 해 주는 '아버지 신'의 집이 예수의 표현대로 '강도의 소굴'이 되어 있다니. 조금은 흥분된 마음으로 신과 즐거운 대화를 나누려는 예수 앞에 펼쳐진 그림은 너무나도 화나게 하는 것이다. 흥분의 감정이 발산된 만큼 역으로 분노의 감정도 발산되었으리라. '잘해 보려고 해도 이놈의 세상 때문에 내가 돌아 버리고 말지'라는 심정이었을 게다.

성전, 유대인들의 콤플렉스의 집합소

성전, 그곳은 사실 유대인들의 애환과 콤플렉스가 동시에 존재하는 곳이다. 유대인들에게 성전이라 함은 예루살렘 성전 한 군데를 말한다. 그들이 예수살렘 성전에서 예배를 못할 때는 군데군데 '회당'이란 곳을 열어 예배를 했다. 다시 한 번 말하거니와 유대인들에게 성전이란 예루살렘 성전을 말하는 것이다.

그들이 그렇게 그곳에 대해 집착하는 이유가 있다. 다윗의 아들 솔로몬이 성전을 건축하기 전에는 법궤를 모신 성막이었다. 유대인들은 법궤를 곧 신의 대리물로 보았고, 성막을 신의 임재 장소로 믿었다. 그들이 가나안 땅에 정착하자, 고정된 건물로서의 성전을 갈구했다. 드디어 이스라엘의 국부인 다윗 왕이 아브라함이 아들 이삭을 제물로 바칠 제단을 쌓았던 곳으로 추측되는 모리아 산을 성전 장소로 지목했다. 그리고 그의 아들 솔로몬이 BC 957년에 제1성전을 완공했다. 이것은 단순히 집 하나를 지은 것이 아니다. 신의 인정을 받은 '영원한 이스라엘의 재건'을 의미했다. 자신들의 제국을 세우게 해 준 신이 자신들과 함께한다는 눈에 보이는 표식이었다. 그들은 성전을 지음으로써 세상의 중심에 우뚝 섰다고 믿었던 것이다.

하지만, 이 성전의 역사는 그리 영화롭지 못했다. 이 성전은 바빌로니아의 네부카드네자르(느부갓네살) 2세에게 수모를 당했는데, 그는 BC 604년과 BC 597년에 성전 보물들을 노략해 갔고, BC 586년 아브 달 9일에는 건물을 파괴해 버렸다. 바빌로니아 포로 기간 중 페르시아 아카이메니아 왕조의 창시자이자 바빌로니아 정복자인 키루스(고레스) 2세는 BC 538년 칙령을 내려 포로로 잡혀 온 유대인들이 예루살렘으로 돌아가 성전을 재건하도록 허락했다. 성전 재건 작업은 BC 515년에 끝났다.

그 이후 유대 왕이었던 헤롯 대왕(BC 73~BC 4년 재위)이 제2성전을 재건하기 시작하기도 했다. 재건 작업은 BC 20년에 시작하여 46년 동안 계속되었다. 66년에 시작된 로마에 대한 반란은 곧 성전을 중심으로 전개되었으며, 로마군은 70년 아브 달 9~10일에 성전을 무너뜨림으로써 반란을 효과적으로 진압했다.

그 후 유대인들과 이슬람교 간에 예루살렘 성전을 쟁탈하려는 투쟁의 역사의 중심이 되기도 했다. 두 종교는 서로 자신들의 성지와 성전이라고 주장했던 것이다. 역사는 11세기부터 13세기까지 감행된 중세

서유럽의 로마 가톨릭 국가들이 중동의 이슬람 국가에 대항하여 성지 예루살렘을 탈환하는 것을 목적으로 행해진 대규모의 군사 원정을 가리켜 십자군 전쟁이라고 한다. 제2성전 가운데 오늘날까지 남아 있는 부분은 오직 서쪽 벽—통곡의 벽—의 일부로서, 지금도 유대인들의 희망과 순례의 중심이 되고 있다. 691년 이슬람교도들이 세운 '바위 사원'과 '알-아크사 모스크(al-Aqṣā Mosque)'를 둘러싼 벽의 일부가 된 이 벽은 1967년부터 다시 유대인들이 관할하게 되었다. 유대인들의 마음속엔 성전은 이제 '통곡의 벽'으로 기억되고 있다.

이렇듯 유대인들에게 예루살렘 성전은 자신들이 신의 백성이라는 자부심을 일깨워 주는 장소인 동시에 그 성전으로 인해 수많은 고통을 당하는 아픔의 장소이기도 하다. 유대인들에게 예루살렘 성전만큼 양가감정을 가지게 하는 곳이 또 있을까.

이런 역사가 서려 있는 성전에서 지금 제물 장사꾼들이 장사를 하고, 돈을 바꾸며 난리법석이다. 신에게 기도를 하고, 제사를 지내는 신성한 곳이 말이다. 예수가 성전을 자신의 아버지의 집이라고 하지 않더라도, 지극히 상식적인 유대교인이라면 분노할 만한 장면이라 할 수 있다.

더군다나 예수가 화를 낸 것은 정치적 이유 때문이었다. 당시 종교 지도자들이 예루살렘 성전을 관리하고 감독하면서, 뒷돈을 받고 장사꾼들을 끌어들였다. 종교 지도자들에게 잘 보여야 성전에서 장사할 수 있었고, 좋은 장소에서 장사할 수 있었다. 종교 지도자들은 성전을 통해 권력과 재력을 동시에 거머쥐고 있었다. 종교 중심의 사회에서는 흔히 볼 수 있는 일이긴 하지만 말이다.

이런 그들을 향해 가뜩이나 분노를 품고 있던 예수였다. 사실 예수 자신의 출신 성분이 걸림돌이 된 데는, 태어날 때부터 기득권을 쥐고 있던 그들이 원흉이었다. 세상으로부터 거부를 당하여 권위 콤플렉스에 시달리던 예수에게 권위를 독점하는 그들은 적대심의 대상이었다. 더군다나 그들이 자신의 아버지 집인 성전을 매개체로 권력과 재력 등을 독점하는 것은 정말이지 화나는 일이었다.

예수의 폭력성의 근원

어쨌든 이 예수의 분노, 폭력성의 근원은 무엇일까. 『인간 예수』의 저자 잭 도미니언은 "클라인은 투사를 고통에 대한 첫 번째 반응으로 보았다. 투사는 우리가 일생 동안 겪는 수많은 고통스런 감정을 다스리기 위해 우리 모두가 가장 무의식적으로 반응하는 방식일 것이다. 우리에게 일어나는 불쾌한 일들을 통제하기 위해 다른 사람들, 나라들, 정부를 비난하는 것은 아주 흔한 일이다. 그러므로 클라인에 따르면, 우리의 공격성의 기원은 발달 단계 중 구강기에 있으며 배고픔과 연결된다. 배고픔의 만족을 지연시킬 수 있는 능력을 성숙함이라고 할 수 있듯이, 분노를 조절할 수 있는 것 또한 성숙함의 증거라고 할 수 있다. 그러나 분노를 조절하는 것이 모두 성숙의 증거는 아니며 그렇게 정당화할 수도 없다. 자기 방어를 위해 혹은 우리가 보호해야 할 가치나 원칙이 있을 때는 공격성이 정당화되기도 한다"며 그 원인을 설명했다. 그러면서 그는 곧 이어서 "예수 안에서도 공격성의 양상들을 볼 수 있는데 예를 들면 성전에서 환전상을 쫓아낼 때의 이야기에서 볼 수 있다. 이런 모습은 친절하고 부드러운 여성적인 예수의 모습과 오래전부터 비교되었다. 그러나 복음서에서 예수의 모습이 부드럽다는 인상을 줄 만한 증거는 없다. 실제로 성전 사건에서는 분노하는 예수를 보여 준다"[1]라고 예수의 공격성을 드러낸다.

도미니언은 계속해서 클라인의 주장을 바탕으로 "마침내 클라인은 젖가슴에서 젖을 먹을 때의 기본적인 포만-공허 체험으로부터 더 진전된 관점을 끌어냈다. 앞에서 보았듯이 그녀는 굶주림의 고통을 아기 입장에서의 공격적인 반응과 연결시켰다. 이러한 공격성은 다양한 양상을 띠지만, 아기는 소리쳐 울거나 앙앙거리며 우는 과정을 통해 배고픔의 벽을 극복하려고 시도함으로써 통제권 자이자 궁극적인 권한을 가진 엄마와의 싸움에서 이기려고 한다. 클라인은 엄마를 패배시키려는 이 욕망을 경쟁이라는 용어로 표현했다"[2]라며 예수의 폭력성, 나아가서 모든 사람들의 폭력성을 설명해 낸다. 그는 "클라인을 따르자면, 예수가 온전한 인간이었다면 그는 자신의 엄마를 향한 공격적인 감정을 가진 데 대해 죄의식을 경험했을 것이다"[3]라고 조심스레 주장을 내놓는다. 기독교 복음주의 입장에서 '인간 예수'를 다뤘던 잭 도미니언으로서는 어쩌면 파격적인 주장이었으리라.

예수의 분노, 심리학적으로 들여다보니

이쯤하고 우리가 한 가지 확실하게 해 두고 넘어가야 할 게 있다. 분노는 나쁜 것인가 하는 문제이다. 에리히 프롬은 "파괴적 경향에는 어떤 특수한 상황에서 일어난 것이 있는데, 즉 자기 자신이나 다른 사람들의 생명과 완전성에 대하여 그리고 자기와 일체화되고 있는 사상에 대하여 공격이 가해졌을 때 그것에 대한 반발

---

1) 잭 도미니언, 앞의 책, 57~58쪽.
2) 위 책, 62쪽.
3) 위 책, 64쪽.

로써 일어나는 것이 그중 하나다. 이런 종류의 파괴적 경향은 생명을 유지하기 위한 자연적·필연적인 부수물이다"[4]라고 역설했다. 곧 사람이 자신의 생명을 유지하기 위해서 필연적으로 하는 행위란다.

프롬에 따르면 "살아가려는 충동과 파괴하려는 충동은 서로 독립된 요인이 아니라 상호 반대의 입장에서 의존하고 있다. 살아가고자 하는 충동이 방해되면 될수록 파괴하려는 충동도 그만큼 약화된다. '파괴적 경향은 이 이상 살아갈 수 없다는 생명의 폭발로써 생겨나는 것이다.' 생명을 억압하는 이런 개인적·사회적 조건들은 파괴하려는 열정을 낳게 되며, 정열은 말하자면 하나의 저수지 모양으로 되어 특수한 적대적 경향을 조장시킨다"[5]는 것이다. 분노하는 충동은 살아가려는 충동의 다른 표현이라는 이야기다.

융 심리학 전문가 박종수 교수는 『융 심리학과 성서적 상담』에서 "복수 감정은 인간의 분노(화)에서 출발한다. 분노는 일단 자신이 부당하게 피해를 보았거나 상처를 입었다고 느낄 때 발생하는 자연스러운 정동이다"라며 분노가 인간의 자연스러운 정동임을 역설했다. 그는 나아가서 "분노를 외부에 표출하지 못하는 사람은 대체로 자존감을 상실한 자아의 모습을 드러낸다"며 분노를 어떤 식으로든 표출하지 못하는 사람은 건강하지 못하다고 말하고 있다.

이런 분노의 감정을 좀 더 자세하게 심리학적으로 설명해 보자. "분노는 두 가지 위협으로부터 우리 자신을 보호해 주는 방어기제로 작용한다. 첫 번째, 분노는 압박감, 욕구, 타인으로부터의 위협 등을 쫓아

---

4) 에리히 프롬, 『자유에서의 도피』, 217쪽.
5) 위 책, 221쪽.

버리는 역할을 한다. 분노는 반격을 할 수 있도록 용기를 북돋워 준다. 분노는 또한 내부로터의 위협, 즉 부끄러움 등의 감정, 고통, 공포 및 당신을 질식시킬 만한 죄의식 등으로부터 자신을 보호하는 역할도 한다"[6]라고 매튜 맥케이(Matthew Mckay)는 설명한다. 맥케이는 "분노는 정서적인 고통을 숨긴다. 분노는 두려움, 상실, 죄책감, 그리고 거절감이나 실패감에 대한 좋은 방어 수단이다. 이는 자각으로부터 생겨나는 대부분의 감정을 차단시킴으로써 고통스러운 감정 위에 단단한 덮개를 씌운다"[7]라고 주장한다.

맥케이의 주장과 에리히 프롬의 주장은 상당 부분 일치한다. 사람이 분노를 표출하는 것은 자신을 보호하고 살리고자 자신을 방어하는 방어기제의 일종인 것이다. 프롬의 주장에 의하면 '파괴적 성향은 생명의 폭발인 것'이다.

맥케이는 이어서 "분노의 한 가지 기능은 정서적인 고통을 감추고 대처하는 것이다. 분노는 수치심, 두려움, 혹은 상처와 같은 감정들의 자각을 방해하는 경향이 있다. 이것은 당신의 정서를 조망하는 데 상당 부분 시야를 가리는 커다란 돌덩어리와 같다. 만일 분노가 어떠한 분노유발 상황을 제압하고 있는 상황이라면 이것은 종종 분노가 굉장히 강화되었다는 것을 의미한다. 왜냐하면 분노는 당신이 직면하고 싶어 하지 않는 다른 감정들로부터 당신을 지켜 주기 때문이다"[8]라며 분노의 기능을 설명하기에 이른다.

---

6) 매튜 맥케이, 박애선 옮김, 『자신의 분노를 이기는 방법』(시그마프레스, 2004), 204쪽.

7) 위 책, 22쪽.

8) 위 책, 23쪽.

또한 그는 "분노는 두 단계의 과정을 거친다. 먼저 고통을 경험하면서 시작된다. 고통은 복통이나 피로, 거절 받은 느낌 혹은 상실과 같은 신체적 혹은 정서적인 것일 수 있다. 고통은 당신의 욕구를 좌절시키거나 안전을 위협하는 어떤 것이 될 수 있다. 어떤 특정한 종류의 고통은 문제가 되지 않는다. 중요한 것은 고통은 말 그대로 유쾌하지 않은 것이며 당신이 종결짓고 싶어 하는 것이다. 두 번째 분노 반응을 구성하는 것은 촉발 사고들이다. 해석, 가정, 그리고 당신으로 하여금 배신감을 느끼게 하고 고의적으로 타인에 의해서 해를 입는다고 느끼도록 하는 상황에 대한 평가들이 이에 해당한다. 촉발 사고는 당신이 받아 왔던 고통스러운 경험에 대해 다른 사람들을 비난하거나 그들의 탓으로 돌린다. 당신을 정서적 혹은 고통이 분노를 부추기는 연료라고 생각할 수도 있다. 정서적·신체적 고통은 가스통이고 당신의 촉발적 사고는 성냥이다. 분노의 구성 요소는 그 한 가지만으로는 해가 되지 않는다. 고통 그 자체가 분노를 부추기지는 않으므로 고통이 없는 촉발 사고는 불씨 없는 성냥개비와 같다. 고통에 촉발 사고를 더하면 분노라는 공식이 성립된다. 이것은 간단한 공식이다"이라고 분노의 과정을 세밀하게 설명한다.

맥케이가 보여 주는 분노의 과정의 한 예로서 "두통이 있는데 14세 된 딸아이가 술자리가 마련되어 있는 파티에 가자고 조른다고 상상해 보자. 딸아이는 계속 졸라 대고 당신의 머리는 계속 둥둥 울려 댄다. 딸아이의 졸라 댐과 머리의 통증이 화를 낼 만큼 충분하지는 않다. 당신은 도화선, 즉 딸아이는 당신이 얼마나 피곤한가에 대해 전혀 신경 쓰지 않는다는 촉발 사고가 필요하다. 이제 분노에 불이 붙었다. 당신은 상처를 받았고 비난할 대상이 있다. 당신은 누가 당신의 고통에 책임이 있는지를 결정했다. 입에서 큰 소리로 공격적인 말이 튀어나온다. 딸아이는 당신이 미쳤다는 듯 쳐다보지만, 실제로 이것은 단지 연료와 성냥을 동시에 붙인 결과일 뿐이다"[9]를 들었다.

예수는 이래서 분노했다

우리는 맥케이의 창을 통해 예수가 왜 그토록 분노를 했는지를 유추해 낼 수 있다. 군중들이 예수를 메시아로 떠받들 때 예수는 좋으면서도 불안했다. 이런 군중들의 행위를 바라보는 종교 지도자들은 예수 자신을 제거 대상으로 몰아갈 거라는 걸 예수는 잘 알고 있었다. 어쩌면 군중들의 환호 소리만큼 예수의 위기는 다가오고 있었는지도 모른다. 그렇게 기쁨과 불안함의 양가감정을 안고 성전에 들어섰을 때, 예수의 눈에 비친 성전 풍경은 '도대체 이것들이 제정신인가' 라는 마음으로 욱해 버렸을 수 있다. 한 푼이라도 더 벌어보겠다고 아등바등하는 서민들, 분명히 뒷거래인 줄 알면서도 비굴하게 머리 숙이고 뒷돈 줘서 장사하는 나약한 서민들을 바라보면서 가난하고 억눌렸던 자신의 과거가 생각났으리라. 가난해서 고생하던 목수 아버지 요셉의 고통과 남성 위주의 사회에서 소외당하며 살았던 어머니 마리아의 눈물이 겹쳐졌으리라.

무엇보다도 아버지를 제대로 이해해 주지도 못하고 신을 자신의 아버지라고 여기며 도피했던 부끄러운 자신, 연약한 어머니를 당시 가부장적 사회로부터 지켜 내지 못했다는 죄책감의 모습이 그 순간 확 올라

---

9) 위 책, 27쪽.

왔으리라. 사실 그 순간 용서할 수 없었던 것은 종교 지도자들도 군중들도 아닌 바로 예수 자신이었던 것이다. 사람들이 분노를 하는 것은 여전히 자기 자신과 화해하지 못한 증거인 것이다. 다만 예수는 그 타오르는 분노와 연민의 정과 죄책감으로부터 자신을 지켜 내기 위해 채찍질을 하고 상을 둘러엎고 사람들을 쫓아낸 것이다.

성전에서 장사를 하고 돈을 바꾸던 사람들은, 예수의 방어기제로서 하나의 좋은 구실이 된 셈이었다. 안 그래도 군중의 막무가내 환호가 불안했다. 성전에서 평소 장사하는 모습을 한두 번 본 것도 아닌 예수였지만, 이날따라 눈에 확 거슬렸던 것은 예수의 감정 곡선이 올라가 있었기 때문이다. 이때 가장 고조된 기분 밑에 깔려 있었던 불안감은 튀어 나온다. 그 순간에 예수의 묵은 감정들, 즉 죄책감과 억눌림과 연민의 감정들이 함께 튀어 나온다. 그러면서 예수는 "보아라. 저들이 성전을 강도의 소굴로 만든다. 성전이 우리의 기도하는 집이 아닌가. 저들의 행위는 비난받아야 마땅하고, 그에 대해 내가 분노하는 것은 당연하다"라는 방어기제가 작용한 것이다.

예수는 그 분노가 덜 풀렸는지 그 다음 날 이른 아침 성전에 들어오면서 "길가에서 한 무화과나무를 보시고 그리로 가사 잎사귀밖에 아무것도 찾지 못하시고 나무에게 이르시되 이제부터 영원토록 네가 열매를 맺지 못하리라 하시니 무화과나무가 곧 마른지라"(「마태복음」 21:19)는 분노를 또 한 번 표출한다. 예수에게 성전은 그만큼 묵직한 콤플렉스가 서려 있는 곳이다.

안식일 규범을 어기다

예수의 제자들도 어지간히 눈치가 없다. 자신의 스승 예수가 정적들로부터 궁지에 몰릴지도 모르는데도 "그때에 예수께서 안식일에 밀밭사이로 가실 새 제자들이 시장하여 이삭을 잘라 먹으니"(「마태복음」 12:1)라는 행동을 해 댄다. 예수야 안식일 규범을 어겨도 분명한 의도를 가지고 하는 행동이지만, 제자들은 아니질 않는가. 당장 예수의 정적들로부터 "바리새인들이 보고 예수께 말하되 보시오 당신의 제자들이 안식일에 하지 못할 일을 하나이다"(「마태복음」 12:2)라는 클레임이 들어온다.

그러니 예수가 또 자신의 사람들을 "예수께서 이르시되 다윗이 자기와 그 함께한 자들이 시장할 때에 한 일을 읽지 못하였느냐. 그가 하나님의 전에 들어가서 제사장 외에는 자기나 그 함께한 자들이 먹어서는 안 되는 진설병을 먹지 아니하였느냐. 또 안식일에 제사장들이 성전 안에서 안식을 범하여도 죄가 없음을 너희가 율법에서 읽지 못하였느냐. 내가 너희에게 이르노니 성전보다 더 큰 이가 여기 있느니라. 나는 자비를 원하고 제사를 원하지 아니하노라 하신 뜻을 너희가 알았더라면 무죄한 자를 정죄하지 아니하였으리라. 인자는 안식일의 주인이니라 하시니라"(「마태복음」 12:3~8)라는 말로 변호할 수밖에. 정적들의 짧은 태클에 저렇게 긴 말로 변명해야 하는 예수의 심정을 제자들도 알아줄 수는 없었을까. 웬만한 사람 같으면 제자들을 향해 "어째 너희들은 도움이 안 돼요, 안 돼"라고 말할 법도 하다. 사실 예수가 이렇게 긴 말로 정성스럽게 제자들을 변호하는 이유가 있다.

안식일은 금단의 열매

　　　　　　　유대인들에게 안식일 엄수는 생명과도 같은 것이다. 유대인들에게 시간의 금단의 열매는 안식일이었고, 장소의 금단의 열매는 성전이었다. 자신이 유대인이라는 표식의 핵심은 바로 이 둘을 준수하는 데 있다. 특히 안식일을 준수하지 않는 것은 유대 사회로부터의 매장을 뜻했다. 반영억 신부는 평일 강론에서 "안식일 규정은 유다교의 가장 중요한 준수 사항 중 하나인데, 안식일 규정을 지키는 것은 유다인임을 확인하여 주고 이방인과 구별해 주며, 규정을 어기는 것은 심지어 사형의 죄목이기도 합니다"[10]라고 역설했다.

　유대인들이 얼마나 지독하게 그것을 준수하려 했느냐면 전쟁에서도 적을 코앞에 두고 전투를 하느냐 마느냐를 고민할 정도였다. 유대 역사서 중 하나인 『마카베오』에 "광야에 자리 잡았던 유대인들은 안식일을 더럽히지 않겠다는 굳은 각오로 적국의 칼에 쓰러져 간 반면, 산악 지역에 자리 잡고 있던 마타티아스와 동료들은 안식일이라 해도 공격해 오는 적군에 맞서 대항하는 것이 정당하다고 결의하였다. 광야의 유대인들은 안식일에 '어떤 일도 해서는 안 된다'(「신명기」 5:14)는 십계명의 말씀을 글자 그대로 실천하였다"[11]는 쌩쌩한 기록이 나온다.

　유대인들은 안식일에 일하지 않기 위하여 다음과 같은 39가지 금지 사항을 갖고 있었다. 안식일의 뜻 자체가 히브리어로 'Shabbat' — '중지하다' 또는 '그만두다' —이니만큼 모든 것이 금지 조항으로 되어 있다. 그들의 법전인 『미쉬나』(shabbat 7:2)에는 1) 바느질 2) (밭을) 가는

---

10) 반영억, 『사랑합니다』(성바오로, 2009), 102쪽.
11) 김정훈, 『역사서』(바오로딸, 2007), 355쪽.

일 3) 농작물을 거두어들이는 일 4) 곡식 단 묶는 일 5) 타작 6) 곡식 등을 까부는 일 7) 곡식이나 거두어들인 것들 가운데서 좋은 것과 버릴 것을 고르는 일 8) 곡식 등을 가는 일 9) 체질 10) 반죽 11) 빵을 굽는 일 12) 양털 깎는 일 13) 그것을 빠는 일 14) 그것을 치는 일 15) 그것에 물들이는 일 16) 실을 잣는 일 17) (실 따위를) 엮는 일 18) 두 개의 고리를 만드는 일 19) 두 개의 실을 엮는 일 20) 두 개의 실을 푸는 일 21) 묶는 일 22) 푸는 일 23) 두 조각을 꿰매는 일 24) 두 조각을 꿰매기 위해 찢는 일 25) 사슴을 덫으로 잡는 일 26) 그것을 도살하는 일 27) 사슴의 거죽을 벗기는 일 28) 그것에 소금을 치는 일 29) 그 가죽을 가공하는 일 30) 그것을 반반하게 만드는 일 31) 그것을 자르는 일 32) 두 글자를 쓰는 일 33) 두 글자를 쓰기 위해 두 글자를 지우는 일 34) (건물을) 짓는 일 35) 그것을 부수는 일 36) 불을 끄는 일 37) 불을 켜는 일 38) 망치질 39) 물건을 한 곳에서 다른 곳으로 옮기는 일 등 금기 조항이 나와 있다.

이 39개 조항 외에도 엣세네파들은 마실 물을 길어다 항아리에 붓는 것, 무엇을 집에서 밖으로 내가거나 밖에서 집으로 들여오는 것, 닫힌 항아리를 여는 것, 새끼를 낳는 짐승을 도와주는 것, 집안 청소, 아이를 안거나 업어 주는 것도 금했다. 심지어 걷는 것도 금하고는 안식일에는 몇 킬로미터까지는 걸을 수 없다는 조항을 넣기도 했다. 이러한 안식일 조항은 후대에 내려갈수록 많아지고, 그 조항들을 해석하는 법령집도 많아졌다. 세상에 어떠한 법이라도 한 번 생기면 갈수록 규정이 복잡해지고, 해설도 천차만별이 되기 마련이다. 유대교의 여러 종파들은 결국 이런 법령의 해석의 차이로 생기게 된 것이다. 율법을 가르치는 율법 선생, 율법을 기록하는 서기관, 율법을 엄격하게 지키며 전수하던 바리새인 등 율법 때문에 먹고사는 사람도 많아졌다.

이런 종교적 전통은 미국에서도 있었다. 1781년 코네티컷 주 뉴헤이번에서는 엄격한 안식일 규정을 법령으로 정하여 지키도록 했다. 이 법을 '안식일 엄수법'이라고 한다. 이 법은 일요일에 일상적인 일뿐만 아니라 구매 행위, 판매 행위, 여행, 공개적인 오락, 운동 시합 등을 금지했다. 45개항의 '안식일 엄수법' 중에서 눈에 띄는 다른 조항으로는 "재판관은 배심원 없이 논쟁을 해결해야 한다. 기혼자들은 함께 살아야 한다. 그렇지 않으면 구속된다. 아내는 남편에게 순결해야 한다. 도시행정위원은 교육받지 못하고 방치되어 있는 어린이들을 발견하는 즉시 부모로부터 격리시킬 수 있으며 부모의 비용으로 좀 더 나은 보호를 해도 좋다" 등이다. 식민지 시대 미국에서는 어디에서나 어느 정도 이와 유사한 법률이 존재했으며 대체로 미국 독립전쟁 이후 사라졌다. 그러나 1980년대 말까지도 이 안식일 엄수법의 정신은 몇몇 주의 법률에 남아 있었으며, 지금도 일요일의 공공 행사가 규제되는 곳은 그 영향력이 발휘되고 있다고 볼 수 있다.

사실 내가 어렸을 적 교회에서도 일요일에 TV 시청 안 하기, 제일 깨끗하고 좋은 옷 입고 교회 가기, 일체의 구매 행위 하지 않기, 병원 가지 않기, 멀리 걷지 않기, 오락 행위와 농담 삼가기 등의 규범을 따르기도 했다. 지금도 상당수의 교인들이 이 규범을 따르려고 애쓰고 있다.

예수의 불복종 운동

예수가 다른 것에선 비교적 자유로웠지만, 안식일 문제만큼은 신중할 수밖에 없는 이유를 우리는 알았다. 아무리 예수의 복음이 위대하고 행적이 대단하다 해도, 역시 자신의 세계를 펼칠 곳은 유대 사회였다. 안식일 문제는 잘못 건드리면 유대 사회에서 설 자리를 잃어버릴 만큼 위험한 뇌관이었다. 유대 사회에서 최고의 금단의 열매였다.

하지만, 예수는 그것을 건드렸다. 어떤 면에선 노골적이고 공개적으로 건드렸다. 예수는 몰래 안식일을 범하는 법이 없었다. 거의 모든 안식일 범법 행위가 공개적으로 이루어졌다.

물론 예수는 막무가내로 어기지는 않았다. 나름 타당한 논리는 있었다. 생명의 위협이 있는 경우에는 안식일 규례들을 범하는 것이 용납(『미쉬나』, Yoma 8:6)된다는 것을 예수는 알고 있었다. 예수가 안식일에 손 마른 사람을 치유했던 것이 문제가 된 일이 있었다(「마태복음」 12:9~14, 「마가복음」 3:1~6, 「누가복음」 6:6~8). 『미쉬나』에 따르면 안식일에 사람을 고쳐 주는 것은 원칙적으로 금지되었다. 다만 그 사람의 생명이 위험하거나 아니면 긴급한 치료를 요하는 경우에는 그를 치료할 수가 있었다. 다만, 예수의 경우에는 환자—손 마른 사람—가 생명의 위협을 느끼거나 긴급한 치료를 요하는 사람은 아니었다. 그는 다음 날까지 기다렸다 치료를 받아도 괜찮은 사람이었다. 그럼에도 그를 안식일에 고쳐 줌으로써 예수는 바리새인들의 비난을 자처했다.

밀밭 사이로 지나가며 밀을 잘라 먹던 제자들. 그들을 변호하던 예수의 논리도 재고의 여지가 있다. 예수는 그들의 국부인 다윗 왕과 제사장들이 성전에서 안식일에 떡을 먹었던 선례를 들었다. 자신을 일러 "성전보다 큰 이가 여기 있다"고 말했다. 예수 자신이 성전이므로, 성전에서 먹는 것은 문제가 되지 않는다는 논리다. 실제로 예수는 자신을 일러 "그러나 예수는 성전 된 자기 육체를 가리켜 말씀하신 것이라"(「요한복음」 2:21)고 했다. 자신이 곧 성전이라는 이야기를 심심찮게 하고 다녔다. 예수는 성전과 자신을 동일시했다. 마치 신을 자신과 동일시한 것처럼. 그래서 결론을 내린다. 인자는 안식일의 주인이라고. 예수 자신이 안식일의 주인이라고 선포하는 것이다. 당시 율법 사회에서 있을 수 없는 발언이다. 마치 조선 시대에 한 농민이 나타나 "내가 곧 반상―양반과 상놈의 구분―의 주인이니라"고 선언하는 것과 같다.

예수의 행동은 분명 금기 사항에 대한 도전 행위이며, 불복종이다. 권위 사회의 중심 윤리는 언제나 복종이다. 권위 사회에서 복종은 선이며, 불복종은 악이다. 에리히 프롬도 "대부분의 역사에서 복종은 선과, 그리고 불복종은 악과 동일시해 왔다. 그것은 인류 대부분의 역사에 걸쳐 소수가 다수를 지배해 왔기 때문이다. 오직 소수만이 생의 좋은 것들을 독차지했고, 다수에게는 오직 그 찌꺼기만이 주어졌기 때문에 필연적으로 이 같은 지배가 이루어졌다. 소수가 좋은 것들을 즐기고 나아가 다수가 소수를 위해 봉사하고 일하도록 하기 위해서는 하나의 조건이 충족되어야만 한다. 즉 다수가 복종하는 것을 배워야 한다는 것이다"[12]라고 강조했다. 복종이 강조되는 사회는 언제나 권위주의적이며, 그런 사회는 항상 권위를 독점하는 소수가 있었고, 복종을 강요받는 다수가 있었다.

무엇보다도 종교적인 사회일수록 언제나 복종은 최대의 미덕이었다. 프롬은 "무엇보다 기독교의 가르침에서는 아담의 불복종은 그와 그의 자손을 근본적으로 타락시킨 행위로서, 오직 하나님의 특별한 자비에 의해서만 구원받을 수 있는 것으로 해석하고 있다. 물론 이러한

---

12) 에리히 프롬, 『불복종에 관하여』, 20쪽.

생각은 불복종이 죄가 된다고 가르침으로써 통치자들의 권력을 지지해 주는 교회의 사회적 기능에 따른 것이다"[13]라고 일갈했다. 불복종은 죄악의 근원이며, 타락의 시발점이며, 원죄의 시작이라고 기독교는 가르친다. 그렇게 가르치는 이유는 불복종한 인간은 교회에 복종함으로써 구원을 얻는다는 교리에 민중들을 길들이기 위해서였다.

예수 당시 유대 사회도 별반 다르지 않았다. 모든 종교 시스템은 율법의 준수로 초점이 맞춰졌다. 율법을 준수함으로써 비로소 신의 백성으로, 유대인으로 인정받았다. 특히 안식일 준수는 절대로 어겨서는 안 되는 금단의 열매였다. 이런 율법이 강조되는 이유는 분명했다. 겉으로 보기엔 하늘의 백성으로서 지켜야 할 신성한 의무로서 자리 잡는 듯했지만, 실상은 율법으로 먹고사는 사람들과 율법으로 권력을 누리는 사람들의 기득권 유지가 핵심이었다.

한 사회가 어느 정도 자리를 잡아 가면 상층부와 중층부, 그리고 하층부가 고정화되게 마련이다. 이때 상층부는 자신의 기득권을 유지할 명분을 어떤 수를 써서라도 확보하려 한다. 중층부는 할 수만 있으면 역전을 시도하지만, 좀처럼 쉽지는 않다. 절대 다수를 차지하는 하층부는 그 명분에 길들여져서 당연한 것처럼 받아들이고, 나아가서는 신성하게 받아들인다. 이런 식으로 한 사회는 유지, 발전된다. 예나 지금이나 이 원리는 변함이 없다.

이런 유대 사회를 향해 지금 예수는 '아니오'라고 외치고 있는 중이다. 프롬은 "한 인간은 권력에 대해 '아니오'라고 말하는 것을 배움으

---

13) 위 책, 30쪽.

로써, 즉 불복종의 행위를 통해 자유로워질 수 있다. 그러나 불복종이 자유를 위한 조건인 동시에 자유 또한 불복종을 위한 조건이다. 만약 자유를 두려워한다면 감히 '아니오'라고 말할 수 없을뿐더러 불복종할 용기도 가질 수 없게 된다. 사실 자유와 불복종의 능력은 불가분의 관계이다. 따라서 자유를 외치는 어떠한 사회적·정치적·종교적 체제도 불복종을 허락하지 않는 경우에는 결단코 진리를 말할 수 없다"[14]라고 말하면서 불복종과 자유는 둘이 아님을 역설했다.

사실 예수는 성서상의 원 조상 아담의 자유 행위를 따랐을 뿐이다. "원죄는 인간을 타락시킨 것이 아니라 인간을 자유롭게 했다. 그것은 바로 역사의 시작이었다. 인간은 자신의 힘으로 살아가고, 또 완전한 인간이 되는 것을 배우기 위하여 에덴동산을 떠나야만 했다"[15]라는 프롬의 지적이 그것을 말해 준다. 기독교에선 아담의 불복종을 '원죄'라고 말하지만, 심리학에선 '자유'라고 표현한다. 같은 사건을 두고도 해석의 차이는 얼마나 하늘과 땅인가.

안식일 준수는 종교 중독 현상

예수는 왜 그토록 안식일을 어겨 가며, 당시의 교권에 도전했을까. 예수는 안식일 준수를 우상숭배로 간파했던 것 같다. 마크 W. 베이커(Mark W. Baker)는 그의 책 『심리학자 예수』에서 "하나님과 관계를 맺는 대신 돈, 술, 마약 같은 사물과 관계를 맺는 사람이 있다. 이것이 바로 예수가 말한 우상숭배이다. 살아남기 위

---

14) 위 책, 20쪽.
15) 위 책, 14쪽.

해 다른 사람과의 관계에 의지하지 않고 사물에 의존하는 것이다. 사랑의 대용품. 곧 성경의 우상숭배 문제는 중독의 문제이다. 채워지지 않는 사랑에 대한 갈증을 잊기 위해 물질에 의지하는 것은 일시적으로 효과가 있을지 모르지만 물질을 소유함으로 얻는 행복은 우리에게는 좀 더 의미 있는 것이 필요하다는 사실을 잊게 만들며, 금방 다시 공허감과 갈증을 느끼게 만든다"라고 주장했다.[16]

베이커는 그러한 현상을 탁월하게 한마디로 정의했다. 바로 '종교 중독'이다. "종교 중독, 그의 신앙이 우상숭배인 것은 그가 신앙을 통해 하나님과 다른 사람들과 교제하는 대신 자신의 괴로운 감정을 숨기는 데 종교를 이용했기 때문이다. 성경 지식을 내보이고 칭찬받음, 결국 자기 제자 만들기. 종교적 율법과 의식이 현실보다 더 중요하다는 환상을 심어 줄 때 그것은 하나의 우상숭배가 된다. 그것은 신앙이 아니라 중독일 뿐이다"라고 통찰했다. 그의 통찰은 탁월했다. 이 세상에 얼마나 많은 종교 중독자들이 있는가. 종교라는 이름으로, 신앙이라는 이름으로 종교 중독은 자행되고 있다. 하지만, "중독된 사람은 자신에게 아무 문제가 없다는 것을 납득시키기 위해 무수히 노력하며, 자신은 중독자가 아니라 단지 인생을 즐길 뿐이라고 말한다. 하지만 사실 그들은 힘든 시간을 피하기 위해 그것을 이용하고 있는 것이다"라며 중독자들의 특성을 베이커는 꼬집었다.

안식일 준수가 처음엔 나름 선한 뜻으로 시작되었으리라. 오로지 한 날을 신께 드림으로 몸과 마음을 정결하게 한다는 의식이었다. 유대인

---

16) 마크 W. 베이커, 이창식 옮김, 『심리학자 예수』(세종서적, 2002).

들은 이날을 지킴으로써 실제로 자신들을 되돌아보았다. 유대인들이 바벨론 포로 시절부터 그 이후 디아스포라—세계 각국에 흩어져 사는 유대인들—시절까지 그들의 국가적 정체성을 잃어버리지 않고 살아 남은 것은 순전히 안식일 준수 덕분이었다.

하지만 모든 일엔 양면이 있는 법. 안식일 준수를 비롯한 율법 준수는 본래의 취지를 벗어나 법 준수 자체에 절대성이 부여되었다. 더군다나 지키지 못하는 사람들에게 가혹할 만큼 형벌이 주어졌다. 자신들을 살리려고 만든 율법이 자신들을 옥죄는 율법으로 자리 잡아 가고 있었다. "또 이르시되 안식일이 사람을 위하여 있는 것이요 사람이 안식일을 위하여 있는 것이 아니니"(「마가복음」 2:27)라는 예수의 말대로 안식일이 사람을 위해 있는 것이 아니라 사람이 안식일을 위해 있었다. 한마디로 율법 준수가 우상숭배로, 종교 중독으로 자리 잡게 되었다.

우상숭배를 하는 사람들의 심리 상태를 프롬은 잘 통찰해 준다. "우상숭배, 신에 대한 맹목적인 숭배, 남녀 간의 맹목적인 사랑, 정치 지도자나 국가에 대한 숭배, 그리고 비이성적 열정이 구체화된 맹목적인 숭배 등 모든 현상에 공통되는 것은 소외의 과정이다. 인간이 자신의 힘과 풍요함의 적극적인 소유자로서의 스스로를 체험하지 못하고 자기 생명 있는 실체를 투사한 외부의 어떤 힘에 좌우되는 자신을 체험하고 있는 것이다"[17]라고 말이다. 우상숭배와 종교 중독은 인간 소외 현상이며, 자신의 투사에 농락당하는 나약한 인간의 허상인 것이다. 프롬은 이어서 "파시즘, 나치즘, 스탈린주의의 공통되는 성격은 원자처럼 세

---

17) 에리히 프롬, 『건전한 사회』, 127쪽.

분된 개개의 인간에게 새로운 피난처와 안전을 제공해 주었다는 점이다. 이러한 체제는 소외의 궁극적 결과다"[18]라고 우상숭배의 역사적 단면을 보여 준다. 마치 예수 시대의 율법주의를 보는 듯하다.

소외, 거부라는 단어 때문에 평생을 콤플렉스로 지내야 했던 예수. 그로선 종교 중독과 우상숭배에 몰락해 가는 군중들을 바라보며 소외되었던 자신을 발견했으리라. 구세주 콤플렉스에 충만한 예수로선 안식일이라는 종교 규범에 허덕이는 군중들을 어떤 식으로든 선도하고 싶었을 게다. 자신이 메시아가 되려면 적어도 그 시대의 제일 큰 화두를 건드려야 한다는 영웅의식이 자리 잡았을 수 있다. 사실 세상의 모든 영웅과 선각자들은 당시의 최대 금기 사항에 도전한 사람들이다.

형제애를 넘어서

이러한 예수의 깊은 심리를 탐색하려면, 예수와 그 형제들과의 관계를 살펴볼 필요가 있다.

어느 날이었다. 예수에게 "예수께서 무리에게 말씀하실 때에 그의 어머니와 동생들이 예수께 말하려고 밖에 섰더니"(「마태복음」 12:46)라는 구절대로 예수의 어머니와 동생들이 찾아왔다. 이때 "한 사람이 예수께 여짜오되 보소서 당신의 어머니와 동생들이 당신께 말하려고 밖에 서 있나이다 하니"(「마태복음」 12:47)라고 누군가 예수에게 말했다. 그런데 이때 예수의 대답이 수상하다. 뜬금없이 "말하던 사람에게 대답하여 이르시되 누가 내 어머니이며 내 동생들이냐 하시고"(「마태복

---

18) 위 책, 239쪽.

음」 12:48)란다. 자신을 보려고 먼 길을 마다하고 달려온 어머니와 형
제들에게 그게 할 말인가. 그것도 자신들끼리 있는 게 아니라 많은 군
중들이 지켜보는 가운데서 말이다. 그런 말을 듣는 어머니와 형제들에
겐 거기 있는 군중의 숫자만큼 수치심도 컸으리라.

  그 순간만큼은 청소부를 아비로 둔 아들이 친구들 앞에서 아비를 모
르는 체하는 심정과 동일했을까. 사실 예수에겐 그 심정이 없지 않을
터. 기적을 일으키고 말씀을 전하는 예수에게 "예수의 친족들이 듣고
그를 붙들러 나오니 이는 그가 미쳤다 함일러라"(「마가복음」 3:21)고 군
중들 앞에서 예수를 망신시켰다. 어렸을 적부터 예수를 보아 왔던 예수
의 형제와 친족들에겐 예수의 탁월성은 너무나 낯설어서 예수가 미쳤
다고 보일 정도였다. 예수는 "친히 증언하시기를 선지자가 고향에서는
높임을 받지 못한다 하시고"(「요한복음」 4:44)라고 고향과 친족과 형제
들의 존경심을 포기하기에 이른다. 자신의 콤플렉스 중 출신 성분이 큰
부분을 차지하는데, 역시 그들 또한 그곳 출신이다.

  또한 예수 자신은 자신의 사상과 생각의 껍질을 벗고 또 벗어 달라
져 있는데도, 예수의 옛사람들은 예수를 여전히 나사렛 촌놈으로 보고
있었다. 예수 자신은 거만함으로 그들을 배격할 생각이 없다고 할지라
도, 그들은 예수를 낮추고 배격했다. 그들은 '송충이는 솔잎을 먹어라'
는 경구를 끊임없이 예수의 머릿속에 상기시켰다. 어쩌면 그들에게 예
수는 배신자였다.

  예수는 급기야 "손을 내밀어 제자들을 가리켜 이르시되 나의 어머니
와 나의 동생들을 보라"(「마태복음」 12:49)라고 선언한다. 정말 그들의
말대로 예수는 미쳤을까. 자신의 어머니와 동생들을 바로 눈앞에 두고
수많은 군중 앞에서 그들을 외면하는 것도 모자라 다른 사람들을 자신

의 어머니와 형제라고. 도저히 정상적인 생각으로 할 수 없는 말이다. 예수는 드디어 "누구든지 하늘에 계신 내 아버지의 뜻대로 하는 자가 내 형제요 자매요 어머니이니라 하시더라"(「마태복음」 12:50)고 명언 아닌 명언을 한다.

이 선언은 예수의 콤플렉스를 고스란히 드러내 주는 동시에, 그것을 극복하려는 예수의 방어기제까지 드러내 놓는다. 예수는 자신의 출신 성분을 하늘나라로 하기로 확고하게 결정한 듯하다. 자신의 형제자매 와 모친은 아버지 신의 뜻대로 사는 자라고 공식 선포하기에 이른다. 이제 예수는 혈육으로 묶인 세상을 부인하고 싶은 게다. 혈연, 지연 등 이 예수로 하여금 항상 콤플렉스에 시달리게 한 결과다.

이러한 사상에 도달한 사람들은 역사상에 많다. 자신의 가족에만 머 물지 않고, 더 많은 사람들을 자신의 가족처럼 또 형제처럼 여기며 살 아간 사람들을 우리는 알고 있다. 우리는 그들을 일러 사해동포주의자, 위인, 성인이라고 부른다. 그들은 근친상간의 혈육애와 학연, 지연 등 의 좁은 틀을 벗어나 세계정신으로 거듭난 사람들이었다.

똑같은 원리로 예수는 지금 안식일 준수에 머물러 있는 유대교를 뛰 어넘고 싶은 것이다. 선민사상에 심취한 자신의 동족을 뛰어넘고 싶은 것이다. 자신에게 온통 아픔을 안겨 준 신분 사회의 율법주의를 뛰어넘 고 싶은 것이다. 종교 중독과 우상숭배로 '자기 소외'에 치닫는 민중들 을 구원하는 세계정신으로 거듭나고 싶은 것이다. 그는 그렇게 자신을 뛰어넘고 싶은 것이다.

부자와 권력자들에게 엄격하다

예수의 행적을 다룬 신약 성서 4복음서에 등장하는 부자와 권력자들은 하나같이 악인으로 묘사된다. 복음서에서 묘사하는 부자, 바리새인과 서기관, 대제사장들을 보고 있노라면 위선과 아집으로 똘똘 뭉친 무슨 괴물 같은 인간들이라 여겨질 수 있다. 4복음서 덕분에 예수 당시나 지금까지도 부자, 바리새인, 서기관, 율법사, 제사장 등에 몸담고 있는 사람들은 '나쁜 사람'의 전형으로 낙인찍히고 있다. 성서를 대하는 많은 사람들, 특히 기독교인들에게 그렇다. 그들의 교조, 예수의 가르침 덕분이다.

하지만, 정말 그럴까. 이런 흐름에 숨겨진 또 다른 진실은 없을까. 예수가 배척한 대로 그들은 그렇게 나쁜 사람들이었을까. 이러한 현상에도 예수의 콤플렉스가 작용했을까. 만일 작용했다면 어느 정도 작용했을까.

복음서에서 묘사하는 부자와 권력자들

예수는 부자와 권력자들에게 욕하는 것은 기본이었다. "독사의 자식들아 너희는 악하니 어떻게 선한 말을 할 수 있느냐 이는 마음에 가득한 것을 입으로 말함이라"(「마태복음」 12:34)라며 마귀의 자식들이라고 묘사한다. 그들은 근본이 악하기 때문에 선한 말이랑 애초에 하지 못하는 존재로 묘사되고 있다. 그러면서 그들에게 "뱀들아 독사의 새끼들아 너희가 어떻게 지옥의 판결을 피하겠느냐"(「마태복음」 23:33)고 예수는 저주를 퍼붓는다. 그들은 지옥에 갈 지옥의 자식들이라고 대놓고 말한다.

예수가 그들에게 퍼부은 '화' 시리즈를 볼까. "그러나 화 있을 진저 너희 부요한 자여 너희는 너희의 위로를 이미 받았도다. 화 있을 진저 너희 지금 배부른 자여 너희는 주리로다. 화 있을 진저 너희 지금 웃는 자여 너희가 애통하며 울리로다. 모든 사람이 너희를 칭찬하면 화가 있도다. 그들의 조상들이 거짓 선지자들에게 이와 같이하였느니라"(「누가복음」 6:24~26)라며 부요하고 배부른 자들에게 직격탄을 날렸다. "화 있을 진저 외식하는 서기관들과 바리새인들이여 잔과 대접의 겉은 깨끗이 하되 그 안에는 탐욕과 방탕으로 가득하게 하는도다"(「마태복음」 23:25)라며 그들을 위선이 가득한 사람들이라 성토했다. "화 있을 진저 외식하는 서기관들과 바리새인들이여 회칠한 무덤 같으니 겉으로는 아름답게 보이나 그 안에는 죽은 사람의 뼈와 모든 더러운 것이 가득하도다"(「마태복음」 23:27)란 구절로 보아 그들은 사치와 허영에 들떠 있는데다가 내면은 온갖 추악한 잡동사니로 가득 찬 사람들이다. 요즘말로 '재수 없는 된장녀'쯤 될까.

예수는 이어서 "화 있을 진저 외식하는 서기관들과 바리새인들이여 너희가 박하와 회향과 근채의 십일조는 드리되 율법의 더 중한 바 정의와 긍휼과 믿음은 버렸도다. 그러나 이것도 행하고 저것도 버리지 말아야 할지니라"(「마태복음」 23:23)라고 그들을 묘사한다. 예수가 제일 많이 질타한 것이 바로 외식이다. 말하자면, 예수가 보기에 그들은 머리부터 발끝까지 위선으로 똘똘 뭉친 인간들이다. 형식만 중요시하고 내면과 알맹이는 없는 '골빈 인간'들이 바로 그들이다. 그런데다가 '이것도 행하고 저것도 행할' 줄 모르는 편협한 인간들이기도 하다.

그들은 또한 "그러므로 구제할 때에 외식하는 자가 사람에게서 영광을 받으려고 회당과 거리에서 하는 것같이 너희 앞에 나팔을 불지 말라 진실로 너희에게 이르노니 그들은 자기 상을 이미 받았느니라"(「마태복음」 6:2)는 예수의 말처럼 자랑의 대가들이다. "일부 사람들은 구제하는 사람 앞에서 나팔을 부는 행위가 당시에 보편적이었던 관습 같다고 생각해 왔다. 그러나 거리에서 그렇게 하는 것은 일반적으로 받아들여질 수 있었지만"[19]이라는 증거대로 그런 일은 실제로 당시의 거리에서 있었다. 우리는 요즘도 장애인 시설이나 독거노인들에게 연탄과 라면 등을 전하면서 각종 대중매체에 선전하기 바쁜 단체와 개인들을 마주 대한다.

그들의 기도 생활도 가관이다. 그들은 "또 너희는 기도할 때에 외식하는 자와 같이하지 말라. 그들은 사람에게 보이려고 회당과 큰 거리 어귀에 서서 기도하기를 좋아하느니라. 내가 진실로 너희에게 이르노니 그들은 자기 상을 이미 받았느니라"(「마태복음」 6:5)라는 기록에 따르면, 그들은 기도조차 다른 사람들에게 보이도록 한다. 금식할 때도 "너희는 금식할 때 위선자들처럼 침울한 표정을 짓지 말라. 그들은 자신들이 금식하는 것을 사람들에게 보이려고 침울한 표정을 짓는다. 내가 진실로 너희에게 말한다. 그런 사람들은 이미 자기 상을 다 받았다"(「마태복음」 6:16)라는 구절처럼 꼭 티를 낸다. 흡사 "야, 이 사람들아. 나는 이렇게 거룩한 금식을 지금 하고 있어. 보여 안 보여? 내가 이렇게 거룩한 사람이야. 너희들과 나는 차원이 달라"라고 말하는 사람들처럼 보인다. "예수께서 가르치실 때에 이르시되 긴 옷을 입고 다니는 것과 시장에서 문안 받는 것과 회당의 높은 자리와 잔치의 윗자리를 원

---

19) 제임스 프리먼, 앞의 책, 28~29쪽.

하는 서기관들을 삼가라. 그들은 과부의 가산을 삼키며 외식으로 길게 기도하는 자니 그 받는 판결이 더욱 중하리라 하시니라"(「마가복음」 12:38~40)라는 대목에서 볼라치면, 그들은 높은 자리를 좋아하고, 인사받기를 좋아하고, 외식으로 길게 기도하기를 좋아하는 전형적인 인간들이다. 그런데다가 당시 사회적으로 최고 약자인 과부의 재산을 '삥'까지 뜯는 파렴치한들이다.

그들은 "화 있을 진저 외식하는 서기관들과 바리새인들이여 너희는 천국 문을 사람들 앞에서 닫고 너희도 들어가지 않고 들어가려 하는 자도 들어가지 못하게 하는도다"(「마태복음」 23:13)라는 구절대로 천국 문을 가로 막는 아주 못된 사람들이다. 천국 문 앞에 밀려 서 있는 '똥차'들이 바로 그들이었다. 그러면서 "화 있을 진저 외식하는 서기관들과 바리새인들이여 너희는 교인 한 사람을 얻기 위하여 바다와 육지를 두루 다니다가 생기면 너희보다 배나 더 지옥 자식이 되게 하는도다"(「마태복음」 23:15)라는 구절대로 찾아다니며 다른 선량한 사람들을 지옥의 자식으로 만드는 사회의 암적인 존재들이 바로 그들이다. 예수가 볼 때 그들은 악한 짓만 골라서 하기로 아예 작정한 인간들이다.

예수가 욕하던 사람들, 알고 보니

이렇게 예수의 독설의 대상이 되었던 그들과 예수와의 관계를 살펴보려면 당시 사회 구성원들의 구조를 알아볼 필요가 있다. 특히 예수가 독설을 퍼부었던 그들에 대해서는 더욱 그렇다.

먼저 예수가 그토록 싫어했던 블랙리스트에 언제나 맨 처음을 장식했던 바리새인들이다. 그들은 "요한 힐카누스 시대에 바리새인은 하시딤의 오래된 당파에서 나왔다. 바리새인들은 그때까지 랍비들에게 구전으로 전해 내려오던 전통적 가르침들을 해석해 주는 해석자들이었다. 그들 대부분은 기능공이나 상인들과 같은 중산 계급의 가족들 출신이었다"고 성서학자 제임스 패커는 소개하고 있다. 그에 따르면 그들은 "대다수의 백성들인 농민들에게 강력한 영향력을 행사하였다. 요세푸스의 기록에 의하면 유대 백성들이 중요한 일을 결정할 때면, 그들은 왕이나 대제사장의 의견보다 바리새인들의 의견에 더 의존하였다고 한다"[20]는 기록대로 일반 백성들에게 신망이 두터웠다.

다음 타자는 사두개인들이다. 예수가 바리새인을 욕할 때, 옵션처럼 항상 같이 따라붙던 사람들이다. 그들은 "이 유대 사상가들은 자기들의 논리를 일상생활 속에 적용시켰으며, 그렇게 함으로써 새로운 유대 종파가 형성되었으니 이것이 바로 사두개파였다"라고 제임스 패커는 설명한다. 그들은 율법을 그대로 보존하고 실천하려는 사람들이었다. "사두개인들은 랍비들의 구전되어 내려오는 전통을 거부하였다. 그들은 기록된 모세의 율법만을 인정하였으며 기록된 말씀에 근거하지 아니한 가르침은 어떤 것이든 간에 공박하였다"[21]라는 걸로 봐서 그들은 일종의 근본주의자들이었다. 율법을 순수하게 보존하려고 노력한 사람들이다.

다음은 제사장과 레위인들을 살펴볼까. 제사장, 즉 사제직은 "다른 민족들의 경우에는 귀족의 신분을 결정하는 요소가 우리와 다르다. 우리 민족의 경우에는 사제직의 소유가 고귀한 가문임을 입증하는 증서

---

20) 제임스 패커, 앞의 책, 149쪽.
21) 위 책, 150쪽.

이다"²²라는 유대인 역사학자 요세푸스의 진술대로, 유대 사회에서 사제직은 귀족층을 말한다. 그들은 신께 제사 지내는 것을 핵심으로 여기는 유대인 사회에서, 바로 그 제사를 주관하는 핵심적인 사람들이었다. 그 사회에서 없어서는 안 되는 중요한 사람들이었다. 공중 예배와 관련된 부차적 임무를 수행했던 사람들이 레위인으로 알려져 있다. 레위인들도 사제직의 사람들이다. 성전을 통해 레위인들은 음악가·문지기·감시인·성전 관리인·재판관·장인(匠人)들의 역할을 했다고 예레미아스는 보고하고 있다.

"낙타가 바늘귀로 나가는 것이 부자가 하나님의 나라에 들어가는 것보다 쉬우니라 하시니"(「마가복음」 10:25)라는 구절의 주인공인 부자들은 또 어떨까. 예레미아스는 그의 책에서 예수 당시 부자 계층에 대한 이야기를 한다. 그에 따르면 "예루살렘은 예전부터 팔레스틴의 민족 자본을 유입하였다. 대상인, 토지 소유자, 세금 청부업자, 대금업자들이 그것이다. 이러한 부류의 각 대표자들은 산헤드린 의원이기도 했다"라고 보고하고 있다. "사제 귀족은 자산가 계층에 속하였다"²³는 보고대로 사제직도 상당수가 부자 계층이었던 것으로 보인다. '부=권력, 권력=부'라는 공식이 이 시대에도 통했던 걸로 보인다.

이런 보고들을 놓고 볼 때, 예수가 그들에게 보인 반응은 아무래도 수상하지 않은가. 부자에 대한 예수의 시선이 담긴 비유 하나를 살펴볼까. 바로 부자와 나사로 비유다.

"한 부자가 있어 자색 옷과 고운 베옷을 입고 날마다 호화롭게 즐기

---

22) 요아힘 예레미아스, 앞의 책, 197쪽.
23) 위 책, 135~136쪽.

더라. 그런데 나사로라 이름 하는 한 거지가 헌데투성이로 그의 대문 앞에 버려진 채 그 부자의 상에서 떨어지는 것으로 배불리려 하매 심지어 개들이 와서 그 헌데를 핥더라. 이에 그 거지가 죽어 천사들에게 받들려 아브라함의 품에 들어가고 부자도 죽어 장사되매 그가 음부에서 고통 중에 눈을 들어 멀리 아브라함과 그의 품에 있는 나사로를 보고 불러 이르되 아버지 아브라함이여 나를 긍휼히 여기사 나사로를 보내어 그 손가락 끝에 물을 찍어 내 혀를 서늘하게 하소서 내가 이 불꽃 가운데서 괴로워하나이다. 아브라함이 이르되 얘 너는 살았을 때에 좋은 것을 받았고 나사로는 고난을 받았으니 이것을 기억하라 이제 그는 여기서 위로를 받고 너는 괴로움을 받느니라"(「누가복음」 16:19~25)라는 이야기의 주인공은 사실 나사로가 아니라 부자다.

내용을 자세히 살펴보면 예수는 부자에 대한 자기의 시선을 투사하고 있다. 거지에겐 나사로라고 이름을 붙였지만, 부자에겐 이름이 없다. 부자는 그냥 부자다. 예수는 가난한 자에게 유달리 인격적으로 따스하게 대했지만, 부자에겐 그저 부자로서 대했던 것으로 보인다.

이 비유에서도 부자가 음부로 가게 된 것은 "자색 옷과 고운 베옷을 입고 날마다 호화롭게 즐긴" 죄밖에 없다. 이 비유에서 기독교인들은 '예수 믿고 천국'이라는 어처구니없는 도그마적 해석을 하기도 하고, 윤리주의자들은 "거지 나사로에 대한 무관심이 지옥행 티켓이었다"는 견해를 내놓기도 한다. 하지만, 본문 표현에 의하면 "얘 너는 살았을 때에 좋은 것을 받았고 나사로는 고난을 받았으니 이것을 기억하라. 이제 그는 여기서 위로를 받고 너는 괴로움을 받느니라"는 것이다. 살았을 때 좋은 것을 누렸으니 죽어서는 고통을 받는 것이 마땅하다는 논리로 설명되고 있다. 이 논리를 단순화시키면 '부자이기에 너는 지옥 가고, 가난한 자이기에 너는 천국 가라'는 논리다. 앞에서 부자와 권력자들에게 예수가 '지옥의 자식'이니 '천국문의 똥차'니 '낙타가 바늘귀를 통과하는 것보다 천국 가는 게 어려운 종자'들이니 하는 표현들과 상통한다.

이쯤 하고 생각해 보라. 우리 중에 누가 "부자란 것들은 모두 다 도둑놈들이야. 정치하는 놈치고 정직한 놈 한 놈도 못 봤다"라고 말하는 사람이 있다고 치자. 그 말이 일부 진실을 내포하고 있겠지만, 우리의 입맛은 씁쓸하다. 실제로 부자와 권력자들에 대한, 정확히 말하면 부도덕한 부자와 악덕 권력자들에 대한 풍자로서 대리 만족은 될지언정 말 그대로 인정하기는 어렵다. 우리 주위에 건실한 부자, 정직한 정치인들이 얼마나 많은가. 누군가 계속해서 "부자=도둑놈, 정치인=강도"라고 외쳐 대는 사람이 있다면, 우리는 당장 그 사람에게 '부자와 권력자에게 무슨 콤플렉스가 있나'라고 생각하지 않을까. '아마도 그 사람은 부자와 권력자에게 큰 상처를 입은 나머지 모든 부자와 권력자에게 자신의 생각을 투사하는 불쌍한 사람일지도 몰라'라고 생각하지 않을까. 그렇다면 이 논리 그대로 예수에게도 적용이 된다면 억지 논리일까.

아웃사이더 예수와 정적들

복음서에서 언급한 '타도 대상'의 부자들과 권력자들은 사실 예수에게 정적이었다. 예수 자신은 스스로 그들을 정적이라고 생각하지 않았을지라도 말이다. 예수가 하는 모든 행위들, 특히 안식일과 성전의 금기 사항을 건드린 문제는 상당히 민감한 정치적 사안이었다. 예수가 사회의 전면에 부상된 이상 예수의 모든 행위는 정치적일 수밖에 없었다. 예수의 행위는 당시 부자와 권력자들의 밥줄을 뒤흔들었다. 그런 사안들이 예수의 논리대로 뒤집어지면, 곧바로 그들은 '쪽박'을 차야 하는 처지였다. 예수의 입장이 아닌 정적의 입장에서 복음서를 바라보면 어떨까. 예수에게 그토록 욕을 얻어먹었던 직종의 사람이나 그들의 후손들도 예수의 입장에 동의할까. 아니 당시의 보편적인 군중들도 모두 그렇게 생각했을까.

우리가 편의상 예수를 '아웃사이더', 예수의 정적들을 '인사이더'라고 놓고 보자. 콜린 윌슨(Colin Wilson)은 그의 책 『아웃사이더』에서 예수를 당대의 아웃사이더라고 못 박았다. 윌슨에 의하면, 아웃사이더는 "그는 진리를 표방하기 때문에 아웃사이더다, 아웃사이더는 깨어나서 혼돈을 본 인간이다, 환상을 보는 인간은 반드시 아웃사이더다, 누구나 자기가 사는 세계에 대해 눈을 뜨면 그는 즉시에 아웃사이더가 된다"라는 존재들이다.[24] 그의 말대로 아웃사이더는 아무나 하는 게 아니다. 우리는 그러한 아웃사이더들을 위인, 성인, 선각자 등으로 부른다. 윌슨이 역사적인 아웃사이더들의 반열에 예수, 석가모니, 톨스토이 등을 언급했다는 걸 봐도 그렇다.

하지만, 자칫 잘못하면 이 논리는 우리에게 한쪽으로 치우치게 만든다. 아웃사이더는 그야말로 아웃사이더일 뿐이다. 바꿔 말해서 인사이더는 인사이더일 뿐이다. 아웃사이더는 인사이더에 들지 못한, 아니면 들지 않기로 한 사람들이다. 한 사회에서 인사이더와 아웃사이더가 공존하는 것이 건강하다. 인사이더는 나쁘고 아웃사이더는 좋다든지, 아웃사이더는 나쁘고 인사이더는 좋다든지 하는 견해야 개인적인 자유

---

24) 콜린 윌슨, 이성규 옮김, 『아웃사이더』(범우사, 1989), 32, 35, 322, 342쪽.

겠지만, 그것이 사회 공론이 될 수 없음은 분명하다. 인사이더는 인사이더의 역할이 분명히 있고, 아웃사이더는 아웃사이더의 역할이 분명히 있기 때문이다. 인사이더 중 소수 또는 다수가 부정을 저지르고, 악을 행했다고 해서 그들을 송두리째 부정한다면, 그것은 곧 자기 부정 행위이다. 심리학자 로버트 A. 존슨의 말대로 "세상에 존재하는 모든 덕목은 그 반대되는 것으로 인해 타당성을 지닌다. 어두움이 없는 빛은 아무 가치도 없기"[25] 때문이다.

그런 면에서 콜린 윌슨이 쓴 『아웃사이더』란 책은 위대하면서도, 한편으론 한쪽으로 치우쳐 있는 책이다. 부자와 권력자들에게 욕과 저주와 독설을 해 댄 예수 또한 한쪽으로 치우친 정신의 소유자라 할 수 있다. 부자와 권력자들을 향한 단순한 비판과 비난이 아닌 '아웃'을 선언했던 것이다. 선민사상—신의 백성—의 자부심 하나로 사는 유대인들, 특히 유대교 지도자들에게 "너희들은 지옥의 자식, 마귀의 자식"이라고 선언하지 않았던가.

사실 아웃사이더 입장에서 보면 인사이더가 정적이겠지만, 인사이더 입장에서 보면 아웃사이더가 정적이다. 예수에게서 당시 지도자들이 그랬고, 당시 지도자들에게 예수가 그랬다.

더군다나 복음서를 기록한 예수의 제자들—마태, 마가, 누가, 요한—은 아웃사이더의 제자들이었다. 아웃사이더인 자신들의 스승의 길을 따라가고자 결심한 사람들이었다. 그러므로 복음서 저자들의 정적 또한 예수의 정적과 일치할 수밖에. 예수가 한두 번도 아니고 그렇

---

25) 로버트 A. 존슨, 앞의 책, 101쪽.

게나 많이 독설을 퍼부었다면, 그 영향을 받을 수밖에 없다.

우리는 역사가들의 기록에서도 그런 현상을 엿볼 수 있다. 『삼국사기』의 저자 김부식이 신라인이었기에 삼국의 역사가 신라 위주로 기술되었다는 것은 새로운 사실이 아니다. 조선 시대 궁중에서 일어났던 일을 기록한 『조선왕조실록』의 기록 덕택에 누구보다도 국제 정세에 밝고 주관이 뚜렷했던 임금 광해군이 폭군으로 기록되었다는 사실은 오늘날 속속들이 드러나고 있다. 쿠데타를 일으켜 승리한 쪽은 정통성을 계승한 왕조가 되고, 실패한 쪽은 국가 반역을 꾀한 역도의 무리로 기록되는 것은 정설 아닌 정설로 된 지 오래다. 5·18 광주민주항쟁이 쿠데타를 일으킨 신군부가 권력을 잡을 때는 '광주 사태'로 기록되었다는 것도 그리 놀랄 만한 일이 아니다. 이렇듯 예수의 제자들이 기록한 복음서가 유달리 예수의 정적들을 까부셨다는 것은 어쩌면 당연한 일이다.

또한 아웃사이더의 실상은 "만약 아웃사이더가 고차적이고 강렬한 자기 목적의식에 상응하는 일련의 가치를 쌓을 수 없다면 차라리 버스 밑에 몸을 던지는 것만도 못하다. 그렇게 하지 않으면 언제까지나 그는 적응 불능자, 소외자로 끝날 수밖에 없기 때문이다"[26]라는 콜린 윌슨의 말을 보라. 아웃사이더란 생각하기에 따라서 적응 불능자이며 소외자라는 것을. 예수는 시각에 따라 당대의 적응 불능자이기도 하다.

예수가 성토한 것은 바로 예수 자신

그렇다면 예수는 왜 그토록 부자와 권력자들을 성토했을까.

---

26) 콜린 윌슨, 앞의 책, 232쪽.

우리가 무엇인가를 계속 반복해서 강조하는 단어나 이슈가 있다고 치자. 그런 행동에 어떤 심리가 작용할까.

중국의 성인 공자는 "남이 나를 알아주지 않음을 걱정하지 말고 내가 남을 알지 못함을 탓하라"(『논어』, 「학이」편)라고 말했다. 사실 이러한 의미를 담은 비슷한 구절은 『논어』에서 군데군데 찾아볼 수 있다. 그렇게 비슷한 말을 강조하고 또 강조하는 공자의 심리 기저엔 당대의 사람들이 자신을 알아주지 않는다는 투사 행위가 깔려 있다. 실제로 공자는 자신을 알아주는 주군을 찾아 천하를 주유했으며, 자신을 제대로 알아주는 주군을 만나지 못해 당대에는 그렇게 큰 명성을 얻지 못했다. 몰락한 양반 가문의 아들이었던 공자는 할 수만 있다면 입신출세의 길을 걷고 싶었고, 자신의 왕도 정치와 학문을 제대로 펼쳐 보고 싶었지만, 그것은 어디까지나 공자의 이상이었다.

예수에게도 이런 투사 행위는 여전히 유효했다. 예수는 태어날 때부터 천사의 개입과 별의 기운을 타고난 아이였다. 목자들이 그를 구주라고 경배했고, 동방박사들이 그를 왕이라고 칭송했다. 자라면서 그의 어머니 마리아로부터 암암리에 예수 자신이 크게 될 인물이라는 메시지를 전달받았다. 그의 가슴엔 메시아의 꿈이 자라고 있었다. 하지만, 그의 출신 성분은 여전히 나사렛 출신 가난한 목수의 아들이었다. 이 사실은 죽었다 깨어나도 바꿀 수가 없었다.

조금씩 사고가 넓어진 예수는 사실 자신의 출신 성분 자체가 문제가 아니라 그것을 문제 삼는 사회 구조가 문제라는 인식을 하기에 이르렀다. 신분제 사회, 가부장 사회, 종교적 사회 등이 그것이다. 알고 보니 그런 사회를 조장하고 기득권을 누리는 이들이 있었으니, 그들이 바로 예수가 정적으로 지목한 당시 부자와 권력자들이었다. 자신으로 하여금 콤플렉스를 느끼게 한 원흉이 바로 그들이었다. 그래서 예수는 공적 사역 내내 계속해서 그들을 몰아붙였다. 복음서의 상당 부분이 그들에 대한, 또는 그들의 기득권이 지배하는 사회에 대한 공격의 말과 행위로 드러나고 있다. 예수의 어록에 반복적으로 "화가 있을 것이다"로 시작하는 부분은 거의 그들에게 하는 말이었다.

우리 중 누군가 계속해서 "권위 없는 사회를 만들자"고 강조하는 사람이 있다면, 그는 분명 자신 속에 권위적인 요소를 가지고 있다. 우리 중 누군가 "정직하게 살자"라고 계속 반복하여 말한다면, 그는 그 문제로부터 자유롭지 못한 인간이다. 우리 중 누군가 "왼손이 하는 일을 오른손이 모르게 하라"고 반복하여 말한다면, 그는 은근히 자신을 드러내려는 무의식적 본성이 강하게 자리 잡고 있다.

예수를 보자. "구제할 때 나팔을 불지 마라"고 말했지만, 그는 병자에게 기적을 베풀어 선행을 할 때 거의 모두 공개적으로 행했다. "기도할 때는 골방에 가서 하라"고 했던 그는 오병이어의 기적을 베풀 때 많은 군중 앞에서 기도했다. "외식하지 마라, 지옥의 자식들아"라고 외쳤던 그는 제자들에게 나귀를 끌고 오라고 시켜서, 그 나귀를 타고 예루살렘에 입성하면서 메시아의 대접을 받았다.

그렇다. 예수는 당시 권력자와 부자들을 보면서 자신의 어두운 그림자를 보는 듯해서 싫었던 것이다. 그들을 볼 때마다 자신의 그림자가 투사되는 것 같았기 때문이다. 할 수만 있으면, 메시아로 등극하고 싶은 자신의 모습이 당시를 주름잡았던 권력자들의 모습과 '오버랩'됐던 것이다. 그런 연유로 마귀로부터의 세 가지 시험조차 딱 그런 선상이었다. 자신을 유혹했던 것은 신도 마귀도 아닌 바로 예수 자신이었던 것이다.

심리학자 율라노프는 "우리가 투사하는 것은 권력, 야망, 분노, 해리

된 정욕 등과 같은 강렬한 것들이기 때문이다. 우리는 다른 사람의 얼굴에서 실제로는 우리 자신의 것인 권력 충동이나 분노 또는 정욕을 본다. 다른 사람이 그런 감정들을 전적으로 거부하는 순간에 우리는 그것이 실제로 우리들의 것일 수도 있다는 인식에 직면하게 된다"[27] 라고 명쾌하게 설명을 해 냈다. 예수가 부자와 권력자들에게 한 행위는 투사라는 방어기제를 사용한 결과이리라. 율라노프에 따르면 권력, 야망, 분노, 해리된 정욕 등은 바로 우리들의 것, 곧 예수의 것이다.

가난하고 소외된 자들에게 집착하다

예수는 부자와 권력자들에겐 한없이 엄격하면서도, 가난하고 소외된 자들에겐 한없이 부드러웠다. 부자와 권력자들에게 퍼부었던 저주, 욕설, 분노, 증오 등의 행위와 가난하고 소외된 자들에게 보여 준 사랑, 연민, 자비, 위로 등의 행위는 너무나 대조적이다. 도저히 한 사람에게서 나온 행동이라고 보기 어려울 정도다. 아무리 강자에게 강하고, 약자에게 약한 것이 진정한 강자라지만, 그것도 어느 정도여야 하지 않을까. 예수는 마치 가난하고 소외된 자들을 대하는 인격과 부자와 권력자들을 대하는 인격이 따로 있는 듯이 보일 정도다. 이렇듯 이중인격자처럼 보이는 예수의 심리 상태는 어땠을까. 왜 그토록 예수는 가난하고

---

27) 앤 배리 율라노프, 앞의 책, 275쪽.

소외된 자들에게 집착했을까.

복음서에 나타난 가난하고 소외된 자들

예수는 애초부터 가난하고 소외된 자들에게만 관심을 가지려고 작정한 사람으로 보인다. 그는 "주의 성령이 내게 임하셨으니 이는 가난한 자에게 복음을 전하게 하시려고 내게 기름을 부으시고 나를 보내사 포로 된 자에게 자유를, 눈 먼 자에게 다시 보게 함을 전파하며 눌린 자를 자유롭게 하고"(「누가복음」 4:18)라고 자신의 사역의 목적을 시사한다. 신의 영이 임하였으니, 가난한 자와 포로 된 자와 눈먼 자에게 복음을 전하겠다고 한다. '신의 영'이라고 말한 것은 진실이다. 예수의 아버지인 신 또한 "고아와 과부를 위하여 정의를 행하시며 나그네를 사랑하여 그에게 떡과 옷을 주시나니"(「신명기」 10:18)처럼 그들에게 정의와 사랑과 떡과 옷을 직접 주는 존재로 설명된다. 성서에는 "고아와 과부를 압제하지 말고 자비를 베풀어라"는 신의 명령으로 가득 차 있다. 예수가 그러는 것은 어쩌면 부전자전이다.

예수는 대놓고 "나는 의인을 부르러 온 것이 아니요 죄인을 부르러 왔노라 하시니라"(「마태복음」 9:13)고 선언한다. 잘나가는 소위 의인들은 예수의 사역 대상이 아니다. 소외된 죄인들이 예수의 최대 관심사라는 이야기다. 그는 이어서 "인자는 잃어버린 사람을 찾아 구원하러 왔다"(「누가복음」 19:10)며 자신이 세상에 태어난 목적을 천명했다.

예수가 설교한 비유들 중에는 그들에 대한 관심으로 가득 차 있다. "너희 중 누가 100마리의 양을 가지고 있었는데 그중 한 마리를 잃어버렸다고 하자. 그러면 99마리의 양을 들판에 두고 그 잃어버린 양 한 마리를 찾을 때까지 찾아다니지 않겠느냐"(「누가복음」 15:4)라고 잃어버린 양의 비유를 든다. 예수는 99마리의 양보다 잃어버린 한 마리 양을 더 귀하게 여기는 것처럼 보인다. 이와 비슷한 비유로는 "그리고 동전을 찾게 되면 친구들과 이웃을 불러 모아 '나와 함께 기뻐해 주십시오. 내가 잃어버린 동전을 찾았습니다'라고 할 것이다"(「누가복음」 15:9)라는 잃어버린 동전의 이야기가 있다. 예수에게는 소외되고 가난한 자를 구원하는 일이 최대의 기쁨이라고 묘사하고 있다.

예수에게 그들은 "예수께서 눈을 들어 부자들이 헌금함에 헌금 넣는 것을 보시고 또 어떤 가난한 과부가 두 렙돈 넣는 것을 보시고 이르시되 내가 참으로 너희에게 말하노니 이 가난한 과부가 다른 모든 사람보다 많이 넣었도다. 저들은 그 풍족한 중에서 헌금을 넣었거니와 이 과부는 그 가난한 중에서 자기가 가지고 있는 생활비 전부를 넣었느니라 하시니라"(「누가복음」 21:1~4)는 구절대로 참으로 선량한 신의 백성이다. 헌금을 하더라도 생활비 전부를 넣는 사람들로서, 큰 금액을 헌금하며 거들먹거리는 부자들과 차원이 다른 사람들이다.

예수에게 그들은 "두 사람이 기도하러 성전에 올라가니 하나는 바리새인이요 하나는 세리라. 바리새인은 서서 따로 기도하여 이르되 하나님이여 나는 다른 사람들 곧 토색, 불의, 간음을 하는 자들과 같지 아니하고 이 세리와도 같지 아니함을 감사하나이다. 나는 이레에 두 번씩 금식하고 또 소득의 십일조를 드리나이다 하고 세리는 멀리 서서 감히 눈을 들어 하늘을 쳐다보지도 못하고 다만 가슴을 치며 이르되 하나님이여 불쌍히 여기소서 나는 죄인이로소이다 하였느니라"(「누가복음」 18:10~13)의 구절처럼 겸손한 사람들이다. 자신의 잘났음을 대놓고 자랑하는 바리새인이 아니라 자신의 죄인 됨을 진실로 회개할 줄 아는 세리와 같은 사람들이다.

이런 그들을 예수는 극진히 사랑한다. "예수께서 나오사, 큰 무리를 보시고 불쌍히 여기사 그중에 있는 병자를 고쳐 주시니라"(「마태복음」 14:14)는 구절처럼 예수는 그들을 항상 불쌍하게 생각한다. 그들이 병을 고쳐 달라고 찾아오면 거절하는 법이 없었다. 그들이 자신의 설교를 듣고 돌아갈 때에 행여나 배가 고플까 오병이어의 기적을 베풀어 먹인다. 예수는 "누구든지 나를 믿는 이 작은 자 중 하나를 실족하게 하면 차라리 연자 맷돌이 그 목에 달려서 깊은 바다에 빠뜨려지는 것이 나으니라"(「마태복음」 18:6)며 그들의 보호자처럼 이야기한다. 마치 어떤 아버지가 "자기 자식을 누가 건드리기만 하면 가만두지 않겠다"고 말하는 것처럼 보인다. 자신이 불쌍히 여기고 아끼는 그들을 넘어지게 하는 사람은 차라리 죽는 게 낫다는 이야기가 아닌가.

이러한 군중에 대한 예수의 사랑은 '양과 염소의 비유'(「마태복음」 25:31~46)에서 절정을 이룬다. 인자가 심판하는 날에 오른편에는 양이, 왼편엔 염소가 있다. 오른편 양은 지극히 작은 자 하나에게 먹이고 입혔고, 왼편 염소는 그러지 않았다. 심판관은 오른편 양에게 영생을, 왼편 염소에게 영벌을 선고한다. 심판관의 선고 기준은 "지극히 작은 자에게 한 것이 곧 나에게 한 것이고, 지극히 작은 자에게 하지 않은 것이 곧 나에게 하지 않은 것"이다. 기독교의 도그마적 해석처럼 '예수천국, 불신지옥'이 아닐 뿐만 아니라, 지극히 작은 자, 즉 가난하고 소외된 자에 대한 관심 여부가 선고 기준이라고 못 박고 있는 것이다. 예수는 여기서 '지극히 작은 자'와 '신'을 동일시하고 있다.

그런 그들과 함께 예수는 먹고 마셨다. 예수는 "인자는 와서 먹고 마시매 너희 말이 보라 먹기를 탐하고 포도주를 즐기는 사람이요 세리와 죄인의 친구로다 하니"(「누가복음」 7:34)라며 정적들로부터 비난을 받았다. "사회적이고 종교적인 추방의 주된 수단은 식탁 친교를 거절하는 것이었다. 어떤 사람과 음식을 같이 나눈다는 것은 받아들임의 표현이다"[28]라는 마커스 보그의 설명대로 그들과 함께 식탁 친교를 즐겼다. 마커스는 그런 예수의 행위를 "예수가 그들을 받아들인 것은 하나님께서 그들을 받아들이셨다는 주장으로 이해될 수도 있었을 것이다"[29]라고 설명했다. 어련하겠는가. 신과 하나라는 예수의 받아들임인 데 말이다.

산상팔복 설교의 재발견

예수의 이러한 사상은 이른바 산상수훈이라고 하는 예수의 설교에서 잘 나타난다. 그 설교들에는 "예수 그리스도께서는 강자가 승리하고 약자가 무시당하던 로마 제국 시대에 세상의 가치관과 정반대되는 가치관을 제시하셨는데, 그것은 산상수훈의 가르침에 요약되어 있다"[30]라는 메시지가 담겨 있다.

특히 산상팔복 설교(「마태복음」 5:3~12)에는 "심령이 가난한 자에게 천국을, 애통하는 자에게 위로를, 온유한 자에게 땅을, 의에 주리고 목마른 자에게 배부름을, 긍휼히 여기는 자에게 긍휼히 여김을, 마음이 청결한 자에게 하나님을, 화평하게 하는 자에게 하나님의 아들이라 일컬음을, 의를 위하여 핍박받은 자에게 천국을" 복으로 받을 것이라고 예수는 설교한다. 세상의 기준으로는 도저히 복이 있다고 보기 어려운

---

28) 마커스 보그, 앞의 책, 128쪽.
29) 위 책, 143쪽.
30) 폴 투르니에, 정동섭 옮김, 『강자와 약자』(한국기독학생회출판부, 2000), 245쪽.

그들에게 소위 '하늘의 복'을 선사하며 위로한다.

동일한 산상팔복 설교를 다루는 「누가복음」 6장에는 '심령이 가난한 자'가 아니라 '가난한 자'로 기록되어 있다. 1976년부터 예루살렘 히브리 대학에서 성서학과 고대 셈어, 이집트학, 아시리아학을 공부하고 수메르어로 학위를 받은 뒤 10여 년간 히브리 대학에서 가르쳤던 성서학의 국제적 권위자 조철수 교수는 그의 저서 『예수 평전』[31]에서 '가난한 자'에 대해 말해 주고 있다. 그에 의하면 「마태복음」 5장 3절("마음이 가난한 사람들은 행복하다. 하늘나라가 그들의 것이다")에서 '마음이 가난한'은 '마음으로 가난한 자'라고 번역하는 게 정확한 표현이다. 여기서 '마음'이란 히브리어 단어는 '레브'다. 이 '레브'는 모세 오경 또는 하느님의 말씀을 가리키는 '토라'의 은유적 표현으로도 사용되기도 했다. 그러므로 '마음으로 가난한 자'라는 말은 토라 공부 때문에 가난한 자를 말한다. '하느님의 가르침을 배우고 실천하는 데 전념하여 돈벌이에 전념하지 않아 가난한 삶을 사는 사람'을 뜻한다고 설명했다.

예수의 이러한 설교의 밑바탕에는 "동일시에서 벗어난 자아는 성서의 용어를 사용한다면 그 자체 안과 세상 안 모두의 내용에 대한 충동적인 애착을 버린 '가난한' 자아와 같다. 실로 동일시에서 벗어난 자아만이 하나의 부요한 자아, '충일한' 자아일 수가 있다. 왜냐하면 그 자아만이 다른 사람과의 온전한 관계가 가능하기 때문이다. 그러므로 '가난하고 목마른 자가 배부를 것이다'라고 말한 산상수훈의 역설은 여기에서 심리학적인 용어로 재적용된다"[32]는 심리가 작용하고 있다.

---

31) 조철수, 『예수 평전』(김영사, 2010).

세상에 대한 애착과 동일시의 단계에서 벗어난 자를 '가난한 자아'라고 보고 있다. 그들은 가난하기에 부요한 자들이라는 이야기다. 마르크스가 말한 대로 '풍부하게 가진 인간'이 아니라 '풍부한 인간'이라는 말이다. 소유에 집착하지 않으므로 하늘의 아들이라는 복을 누리는 인간들이다.

이러한 예수의 설교는 순전히 예수의 체험에서 우러나온 것이다. 예수가 만난 신은 "믿음은 하나님이 우리를 있는 그대로 받아들이신 것처럼 우리로 하여금 우리 자신과 다른 사람을 받아들일 수 있도록 이끌어 준다"[33]는 신이다. 온통 콤플렉스와 상처로 얼룩진 자신을 있는 그대로 받아들여 준 신 체험이었다. 가난한 예수 자신을 받아들여 풍부한 인간으로 만들어 준 아버지 신의 은총이었다.

사실 그가 만난 신은 어머니였다. "하나님의 특성을 나타내기 위해서 예수가 가장 빈번하게 사용한 것은 '자비롭다'는 단어이다. 이 단어는 두 언어에서 '자궁'이란 명사의 복수형이다. 따라서 '자비롭다'는 말은 '자궁성', 예컨대 양육, 출산, 껴안기 등의 뉘앙스를 가지고 있으며, 더 나아가서는 부드러움을 연상케 한다. 하나님은 우리에게 생명을 주고 길러 주신다. 그런 의미에서 '자궁적'이다"[34]라고 마커스는 예수가 만난 신의 특성을 이야기했다. 가난하고 소외된 자들과 함께 식탁 친교를 할 수 있었던 것도, 그들에게 하늘의 아들이라는 복을 말할 수 있었던 것도, 모두가 예수 자신의 경험에서 나온 것이다. 그것은 또한

---

32) 앤 배리 율라노프, 앞의 책, 287쪽.
33) 폴 투르니에, 앞의 책, 284쪽.
34) 마커스 보그, 앞의 책, 143~144쪽.

태아 시절, 어머니의 자궁 속에서 받아들여졌던 경험이며, 성장하면서 받았던 어머니의 무조건적인 사랑에 기인한다.

가난하고 소외된 군중들, 알고 보니

그들은 유대 사회가 로마의 통치 아래에 들어가면서 이중 과세를 겪는 군중들이었다. "로마의 통치는 제2의 조세 제도를 가져왔는데, 이것은 토라에 있는 십일조 제도에 추가된 것이었다"라고 당시의 조세 제도를 마커스가 설명하고 있다. 그는 이어서 "십일조 제도는 성직자들과 가난한 자들을 지원해 주기 위한 것이었다. 농경 사회를 염두에 두고 고안된 것이기 때문에 각각의 십일조는 한 농부가 생산한 것의 일정한 비율로 규정되었다. 그 다양한 십일조들을 모두 합쳐 보면 매년 20퍼센트가 조금 넘었다. 이 세금 제도에다 로마인들은 자기들의 것을 첨가했다. 농부들에게 가장 큰 타격을 준 것은 토지세(토지가의 1퍼센트)와 수확세(소출의 12.5퍼센트)였다. 여기에 다른 형태의 로마 세금—관세, 통행세, 연공—이 또 있었다. 그러나 이런 것들 외에도 농부들에게 부과된 유대교의 세금과 로마 세금을 합한 총계는 대략 35퍼센트에 달했다"[35]라며 당시 군중들의 고단한 삶을 보고하고 있다. 소출의 35퍼센트를 세금으로 내야 하는 그들의 삶이 얼마나 피폐했을까.

더군다나 세금을 거두는 방식조차 폭력적이었다. "로마는 세금 징수의 특권을 세금 징수 청부인들에게 팔았는데, 이들은 로마에 일정한 액

---

35) 위 책, 120쪽.

수를 바쳤으며, 이런 세금들에 스스로가 첨가한 세율에 의존해 자신들의 이익을 챙겼던 사람들이었다"[36]라고 보고하고 있다. 로마에 내는 세금은 세금 징수 청부인, 성경의 표현대로라면 세리들이 거두어들였다. 세리들은 로마가 원하는 세금 액수보다 항상 많이 거둬들여서 남기는 장사를 했다. 세리들은 로마가 원하는 금액만 거두어 보내 주면, 그 외의 돈은 착복해도 무방했다. 세리 삭개오가 자신들의 동족들로부터 멸시를 받은 것은 다 그런 이유에서다.

어쨌든 이러한 "이중 과세는 율법을 지키지 않는 유대인이라는 폭넓은 계층을 만들어 내고 있었다"[37]라고 마커스는 설명했다. 이중 과세 때문에 율법을 지키지 못하는 군중들이 늘어났다는 이야기다. 법적 강제성과 처벌이 뒤따르는 로마에 대한 세금 납부는 어떡해서든 감당했지만, 나머지는 생존을 위해서라도 동족의 성직자를 위한 십일조는 납부하지 못하는 군중이 늘어났던 것이다.

말하자면 "율법을 지키지 않는 자들에 대한 경제적 압력과 연관된 거룩의 정치학에 대한 강조는 죄인들과 아웃캐스트 집단을 양산해 냈다"[38]는 것이다. 당시 예수가 가까이한 죄인들이란 흉악한 범죄를 저지른 사람들이 아니라, 단지 경제적 가난 때문에 율법에 명시한 납세의 의무를 하지 않은 사람들이다. 또한 그들은 아웃캐스트—버림받은 자들—라고 불렸는데, 예수의 비유에서 종종 쓰인 '잃어버린 양, 잃어버린 동전' 등과 동일한 용어다. 예수가 구원하러 왔다던 '잃어버린 자'가

---

36) 위 책, 121쪽.
37) 위 책, 122쪽.
38) 위 책, 131쪽.

바로 그들이다. "아웃캐스트들은 사실상 불가촉천민으로, 비록 아웃캐스트라는 지위가 유대교에서는 세습되는 것은 아니었지만, 힌두교의 계급 구조에서 가장 낮은 계급과 별반 차이가 없었다. 유대 전통의 교사들은 이 사람들에게 회개조차 불가능하다고 생각했다"[39]고 할 정도로 천대받았다.

그들은 "하류 계층인 소위 도시의 룸펜프롤레타리아와 억압받던 농민들, 즉 암하레츠―민중이라는 뜻―는 이들 바리새인들 및 그 광범위한 추종자들과 날카롭게 대립하고 있었다. 사실 그들은 경제 발전에서 완전히 소외된 계층이었으며 무엇이고 얻을 것은 있어도 잃을 것이라고는 아무것도 없는 비참한 사람들"[40]이었다. 암하레츠는 당시 거대한 두 권력층―로마와 유대―에게 '봉'이었다. 예수의 제자들, 예수가 가까이한 사람들, 초대 교회 사람들이 모두 이 암하레츠에 속하는 사람들이었다. 그러기에 "초기 그리스도교 공동체는 제도나 규율과는 관계없이 가난한 자들에 대한 자유의사에 따른 형제애를 특징으로 한다고 보겠다"[41]며 초대 교회의 문화 양식을 설명하고 있다. 사실 예수 자신 또한 철저한 암하레츠였다. 이렇게 보면 예수가 부자와 권력자들을 과도하게 미워할 만했고, 가난하고 소외된 자들을 과도하게 사랑할 만했지 싶다.

그들을 사랑한 예수의 속내는?

그럼에도 우리 중 누군가가 지나칠 정도로

---

39) 위 책, 132쪽.
40) 에리히 프롬, 『불복종에 관하여』, 296쪽.
41) 위 책, 314쪽.

가난하고 소외된 자들에게 집착한다면, 우리는 그것을 어떻게 보아야 하는가. 그들에 대한 관심의 속내는 과연 어떤 것일까.

예수에게서 세 가지 정도의 속내를 들추어내 보자.

첫째, 어머니 마리아에 대한 보상 심리가 작용했다. 당시의 가부장적 사회에서 고통당하며 눈물짓던 자신의 어머니 마리아를 지켜 주지 못한 죄책감에 대한 보상 심리이다. 억눌리고 소외당하는 가난한 군중들 속에서 자신의 어머니를 보았다. 특히 간음 현장에서 잡혀 온 가련한 여인과 창녀 출신 막달라 마리아 등은 사생아 구설수의 주인공인 자신의 어머니를 그대로 닮았다. 예수에게 가난하고 소외된 자들에 대한 이미지는 오롯이 어머니 마리아의 것이다. 그들에 대한 연민과 사랑은 바로 어머니에 대한 연민과 사랑이다.

둘째, 예수가 가까이한 암하레츠는 사실 이 세상 나라의 암하레츠가 아니었다. 그들은 신의 암하레츠였다. 원래 유대 민족은 선택된 신의 백성들이었다. 예수가 자신을 신의 아들로 인식하면서 암하레츠는 자기 백성이라고 인식했다. "나는 선한 목자라 선한 목자는 양들을 위하여 목숨을 버리거니와"(「요한복음」10:11)라며 예수는 스스로를 암하레츠의 목자라고 선언했다. 이것은 예수가 자신을 메시아이며 신의 아들이라고 투사적 동일시를 한 결과다. "나귀와 나귀 새끼를 끌고 와서 자기들의 겉옷을 그 위에 얹으매 예수께서 그 위에 타시니 무리의 대다수는 그들의 겉옷을 길에 펴고 다른 이들은 나뭇가지를 베어 길에 펴고 앞에서 가고 뒤에서 따르는 무리가 소리 높여 이르되 호산나 다윗의 자손이여 찬송하리로다 주의 이름으로 오시는 이여 가장 높은 곳에서 호산나 하더라"(「마태복음」21:7~10)라는 기록에 따르면 암하레츠들은 예수를 제대로 메시아로 떠받드는 것처럼 보였다. 당시의 권력자들도 자신들의 지지 기반이 암하레츠였다면, 예수 또한 다르지 않았다. 같은 하늘 아래 태양이 둘일 수 없다는 것은, 바로 자신들의 지지 기반인 암하레츠를 나눠 먹기 할 수 없다는 말이기도 하다. 예수가 죽임을 당한 것은 바로 이러한 연유다.

마지막으로, 혼자 있기를 좋아하고, 혼자 기도하기를 좋아하는 예수의 심성이다. 휴 미실다인이 말한 것처럼, 예수는 소외되고 거부함을 당한 '황야의 무법자, 외로운 늑대' 같은 존재였다. 자신이 철저하게 소외되고 거부당한 경험이 있기에, 그들에 대한 공감대는 충분했다. 자신을 아웃사이더로 소외시킨 인사이더들에 대한 증오는, 곧 자신과 동질감을 느끼기에 충분한 아웃캐스트들에 대한 연민으로 이어졌다. 그것은 마치 동전의 양면과도 같은 것이었다.

하지만, 예수의 이런 지극 정성에도 불구하고, 막판에는 암하레츠들로부터 버림을 받다니.

그들이 소리 지르되 없이 하소서 없이 하소서 그를 십자가에 못 박게 하소서 빌라도가 이르되 내가 너희 왕을 십자가에 못 박으랴 대제사장들이 대답하되 가이사 외에는 우리에게 왕이 없나이다 하니 이에 예수를 십자가에 못 박도록 그들에게 넘겨주니라.(「요한복음」 19:15~16)

7. 예수의 최후와 콤플렉스의 완성

최후의 만찬 테이블

  예수는 자신의 죽음을 직감했을까. "유월절 전에 예수께서 자기가
세상을 떠나 아버지께로 돌아가실 때가 이른 줄 아시고 세상에 있는 자
기 사람들을 사랑하시되 끝까지 사랑하시니라"(「요한복음」 13:1)라는
구절을 굳이 들먹이지 않아도, 예수는 미리 예감한 듯하다. 이것은 예
수가 무슨 대단한 예언 능력이 있어서라거나 신의 아들이라서가 아니
다. 자신이 평소 한 행동을 보면서 충분히 예감할 수 있었을 게다. 성전
과 안식일의 금기 사항에 도전한, 신의 아들이며 신과 하나라고 말했던
자신의 모습이 어떤 처벌에 해당하는지 예수는 잘 알고 있었다. 더군다
나 예수의 정적들이 "신성 모독 하는 말을 너희가 들었도다. 너희는 어
떻게 생각하느냐 하니 그들이 다 예수를 사형에 해당한 자로 정죄하
고"(「마가복음」 14:64)라고 잘 말해 주었다. 무엇보다 철저하게 유대인
이었던 예수가 그런 상황을 몰랐을 리가 없다. 그런 각오도 하지 않고,
그 당시의 메이저들과 '맞짱'을 떴을까. 어쩌면 예수 자신이 그런 죽음

을 의도했을 수 있다. '맨땅에 헤딩' 하던 예수로서는, 그런 드라마 같은 죽음을 맞이하는 것이, 이 세상에 자신을 메시아로 어필할 수 있는 좋은 길 중 하나라고 생각했을 수 있다.

과연 유월절에 최후의 만찬을 했을까

사람이 자신의 죽을 날이 바로 코앞이라고 직감하면 어떤 마음 상태가 될까. 어떤 일을 하려고 할까. 아마도 그 사람은 자신이 중요하다 싶은 일을 하게 될 것이다. 예컨대 유언장을 쓰고, 만나고 싶은 사람을 만나고, 못다 했던 하고 싶은 일을 하게 될 것이다.

예수는 자신의 죽음을 앞두고 자신의 사람들과 함께 만찬을 먹었다. "제자들이 나가 성내로 들어가서 예수께서 하시던 말씀대로 만나 유월절 음식을 준비하니라"(「마가복음」 14:16)는 말은 예수가 원해서 한 제자들의 행동이다. 예수는 지금 왜 하필 하고많은 일 중에 최후의 만찬을 선택했을까. 무엇이 그렇게 중요하기에.

제자들과 예수가 함께 먹었다는 게 '유월절 음식'이라면, 우리는 여기서 유월절에 대해서 알아볼 필요가 있다. 건국대학교 히브리학과 최명덕 교수는 "세계에서 가장 오래된 명절은 무엇일까. 두말할 나위 없이 유대인의 유월절이다. 유월절은 무려 3,500년이나 된 명절이기 때문이다. 그렇다면 유대인의 명절 가운데 가장 큰 명절은 무엇일까? 역시 유월절이다. 유월절은 이스라엘 백성이 출애굽한 사건을 기념하는 유대인 최대의 명절이다"[1]라고 유월절을 설명했다. 이 유월절은 이

---

1) 최명덕, 『유대인 이야기』(두란노서원, 1997), 147쪽.

스라엘 민족이 이집트 시절 모세의 대재앙이 임했을 때, 양의 피를 문설주에 바른 유대인의 가정엔 재앙이 피해 갔다는 사건을 기념하는 명절이다. 말하자면 악의 세력을 징벌하고 자신들을 악의 무리에서 구원하는 신의 은총을 기념하는 명절이다.

학자 간엔 이 유월절에 최후의 만찬이 이루어졌는지에 대해 이견이 있다. 존 드레인은 『예수와 4복음서』에서 "유월절 잔치 밥은 예루살렘 성내에서 먹어야 하는데 그랬다. 유월절 잔치는 몸을 옆으로 기대고 먹기도 하는데 그랬다. 유월절 만찬은 밤에 먹었는데 그랬다. 유월절 음식을 양념에 찍어 먹었는데 그랬다. 제자들은 방을 떠나기 전 찬송을 불렀는데 유월절 풍습과 일치한다" 등의 이유로 '유월절 성만찬설'을 찬성하는 학자들의 견해를 소개했다. 반면 "유월절 같은 중요한 명절에 예수가 십자가상에 죽을 리 없다. 유월절에 일체의 노동을 금하는 유대인들이 예수를 심문했을 리 없다. 유월절의 제일 중요한 메뉴인 양고기와 누룩 없는 빵이 언급되지 않았다"라는 이유로 반대하는 학자들의 견해도 보여주었다.[2]

어쨌든 굳이 유월절이 언급되는 이유는 "세상 죄를 지고 가는 하나님의 어린 양"(「요한복음」 1:29)으로서의 예수를 말하고자 하는 이유에서다. 실제로 유대인들은 유월절 전날에 자신들의 죄를 대신하여 죽임을 당할 양을 도살하는 풍습이 있다. "무교절의 첫날 곧 유월절 양 잡는 날에 제자들이 예수께 여짜오되 우리가 어디로 가서 선생님께서 유월절 음식을 잡수시게 준비하기를 원하시나이까 하매"(「마가복음」14:12)

---

2) 존 드레인, 앞의 책, 72~76쪽.

라고 마가는 기록하고 있다. 실제로 예수도 "예수님은 니싼월 14일, 즉 유월절 바로 전날에 처형되었다. 이날은 유월절 양이 도살되는 날과 일치한다"[3]라고 기록되어 있다. 예수는 지금 자신과 '유월절 양'을 동일시하고 있다. 아니면 적어도 예수의 제자들이 동일시하고 있다.

그런 의미에서 보면 가능성은 두 가지다. 우선 유월절일 가능성이다. 진짜로 그렇다면 그것은 예수 자신의 콤플렉스와 그 시대의 역사 시계가 만들어 낸 운명의 장난과도 같은 것이다. 예수의 구세주 콤플렉스와 역사적 시계가 만나 스파크를 일으킨 사건이다.

다음은 유월절이 아닐 가능성이다. 그날이 유월절이 아니었는데, 유월절로 복음서 저자들이 끼워 맞추었을 가능성 말이다. 굳이 이날인 것은 복음서 저자들이 모세를 의식한 데서 기인한다. 유대 민족의 구원자 모세가 기적을 행하여 출애굽을 시킨 유월절을 예수의 캐릭터와 겹치게 하려는 의도다. 마치 헤롯 대왕의 유아 살해 사건이 복음서에 기록된 것은 모세의 '파라오 왕의 유아 살해 사건'과 겹치는 것과 같다. 어쨌든 전자가 사실이라면 예수의 콤플렉스가 작용한 사건이고, 후자가 사실이라면 예수의 제자들의 콤플렉스가 작용하여 각색한 사건이다.

살짝 흔들리는 예수의 평정심

식사를 하다말고 예수가 뜬금없이 이상한 말을 한다. "다 앉아 먹을 때에 예수께서 이르시되 내가 진실로 너희에게 이르노니 너희 중의 한 사람 곧 나와 함께 먹는 자가 나를 팔리라 하

---

3) 최명덕, 앞의 책, 173쪽.

신대"(「마가복음」 14:18)라고. 유대인에게 유월절은 최고로 기쁜 날이기에, 유월절 음식을 먹는 것은 바로 잔치 음식을 먹는 것이다. 이렇게 기쁜 날에 예수는 무슨 심사로 저렇게 무게를 잡는지. 더군다나 너희 중의 한 사람이 나를 판다고 말한 것도 부족하여 자신과 함께 먹는 자가 자신을 판다고 말을 한다. "유월절 전에 예수께서 자기가 세상을 떠나 아버지께로 돌아가실 때가 이른 줄 아시고 세상에 있는 자기 사람들을 사랑하시되 끝까지 사랑하시니라"(「요한복음」 13:1)는 깊은 마음의 예수라면, 그냥 자신 속으로만 알고 있을 수는 없었을까. 굳이 그렇게 말을 해서 분위기에 찬물을 끼얹어야 했을까. 그런 예수의 심사는 무엇일까.

평소 예수의 입은 묵직했다. 하지만, 지금은 자신의 죽음을 앞두고 있는 상황이다. 예수에게도 죽음은 결코 가볍지 않은 문제다. 그런 죽음을 자신에게 선사하는 제자에 대해 그는 함구할 수 없었던 게다. 물론 예수는 그것을 암시함으로써 자신의 제자 가룟 유다가 회개하여 행동을 수정하기를 바랐는지도 모른다. 가룟 유다의 양심에 자극을 주어 다신 한 번 기회를 주고자 함이었을 것이다. 그럼에도 다른 제자들이 보는 앞에서 그렇게까지 말하는 예수는 평소답지 않게 평정심을 잃은 듯 보인다.

제자들은 "근심하며 하나씩 하나씩 나는 아니지요"(「마가복음」 14:19)라고 말한다. 상상해 보라. 스승이라는 사람이 잔치를 베풀어 놓고는 "지금 함께 먹는 너희들 중 하나가 나를 판다"라고 말하고, 제자라는 사람들은 이러한 스승의 눈치를 보면서 서로 "설마 나는 아니지요. 그럼 누구예요?"라고 묻는 상황을. 그러더니 스승이란 사람은 곧바로 "열둘 중의 하나 곧 나와 함께 그릇에 손을 넣는 자니라"(「마가복

음」14:20)라며 참 구체적으로도 말해 준다. 참으로 '친절한 금자씨'가
아니라 '친절한 예수'다.

어쨌든 이런 모든 상황들은 예수에게 가롯 유다의 배신은 무엇보다
도 충격적이었다는 걸 말해 준다. "인자는 자기에 대하여 기록된 대로
가거니와 인자를 파는 그 사람에게는 화가 있으리로다. 그 사람은 차라
리 나지 아니하였더라면 자기에게 좋을 뻔하였느니라 하시니라"(「마가
복음」14:21)는 예수의 말에는 진한 아픔이 배어 있다. 한 사람의 생애를
송두리째 부정할 만큼 큰 아픔이라는 걸 예수는 지금 말하고 있다. 앞으
로 이런 아픔은 겟세마네 동산과 십자가에서 절정에 이르게 되리라.

최후의 만찬은 오이디푸스 콤플렉스의 확대 기록

예수는 곧 이어서 "그들이 먹을 때에 예수
께서 떡을 가지사 축복하시고 떼어 제자들에게 주시며 이르시되 받으
라 이것은 내 몸이니라 하시고…… 이르시되 이것은 많은 사람을 위
하여 흘리는 나의 피 곧 언약의 피니라"(「마가복음」14:22, 24)란다. 이
메시지는 기독교의 핵심 교리인 '예수의 십자가 대속 사건'과 항상 맞
물려 설명되곤 한다. 예수의 몸을 희생하여 세상 사람들을 구원하는 예
수를 상징하는 것으로 해석된다. 하지만, 기독교의 그런 교리적 해석에
도 불구하고 지금 예수와 제자들이 벌이는 유월절 만찬 장면은 특별한
게 아니다. 유월절 명절이 되면 유대인의 평범한 가정에서도 볼 수 있
는 장면 중 하나다. 복음서 저자들과 기독교 학자들이 어떠한 의미를
부여한다고 해도 말이다.

어쨌든 이러한 모습을 심리학적으로 탁월하게 설명해 주는 책이 있
다. 앞에서도 살펴본 『종교와 무의식』이 바로 그것이다. 이 책에 의하

면 "프로이트에게 있어서 그리스도의 상징은, 특히 성만찬 의식 안에서—모든 어른들 속에 있는—어린아이의 오이디푸스 갈등과 그 갈등의 궁극적 해소를 상징한다."[4] 이어서 "전 인류의 과거와 특정 개인들의 현재가 이 무의식의 기능을 통해 연결된다. 유대 기독교 전통은 이 오이디푸스 드라마의 단순한 확대 기록이다. 종교는 극복하지도 못하고, 포기하지도 못함으로 해서 신경증이 되어 버린, 어린 시절의 갈등의 성인판이다"[5]라고 설명한다. 성만찬은 전 인류의 어린 시절 오이디푸스 콤플렉스의 기록이라는 이야기다.

이것을 풀어 설명하기 위해 이 책은 "일 년에 한 번 정해진 날에 이 동물을 죽이고 먹는 의식이 행해지는데 이는 원초적 살인과 아버지—신의 힘과 성적 특권을 아들들이 자신 안에 들이는 행위의 재연인 것이다"라며, 원시 시대의 토템 신앙으로 건너간다. 이어서 "오이디푸스 갈등은 종교가 그 속죄의식을 통해서 만족시켜야 하는 필요를 만들어 낸다. …… 우리가 성만찬에서 행하는 것은 아버지를 죽인 데 대한 벌로서, 죽임을 당한 아들을 먹는 것이 아니냐는 것이다. 신경증은 해소되지 못한 오이디푸스 문제로 거슬러 올라가며, 그리하여 신경증은 종교와 공통의 근원을 갖는다"[6]라며 토템 신앙과 예수의 성만찬, 나아가서 종교의 근원을 설명해 낸다. 이런 현상을 보면서 심리학자 라이크(Theodor Reik)는 "당신은 당신이 먹는 그 사람입니다"라고 직설적으로 표현했다.

---

4) 앤 배리 율라노프, 앞의 책, 127쪽.
5) 위 책, 125쪽.
6) 위 책, 126~127쪽.

라이크는 이어서 "먹음을 통한 공격심은 동일시 현상의 면들을 통해 더 잔인한 측면을 보여 준다. '나는 너를 먹을 수 있을 만큼 사랑해!'라는 말은 이 잔인성에 대해서 표현해 준다. 자기는 자기와 다른 면을 지닌 타자를 흡수하고 파괴한다. 타자는 더 이상 타자로서 존재하지 않는다. 그것은 내 안에, 나의 것으로서, 나의 부분으로서 존재해야 한다"[7]라고 실감나게 설명한다. 이어서 심리학자 라이히(Wilhelm Reich)는 "그것은 생체 에너지-세력이며, 이것이 곧 예수 그리스도에게서 제시된 신이라고 한다. 진리는 많은 사람들이 믿는 것처럼 어떤 윤리적 이상이 아니라, 이 중심적인 생명 세력과의 살아 있는 접촉이다. 예수 그리스도의 형상은 우리 자신들 밖에 있는 어떤 것이 아니라 우리 각자 안의 생명 세력의 내재함이다"[8]라며, 예수의 성만찬의 의미와 상징성을 드러내 준다. 이것은 기독교가 그토록 주장하는 "동질론의 교리는 그리스도가 아버지와 정확하게 같은 본질을 지닌다고 선언한다"[9]는 것과 상통한다. 심리적으로는 동일시와 동일하다.

정리하자면, 예수는 지금 아버지 요셉과의 오이디푸스 콤플렉스를 다시 한 번 확인하면서, 나아가서 자신의 제2의 아버지인 신과 동일시하는 행위를 하고 있다. 또한 자신의 제자들에게도 그대로 따라 하게 하는 의식을 하고 있는 중이다. 마치 이것은 도둑질해 온 물건을 동료들과 나누어서 공범으로 만들려는 범죄자와 같은 심정이다. 원초적으로는 신과의 동일시, 당장은 제자들과 동일시, 넓게는 전 인류와 동일

---

7) 위 책, 128쪽.
8) 위 책, 132쪽.
9) 위 책, 128쪽.

시를 드러내는 예수의 퍼포먼스다.

겟세마네 동산의 좌절, 그리고 승리

어디서부터 꼬인 걸까. 무엇이 잘못된 것일까. 예수는 지금 죽음을 향하여 한 걸음씩 발을 떼고 있다. 예수의 죽음과 고난에 대해 기독교에서 어떤 고상한 의미를 부여한다고 해도, 예수 당사자에겐 여전히 맞이하고 싶지 않은 끔찍한 순간임에는 틀림없다. 그것도 예수가 그토록 사랑하던 제자와 군중들로부터의 배신이라니. 왜 이런 일이 있어야만 했을까.

제자들의 배신

예수는 3년 동안 공적 사역을 했다. 예수가 한 일 중에 가장 공들인 일이 무엇일까. 대답은 여러 가지일 수 있다. 그럼에도 예수가 가장 공들인 일을 꼽으라면 바로 제자 육성이다. 예수의 공생애 3년, 참으로 길지 않은 기간이다. 이 3년 동안 예수가 일을 하면 얼마나 했을까. 그런 면에서 자신의 메시지를 세상에 퍼뜨릴 자신의 사람들을 육성하는 것을 주요 전략으로 삼은 예수는 매우 지혜롭다. 예수의 거의 모든 기적과 사역이 제자들 앞에서 행해진 것은 다 그런 이유에서다.

그 사람이 어떤 사람인가를 보려면, 그 사람의 친구와 주변 사람들을 보면 알 수 있다. 예수의 제자들의 내력을 볼까. '열심당원'이었던

가룟 유다. 열심당은 침략국 로마를 물리치고 이스라엘의 독립을 쟁취하려는 아나키스트들의 모임이다. 세리였던 마태. 세리는 당시 이중 과세 제도에서 태어난 세금 징수원이다. 세금을 많이 거둬 로마에게 적당히 주고 나머지는 자신들이 차지한 사람들이었다. 군중들 입장에서 보면 로마의 앞잡이 같은 존재들이었다. 어부 출신 빌립, 베드로, 요한, 안드레, 야고보 등이다. 어부라고 해서 바다를 상대로 어업을 하는 대단한 어부들이 아니다. 이스라엘 갈릴리 호수가 조금 크다는 이유로 이스라엘 사람들은 바다라고 부르기도 했고, 그 호수에서 고기를 잡던 게 고작이다. 나머지 제자들은 출신 성분이 밝혀지지 않았다. 한눈에 봐도 소위 아웃캐스트, 프롤레타리아, 아웃사이더, 블루칼라, 노동자, 마이너 등이다. 거기엔 소위 메이저급은 아무도 없었다. 그도 그럴 것이 메이저가 뭐가 아쉬워서 예수와 놀겠는가.

어쨌든 메이저로부터, 당시 사회로부터 소외당하고 거부당한 사람들이 예수에게 모였다. 유유상종은 시대가 아무리 바뀌어도 여전히 진실이다. 예수는 자신의 제자들에게서 자신의 모습을 보았고, 그들에게 더욱 애착이 갔다. 그들을 사랑하는 것은 곧 자신을 사랑하는 것과 동일했다. 예수에게 에너지가 있었다면, 그것은 거의 모두 자신의 분신과도 같은 제자들을 양육하는 데 쏟아 부었으리라.

그랬던 예수에게 시쳇말로 뒤통수를 치기 시작한 제자가 바로 가룟 유다였다. "내가 예수를 너희에게 넘겨주리니 얼마나 주려느냐 하니 그들이 은 삼십을 달아 주거늘"(「마태복음」 26:15)이라는 성경 구절은 가룟 유다의 거래 장면을 담고 있다. 지금 유다는 자신의 스승을 담보로 권력자들과 거래를 하고 있다. 참 우스운 일이다. 세상 누구보다 권력자들을 증오했던 유다가 다른 누구도 아닌 그들에게 거래를 하고 있다니. 그것도 자신의 스승을 담보로. 한때는 이 세상 누구보다 예수를 존경했기에, 예수의 표현대로 모든 것을 버리고 예수를 따랐거늘.

어디서부터 뒤틀렸을까. 학자들의 견해는 이렇다. 열심당원 유다의 눈에 비친 예수는 로마를 압제하고 독립 이스라엘을 쟁취할 영웅으로 보였다. 그래서 그를 따랐다. 실제로 예수가 보여 준 기적 행위들은 유다가 그런 생각을 하기에 충분한 양식을 제공했다. 하지만 예수 옆에 다가가서 생활해 보니, 그것은 멀리서 볼 때의 환상이었을 뿐이다. 만날 하는 소리가 "가난한 자가 복이 있다"느니 "원수를 사랑하라"느니. 마음에 안 드는 소리만 골라서 한다. 급기야 "조금 있으면 나는 십자가에서 죽는다"라는 선언까지 한다. 유다로선 예수에게서 실망을 넘어 절망감을 맛보았다. 사랑하고 존경한 만큼 유다는 증오도 컸으리라. 유다 입장에서 보면 먼저 배신한 것은 유다가 아니라 예수였다. 물론 유다가 만든 '예수 이미지의 배신'이라고 하는 것이 더욱 정확하지만 말이다.

유다의 출신 성분이 열심당원인 만큼 행동도 적극적이다. "예수를 파는 자가 그들에게 군호를 짜 이르되 내가 입 맞추는 자가 그이니 그를 잡으라 한지라"(「마태복음」 26:48)며 예수를 파는 데 앞장선다. 소위 '죽음의 키스'를 하면서까지 권력자들의 앞잡이로 전락한다. 그렇게 배신을 하던 유다는 "유다가 은을 성소에 던져 넣고 물러가서 스스로 목매어 죽은지라"(「마태복음」 27:5)는 증언대로 자살을 한다. 이런 유다의 행위로 봐선 아마도 '예수의 역전'을 생각했으리라. 자신이 예수를 종교 권력자들에게 팔아넘기면, 예수는 궁지에 몰릴 것이고, 궁지에 몰린 예수는 초인적인 힘을 발휘해 역전을 시키는 '역전 드라마'를 생각했을 수 있다. 어쨌든 유다는 예수를 판 것을 후회한 것은 틀림이 없어

보인다.

다음은 베드로를 볼까. 후세의 사람들은 베드로를 일러 예수의 수제자라고 부른다. 그만큼 예수의 '베드로 사랑'은 남달랐다. 어떤 면에서보면 베드로가 예수의 연민을 자극하기에 제일 적합했을 수도 있다. 어부라는 천한 직업에다가 단순 무식하고, 다혈질인 베드로였다. 장점은예수를 위해 언제라도 죽을 준비가 되어 있는 충성파라는 것이다. 예수자신의 과거를 닮은 제자들을 사랑하는 중에서 베드로만큼 예수 자신의 과거에 대한 보상 심리를 만족시켜 줄 사람은 없었는지도 모른다.사실 조직의 우두머리로선 이런 충성파가 제일 든든하겠지만, 객관적으로 보면 그런 충성파가 다른 조직을 유해하는 데 앞장서는 이른바'사람 잡는 사람'이기도 하다.

과연 '예수 충성'에 대한 베드로의 대답도 걸작이다. "모두 주를 버릴지라도 나는 결코 버리지 않겠나이다"(「마태복음」 26:33)란다. 그냥예수를 버리지 않겠다면 될 것을 '다른 제자들이 모두 예수를 버린다고 해도'라고 단서를 붙인다. 은근히 자신의 충성심을 과시하고, 나아가서 다른 제자들의 충성을 무시한다. 자신의 충성만이 특별하다는말이다.

어쩌면 영웅심이 대단한 베드로를 보면서 예수 자신도 자신의 영웅심을 보는 듯했으리라. "내가 진실로 네게 이르노니 오늘 밤 닭 울기 전에 네가 세 번 나를 부인하리라"(「마태복음」 26:34)는 예수의 말에 "내가 주와 함께 죽을지언정 주를 부인하지 않겠나이다"(「마태복음」 26:35)라는 베드로의 대답을 보라. 예수와 함께 죽으면 죽었지 자신의 사전에 배신이란 단어는 없다고 호언장담한다. 조금 있으면 베드로가 세번 예수를 부인할 장면을 미리 알고 있는 우리로선 가관이 따로 없다.

성질 급한 '단순 무식'의 전형이다.

"베드로가 바깥뜰에 앉았더니 한 여종이 나아와 이르되 너도 갈릴리 사람 예수와 함께 있었도다 하거늘"(「마태복음」 26:69)로 시작한 베드로의 시험. 그 후로도 또 다른 여종과 곁에 서 있던 사람들이 차례로 베드로를 예수와 동료로 취급하지만, 베드로는 아니라고 부인한다. 부인할 때도 그냥 부인하지 않고 굳이 "베드로가 맹세하고 또 부인하여 이르되"(「마태복음」 26:72)라고 하는 것은 과연 베드로답다. 베드로는 닭이 울고 난 다음에야 스승의 말이 떠올라 밖에 나가서 심히 통곡했다. 예수의 최후를 다루는 영화에선 베드로와 예수가 눈이 마주치는 장면이 나온다. 자신을 부인하는 베드로를 바라보는 예수의 심정은 어땠을까.

사실 다른 제자들도 마찬가지다. "베드로가 이르되 내가 주와 함께 죽을지언정 주를 부인하지 않겠나이다 하고 모든 제자도 그와 같이 말하니라"(「마태복음」 26:35)는 구절처럼 예수의 제자들 모두가 예수를 죽는 한이 있어도 부인하지 않겠다고 했다. 하지만, 그들은 예수가 잡힐 무렵, 모두 그를 떠나 숨어 버렸다. 한마디로 예수가 가장 공들였던 공든 탑이 와르르 무너지는 순간이었다. 아마도 예수의 고난 장면 중 제자들의 배신이 예수에게 제일 큰 고통이었으리라. 브루투스의 칼에 맞아 죽으면서 "브루투스 너마저"라고 외쳤던 시저의 심정이 아니었을까.

겟세마네의 고통

예수는 또다시 혼자다. 그렇게 자신이 아낌없이 주었던 제자들도, 무한한 사랑으로 긍휼히 여겼던 군중들도 모두 자신을 버릴 기세다. 겟세마네 동산에서 예수는 피눈물을 흘렸다.

"베드로와 세베대의 두 아들을 데리고 가실 새 고민하고 슬퍼하사"(「마
태복음」 26:37)와 "이에 말씀하시되 내 마음이 매우 고민하여 죽게 되었
으니"(「마태복음」 26:38)라는 구절은 예수의 심정을 잘 표현해 준다. 예
수는 지금 고민하고 슬프다. 죽을 만큼 고민스럽다.

　그런데 예수는 왜 그토록 고민하고 슬퍼했을까. 과연 예수는 무엇을
고민했을까. 심리적으로 고민한다는 것은 가치관의 충돌, 자아의 충돌
을 의미한다. 마음이 둘로 나뉜다는 것을 의미한다. 예수의 고민은 바
로 "내 아버지여 만일 할 만하시거든 이 잔을 내게서 지나가게 하옵소
서 그러나 나의 원대로 마시옵고 아버지의 원대로 하옵소서 하시고"
(「마태복음」 26:39)였다. 자신의 뜻과 아버지 신의 뜻이 다르다는 데 있
었다. 자신의 의지와 아버지 신의 의지 간에 충돌이 일어났다. 그동안
은 아버지 신과 밀월관계를 보냈다. 예수의 투사적 동일시는 훌륭히 그
임무를 수행하고 있었다. 하지만, 지금은 아니다. 그동안 잘 굴러 왔던
자신의 심리 상태에 제동이 걸렸다. 자신의 무의식 속에 숨겨져 있던
콤플렉스와 자아 등이 최후의 발악을 하는 순간이다. 군중과 제자들로
부터 거부당하는 자신을 보면서 그 옛날 상처와 고통이 한꺼번에 밀려
오는 듯했다. 지금 예수의 마음속에는 거대한 충돌의 회오리가 치고 있
다. 주체할 수 없는 분노, 고민, 좌절, 고통, 슬픔의 에너지가 용솟음치
고 있다.

　자신의 뜻은 사람들에게 거부당하지 않고 살아남는 것이다. 반면 아
버지 신의 뜻은 지금의 상황을 그대로 받아들이고 감당하라는 것이다.
한마디로 죽음을 받아들이라는 것이다. 사실 예수가 참을 수 없었던 것
은 자신이 죽어야 한다는 사실보다, 군중과 제자들이 자신을 버린 것보
다, 언제까지나 자신의 편이라고 생각했던 아버지 신까지 자신을 거부

하고 있는 데 있다. 이것은 십자가상에서 "나의 하나님, 나의 하나님, 어찌하여 나를 버리셨나이까"(「마태복음」 27:46)라는 예수의 울부짖음에서 절정을 이룬다. 예수는 생애 시작부터 평생에 걸쳐 '거부'라고 하는 단어와 싸웠고, 그 때문에 무지막지한 콤플렉스에 시달렸고, 이제 겨우 그것과 화해하나 싶었는데, 최후의 순간에 자신을 최고 큰 고통으로 몰아가는 제일 요인이 되고 있다.

'이게 뭐란 말인가. 내 인생은 왜 이 모양인가. 평생에 걸쳐 버림받았다는 느낌 때문에 인생이 슬펐는데, 또다시 이런 일이 생기다니. 그것도 가장 믿었던 아버지 신마저. 이 순간에 또다시 나 혼자인가. 나는 도대체 어떻게 하란 말인가. 어디서부터 꼬인 것인가. 아니 내가 무엇을 잘못했단 말인가. 나는 저들을 사랑하고 아낌없이 준 죄밖에 더 있단 말인가. 이제 나는 또 어떻게 내 인생을 추스른단 말인가. 평생 쌓아온 나의 인생이 이 한순간에 와르르 무너진단 말인가. 나는 과연 이 상태에서 나 자신을 재생시킬 수나 있을까. 아, 도저히 자신이 없다. 이대로 내 삶의 여정을 포기해야 한단 말인가.'

예수가 얼마나 큰 고통에 빠졌는지 잘 설명해 주는 구절이 있다. "예수께서 힘쓰고 애써 더욱 간절히 기도하시니 땀이 땅에 떨어지는 핏방울같이 되더라"(「누가복음」 22:44)가 바로 그것이다. 프레데릭 저거비(Frederick Juggerbey) 컬럼비아 대학 법의학 교수는 사람의 고민이 극에 달할 경우 땀이 핏방울처럼 흘러내리는 경우를 100번 정도 보고받았다고 설명한다. 이 현상을 '헤마티드로시스'라 하는데, 사람이 극도의 불안감을 느낄 때 동맥이 터져 피가 땀샘으로 스며드는 현상을 말한다고 한다. 경험자들 중 교수대나 단두대 앞에 선 사형수들도 그러한 현상이 여섯 건이나 있었다고 보고하고 있다.

어쨌든 또다시 예수는 거부의 경험의 선상에 있다. 한 사람이 아무리 변화하고 달라지더라도 한 번 무의식 속에 뿌리박힌 콤플렉스와 상처는 없어지거나 치유되는 게 아니다. 단지 화해하고 완화될 뿐이다. 예수가 아무리 천지개벽을 하는 종교 체험을 하고 달라졌다고 해도, 여전히 상처는 상처일 뿐이다. 기독교식으로 표현하자면 '성령 폭발'을 받아도 사람은 완전히 변하지 않는다. 오히려 그 상처가 최후의 순간이나 막다른 골목에 이르면 자신의 속에서 '지랄발광'을 할 수도 있다. 예수는 지금 그 콤플렉스와 정면으로 부딪치고 있는 중이다.

겟세마네의 승리

겟세마네 동산에서 예수가 사투를 벌이는 동안 제자들은 잠만 자고 있었다. 홀로 기도하던 예수가 세 번에 걸쳐서 제자들에게 왔을 때, 제자들은 모두 비몽사몽간이었다. 자신의 스승이 죽게 되었다는 절망감이 그들을 무기력하게 했으리라. 사람은 무릇 희망이 사라졌다고 생각할 때 모든 의욕이 사라지고 무기력해지는 법이다.

그럼에도 예수는 "돌아오사 제자들이 자는 것을 보시고 베드로에게 말씀하시되 시몬아 자느냐 네가 한 시간도 깨어 있을 수 없더냐"(「마가복음」 14:37)라고 독촉한다. 예수가 얼마나 '똥줄'이 탔는지 알 수 있는 대목이다. 제자들의 피곤함과 절망감을 잘 알고 있는 예수였지만, 그 순간 제자들의 무성의한 태도는 예수로 하여금 더 깊은 절망에 빠져들게 했으리라. 예수조차 제자들에게 분노할 에너지는 없었다. 예수 또한 무기력한 상태였으니 말이다.

이 모습은 갈릴리 호수에서 풍랑을 만난 지난 시절의 상황과 많이 겹친다. 예수와 함께 제자들이 배를 타고 호수를 건너가던 중 풍랑을 만났다. 광풍이 심해서 배가 뒤집어질 것 같았다. 그런데도 예수는 배 한쪽에서 편안히 잠을 청하고 있었다(지금 제자들이 지쳐서 잠에 취해 있는 상황과 대조적이다). 이때 "예수께서는 고물에서 베개를 베고 주무시더니 제자들이 깨우며 이르되 선생님이여 우리가 죽게 된 것을 돌보지 아니하시나이까 하니"(「마가복음」 4:38)라며 예수를 흔들어 깨운다. 제자들은 자신이 위험에 처해 있을 때 자신의 스승을 흔들어 깨우며 구원을 요청했다. 당신은 우리를 위험에서 보호해야 할 책임이 있지 않느냐고 주문하고 있는 셈이다. 그런 제자들이었건만, 정작 예수의 위험 순간에는 제자들은 도리어 잠을 청하고 있다. 이젠 예수가 거꾸로 제자들을 흔들어 깨운다. 하지만, 그들은 여전히 힘이 없다. 잠에 취해 있다. 예수와 제자들이 실랑이하는 모습은 바로 우리들 자신의 모습이라고 할 수밖에. 인생은 그렇게 콤플렉스의 반복이라 할 수밖에.

"세 번째 오사 그들에게 이르시되 이제는 자고 쉬라 그만 되었다 때가 왔도다 보라 인자가 죄인의 손에 팔리느니라"(「마가복음」 14:41)는 예수의 멘트는 뭔가 결정한 듯한 비장함이 묻어 있다. 두 번째까지 제자들에게 올 때는 피곤함이 역력하던 예수였지만, 이젠 뭔가 달라 보인다. "때가 되었다. 너희들은 쉬어라. 내가 죄인의 손에 팔려 간다"라고 말하는 예수. 그렇다. 예수는 조금 전까지 사투를 벌이다가, 다행히도 자신의 내면에서 그 갈등을 화해시킨 것이다. 예수의 말대로 지금은 자신이 죽어야 할 때임을 받아들인 것이다. 자신의 콤플렉스와 거부당함의 고통과 '맞짱'을 뜬 후 승리의 깃발을 꽂은 셈이다. 사실 자신과의 싸움에서 이기고 나면 나머지는 크게 문제가 되질 않는다. 이래서 예수가 가지고 있는 콤플렉스와 출신 성분의 핸디캡에도 불구하고 성인이라 불릴 수 있는 자격이 주어지는 것일 게다. 성인이란 다름 아닌 자기 자신과의 싸움에서 이긴 사람이 아니던가.

이제 "일어나라 함께 가자 보라 나를 파는 자가 가까이 왔느니라" (「마가복음」 14:42)고 제자들에게 선언한다. 자신의 운명과 정면으로 부딪쳐 나갈 결연한 의지가 돋보인다. 이젠 괴로워하지 않고 정면으로 승부하겠다는 장군의 모습이다. 이젠 자신을 팔려고 다가오는 갸롯 유다도, 자신을 죽이려는 종교 권력자들도, 자신을 십자가에 못 박으라고 외칠 군중들도, 자신을 죽음에 내어 준 빌라도 총독까지도 모두 모두 미워하지 않을 자신이 생긴 것이다. 자신의 내부에 있는 자신의 모습—비록 그 모습이 심하게 일그러진 콤플렉스라 할지라도—을 받아들였는데, 세상에 그 어떤 것인들 받아들이지 못할 이유가 없는 것이다.

"사회는 인간관계의 소산이며 당신의 관계와 나의 관계의 총화입니다. 만일 그 관계 속에서 우리가 변하면 사회도 변합니다"[10]라는 크리슈나무르티의 지혜를 군이 예로 들지 않아도 될 듯하다.

빌라도 법정에 서다

당시 종교 권력의 최고 지도자들인 대제사장의 사람들이 예수를 체포했다. 권력자들은 항상 타협하고 협상한다고 말하지만, 종국에 가선

---

10) 크리슈나무르티, 앞의 책, 226쪽.

공권력을 투입한다. 어쩌면 그것은 예나 지금이나 권력자들의 권력 행사의 수순이었다. 공권력 투입의 전 단계는 말 그대로 전 단계일 뿐이다. 당시 종교 지도자들도 예수의 사역 현장에 나타났다. 그들은 예수가 안식일에 병을 고치고 죄인들의 무리에서 어울리는 것을 지탄하며, 율법과 당시 사회 규례를 들어 반론하기도 했다. 그들은 처음부터 예수를 죽이지 않았다. 나름 합리적인 방법으로 예수를 타이르고, 반박하고, 협상했다. 예수의 반사회적 행적과 반종교적 행위를 민중들에게 알리려고 무던히 애를 썼다. 하지만 그것은 어쩌면 공권력 투입을 위한 전술로서 일종의 쇼였다. '우리가 타일렀으나 예수는 듣지 않았다. 그러므로 이 사태의 책임은 예수에게 있다'는 걸 군중에게 확인시켜 주는 작업이었으리라.

빌라도는 영원한 악인인가

> 본디오 빌라도에게 고난을 받으사 십자가
> 에 못 박혀 죽으시고.

이것은 교회에서 예배 때마다 낭송되는 신앙 고백—사도신경—이다. 소위 예수의 사도들이 신앙 고백한 내용을 정리했다는 기도문이다. 사도신경은 세계 곳곳의 교회에 퍼져서 예배 때마다 읊어져 왔다. 지나간 인류사에서도 수많은 교회들이 그래 왔다. 그런데 그 고백문 중에 유일하게 예수가 아닌 유일한 남성이 언급되는데 그가 바로 빌라도다. 신앙 고백에는 엄연히 빌라도 로마 총독이 예수를 고난 받게 했고, 십자가에 못 박혀 죽게 한 것처럼 나왔다. 그래서 빌라도는 예배 때마다 교회의 적 또는 악인으로 간주되곤 한다. 정말 그럴까.

예수가 체포되어 이스라엘 당시 최고의 권력자인 로마 총독 빌라도에게 보내졌다. 예수가 평생 시달렸던 출신 성분에 대한 콤플렉스, 그래서 주류 콤플렉스로 이어졌던 바로 그 시대의 핵심 메이저와 일대일로 만나게 된다. 로마 황제를 대리해서 이스라엘을 다스렸던 빌라도이니만큼 예수는 로마 황제의 권력과 마주하게 된 셈이다. 이스라엘의 종교 지도자들이 빌라도에게 일러바친 예수의 죄목이 아주 흥미롭다. 예수가 유대인의 왕이라고 자처했으며, 이는 로마 권력에 반역을 한 대역죄인임을 강조했다.

빌라도는 예수를 보자 묻는다. "예수께서 총독 앞에 섰으매 총독이 물어 이르되 네가 유대인의 왕이냐"(「마태복음」 27:11)라고. 이에 "예수께서 대답하시되 네 말이 옳도다 하시고"(「마태복음」 27:11)란다. 당시 권력의 핵심 메이저에게 하는 예수의 대답은 놀라웠다. 하지만, 빌라도가 볼 때 예수의 몰골은 반역자의 몰골이 아니었다. 그가 설령 고변자의 말대로 유대인의 왕이라고 주장하더라도, 예수에게서 로마를 반역할 기운을 전혀 찾아내지 못했던 것이다.

예수 입장은 이렇다. 빌라도가 예수에게 "네가 유대인의 왕이냐"라고 물었을 때, 서슴없이 "네 말대로 내가 유대인의 왕이다"라고 말한 예수. 이젠 그 어떤 것도 두렵지 않다는 처사로 보인다. 이미 겟세마네 동산에서 벌였던 자신과의 싸움에서 승리한 예수가 아닌가.

이런 상황에서 빌라도의 행동은 아주 묘하다. 이스라엘 사람들의 고변이 사실이라면, 빌라도가 발끈해서 예수를 당장 사형시키라고 명령할 수 있을 법한데 말이다. 빌라도가 보기에도 유대 종교 지도자들의 고변이 억지라고 보였을 수도 있다. "이는 그가 그들의 시기로 예수를 넘겨준 줄 앎이더라"(「마태복음」 27:18)라는 구절이 이를 설명해 준다. 빌라도는 자신의 정치적 입지를 확보하려 하고 있다. 자신이 예수를 사형시키면 이스라엘 군중들의 반발이 예상되기에 고변한 무리들에게 예수를 넘겼다. 자신의 손을 쓰지 않고 예수도 사형시킬 수 있고, 권력을 이스라엘 지도자들에게 위임하는 듯한 모양새를 취해 자신의 관대함을 나타낼 수 있고, 나아가서 예수의 죽음이 문제가 되면 모든 책임을 고변한 사람들에게 돌릴 수 있다는 계산이다. 사실은 예수의 죄 없음을 빌라도가 간접적으로 시인하게 하는 것은 예수의 제자들이 이 전기를 기록했기 때문이다. 예수의 무죄함을 빌라도를 통해서 주장하고 있는 것이다.

빌라도는 다시 한 번 군중과 제사장들에게 묻는다. "지금 현재 잡혀 있는 강도 바라바를 놓아 주랴, 예수를 놓아 주랴. 너희들이 선택하라"고. 그러자 사람들은 하나같이 "바라바를 놓아 주라"고 요구한다. "빌라도가 이르되 그러면 그리스도라 하는 예수를 내가 어떻게 하랴 그들이 다 이르되 십자가에 못 박혀야 하겠나이다"(「마태복음」 27:22)라고 한다. 빌라도는 정치인이다. 군중들의 지지가 곧 권력의 기반임을 누구보다 잘 안다. 그런 그가 무리수를 둘 리는 없다. 군중에게 선택권을 넘겼다. 군중들은 바라바를 선택했고, 예수를 십자가에 못 박으라고 요구했다. "빌라도가 이르되 어찜이냐 무슨 악한 일을 하였느냐 그들이 더욱 소리 질러 이르되 십자가에 못 박혀야 하겠나이다 하는지라"(「마태복음」 27:23)고 빌라도는 또 한 번 예수의 석방을 강구하는 듯 보인다. 참 애쓴다. 빌라도가 애를 쓰는 것인지, 아니면 빌라도의 행동 묘사를 통해 예수의 무죄를 증명하려는 복음서 저자들이 애쓰는 것인지.

사실 여기서 우리는 예수 콤플렉스의 폐해와 정면으로 만나게 된다.

"예수가 이 지구촌에 오지 않았더라면 그리고 인류 모두가 죄인이라고 선포하지 않았더라면 우리 인류에게는 죄가 없었을 것이라는 역설이 성립되는 게 예수의 죄에 대한 견해다. 예수가 있는 곳 혹은 예수를 믿는 사람들에겐 모든 인류가 죄인이 되겠으나 예수를 부정하거나 아예 예수를 모르는 사람들은 죄인이 되지 않는다는 뜻이다"[11]라는 이드의 견해를 보라. 지금 이 장면에서도 예수의 무죄를 증명하려 할수록 더욱 죄인이 되는 것은 당연히 그 당시 군중과 제사장들이다. 예수가 메시아, 구원자라고 강조될수록 대다수의 사람들과 이 세상은 악의 구렁텅이라고 강조하는 꼴이 되고 만다. 예수와 그 제자들이 메시아 콤플렉스에서 벗어나지 못한다면, 세상은 자꾸만 악의 구렁텅이가 되는 역설이 숨어 있다.

드디어 빌라도는 특단의 조치를 내린다. "빌라도가 아무 성과도 없이 도리어 민란이 나려는 것을 보고 물을 가져다가 무리 앞에서 손을 씻으며 이르되 이 사람의 피에 대하여 나는 무죄하니 너희가 당하라"(「마태복음」 27:24)라고. 빌라도는 진짜 정치인이었다. 그는 도덕가도 아니고 종교인도 아니었다.

백성들은 왜 예수를 십자가에 못 박으라 했을까

이에 "백성이 다 대답하여 이르되 그 피를 우리와 우리 자손에게 돌릴지어다 하거늘"(「마태복음」 27:25)이라고 아우성친다. 그렇게나 예수를 죽이고 싶었을까. 그 백성들이 어제는 예수

---

11) 이드, 앞의 책, 41쪽.

를 메시아라고 칭송하며, 나귀 탄 예수의 발 앞에 옷을 깔던 사람들이 아니었던가. 예수가 그토록 사랑했던 암하레츠요, 아웃캐스트요, 아웃사이더들이 아니었던가.

우리는 이러한 현상들을 어떻게 볼 것인가. "누구나 개인적으로는 전쟁을 비난하지만 집단이 되면 전쟁을 일으키는 쪽에 찬성한다"[12]는 로버트 A. 존슨의 말에서 빛을 발견한다. 개인적으로 예수가 죽었으면 좋겠다는 사람이 그 자리에 얼마나 있었을까. 예수가 평소 군중들에게 베푼 기적과 사랑을 한 번쯤 맛본 암하레츠(민중)가 있었을 터. 멀리서나마 바라보며 동경하던 사람도 있었을 터. 하지만 그 광란의 밤에는 뭔가 홀린 듯 그들은 예수를 죽이라고 아우성치고 있다. 아마도 그들은 두려웠을 것이다. 자신들이 지지했던 예수가 폭삭 내려앉고 나면, 그대로 자신들에게 정치적 보복 내지는 불이익이 돌아올 거라고 예감했으리라. 지금은 집단 지성이 마비된 상태다. 예수의 죽음을 개인적으로 원하든 원하지 않든 상관없이 지금의 대세는 예수를 죽이는 것이다.

이러한 군중들의 심리는 어땠을까. 며칠 전만 해도 예수를 메시아라고 환호하며 추켜세우던 사람들이 그들이었다. 로마의 압제, 유대 지도자들의 폭정으로부터 구원해 줄 메시아로 예수를 지목했던 군중들이었다. 그런 그들이 오늘은 돌변해서 예수를 십자가에 못 박아 죽이라고 외친다. 그것도 그들이 그렇게 증오했던 로마 권력자에게. 로마만 생각하면 이가 갈린다고 생각하던 그들이 어째서 지금은 로마의 권력을 정식으로 시인하는 행위를 하고 있을까. 죄인을 사형하는, 말하자면 로마

---

12) 로버트 A. 존슨, 앞의 책, 43쪽.

의 사법적 권력을 지금 그들은 대놓고 인정하고 있는 꼴이다. 그러면서 로마의 권력으로부터 어쩌면 해방시켜 줄지도 모를 예수를 고변하는 데 앞장서고 있다.

심리적으로 보면 군중들은 영악했다. 물론 거시적 안목으로 보면 어리석은 행위였을 수도 있었지만 말이다. 어쨌든 군중들이 예수를 추켜세운 것은 예수 자체를 존경하거나 사랑해서가 아니었을 수 있다. 군중들 입장에서 가난한 목수의 아들이며, 사생아의 아들이며, 나사렛 시골 출신인 예수를 진심으로 존경해야 할 만한 명분이 없었다. 다만 자신들을 구원해 줄 메시아가 필요했고, 그 메시아가 예수였으면 하는 바람이 있긴 했다. 자신들의 오래된 로마 콤플렉스로부터 탈출시켜 줄 대리적인 영웅으로 예수를 지목했다. 지금 이 장면은 마치 예수가 악마로부터 받았던 '성전 꼭대기에서 뛰어내리라'는 유혹이 현실 세상에서 재현되고 있는 듯하다. 로마 군사들이 예수를 제압하면, 예수는 하늘의 군사를 동원해서 극적인 역전을 이뤄 내지 않을까라고 군중들은 기대했는지도 모른다. 그러면서도 예수의 몰골로 보아선 로마를 무찌르고, 유대 지도자를 제압해서 새로운 신의 나라를 건설하지 못할 수도 있다는 불신도 있었으리라. 하지만 군중 입장에선 밑질 것이 없었다. 예수가 실제로 그들을 구원해 내는 메시아라면 좋은 것이고, 아니더라도 상관없었다. 잠시나마 그런 해방감을 예수를 통해 맛보았으면 그것으로 족했다.

하지만 마음 한쪽으로 기대했던 것들이 그들의 눈앞에서 물거품이 되고 있었다. 그동안 자신들에게 기적을 베풀었던 슈퍼맨 예수가 더 이상 아니었다. "가난한 자가 복이 있다"고 외치던 스승의 몰골이 아니었다. "부요한 자는 화가 있으리라"고 당당하게 외쳤던 선지자 예수는 더 더욱 아니었다. 그는 다만 초라한 예수였다. 예수의 정적들이 그토록 문제 삼았던 초라한 출신 성분을 가진 예수였다. 전에 예수를 실제로 보진 못했지만, 예수가 질질 끌려 다니던 그날 예수의 모습을 보았던 사람들은 실망을 금치 못했으리라.

예수에 대한 환상, 말하자면 로마 콤플렉스와 주류 콤플렉스로 인해 도피처가 되어 주었던 메시아 예수는 이제 없다. 자신들의 눈앞에 자신들의 희망이 힘없이 널브러져 있다. 그들은 또다시 로마의 벽에 부딪쳐 또 한 명의 메시아—메시아였으면 했던—를 짓밟고 있었다. 이런 무기력한 상황은 군중들을 분노로 이끌었을 수도 있다. 아니 비참함으로 이끌었을 수도 있다. 무릎 꿇은 예수를 통해 로마 앞에 무릎 꿇은 이스라엘을 보았고, 권력 앞에 무기력한 자신들을 보았으리라. 그들이 미워하며 멸시한 것은 예수가 아니라 사실 자신들이었다.

종교 지도자들은 '나쁜' 사람들이었을까

뿐만 아니라 예수를 죽이려고 안간힘을 쓰던 당시 종교 지도자들조차 나쁜 사람들이 아니라는 주장도 있다. "간단히 말해 예수가 죽어 마땅하다고 결정했던 사람들이 반드시 '나쁜' 사람이었던 것은 아니다. 역사적으로 예수의 적대자들은 우리나 우리 시대의 사람들과 아주 비슷하다. 자기가 보는 관점에 따라 그리고 자기가 믿는 바에 따라 자기가 할 수 있는 최선을 다하려 한다는 점에서 말이다"[13]라는 마커스 보그의 말을 보라. 예수의 정적들 입장에선 오히

---

13) 마커스 보그, 앞의 책, 250쪽.

려 예수가 '나쁜 사람'이었다. 그들 입장에선 사회를 어지럽게 하고, 무리를 짓고, 예수파와 반대파를 형성하는 아주 질 나쁜 사람이 예수였다. 세상은 항상 양면이 있지 않던가.

이때 종교 지도자들의 심리는 어땠을까. 사실 그들이라고 로마 콤플렉스가 없었을까. 그들이 현실적인 이유로 로마 권력을 승인하고 빌붙어 살지만, 그것은 못내 불편한 일이었다. 자신들의 권력을 맘껏 휘두르기보다 항상 로마의 눈치를 봐야 했다. 자신들의 공권력을 행사하는 데에도 로마의 승인이 필요했다. 자신들의 권력은 항상 로마로부터 나온다는 사실이 항상 콤플렉스로 작용했으리라. 엄연히 자신들은 신의 백성이며, 아브라함과 다윗의 후예들인데 말이다. 로마의 굴레에서 벗어나고도 싶고, 한편으로는 그들의 권력을 이용하고도 싶었을 게다. 복잡 미묘한 권력 역학의 중심에 로마가 있었다. 로마는 적어도 그들에게 '뜨거운 감자'였다.

이런 그들이 로마의 권력에게 예수를 넘기려 했다. 예수를 데리고 빌라도에게 가던 종교 지도자들은 씁쓸했으리라. 자신들의 권력을 행사하는 것조차 외부 세력에게 승인받아야 하는 이런 상황들이 싫었다. 그러면서도 승인받을 수밖에 없는 현실을 담담히 받아들였다. 또한 권력 행사 승인을 받아서 새로 부각된 자신들의 정적 예수를 처형할 수 있다는 기대감도 마음 한쪽에 있었으리라. 어쨌든 그들에겐 군중들이 뒤따랐던 예수도 정적이었지만, 로마의 권력을 실제로 행사하던 빌라도 또한 강력한 정적이었다. 정적을 치기 위해 또 다른 정적을 이용하는 그들의 심리는 아주 복잡할 수밖에 없었으리라.

예수는 오히려 편안했다

예수는 시종일관 말이 없었다. 빌라도의 법정에서 "네가 유대인의 왕이냐"고 물었을 때, "그렇다"라고 체념하듯 말한 것 외에는. 예수 입장에선 이래도 저래도 살아날 길이 없음을 직감했다. 예수 입장에선 메시아 콤플렉스, 주류 콤플렉스, 로마 콤플렉스에 시달리는 군중들이 그저 안타까울 뿐이었다. 또한 그 콤플렉스를 가지고 있으면서도 아닌 척하는 종교 지도자들이 안쓰러울 뿐이었다. 이제 더 이상 그들에게 신의 나라에 대해서 이야기하고 싶지도 않고, 군이 변명도 하고 싶지 않았다. 예수 자신이 자신의 콤플렉스를 나름대로 극복하고 다다른 세상이었지만, 이제 군중들에게 씨알도 먹히지 않을 상황이라고 판단했다.

어쩌면 예수 자신에겐 이 순간이 자신의 콤플렉스와 온전히 화해하는 시간일지도 모른다. 예수가 가졌던 주류 콤플렉스가 이 순간만큼은 문제되지 않았다. 그저 담담히 현실을 받아들이며, 군이 변명하지 않으려는 그의 모습이 이를 말해 준다. 성전에서 장사하던 사람들의 상을 엎어 버리던 예수가 더 이상 아니다. 기득권층을 향해서 "화가 있으리라. 뱀의 자식들아"라고 외치던 의혈남아는 더 이상 없다. 군이 종교 지도자들 앞에서 안식일을 어겨 가며 병을 고쳐 주던 객기는 사라졌다. 그는 그렇게 담담하게 자신의 운명을 받아들였다. 그는 그렇게 담담하게 자신의 콤플렉스를 있는 그대로 인정하고 있었다.

예수의 최후의 부활

예수를 죽이려던 무리들이 한바탕 벌였던 광란의 밤은 지나갔다. 빌라도의 판결이 확정되는 순간에 말이다. "이에 바라바는 그들에게 놓아 주고 예수는 채찍질하고 십자가에 못 박히게 넘겨주니라"(「마태복음」 27:26)고 처벌은 집행되었다. 복음서에 의하면 그토록 빌라도는 예수를 살리려고 했고, 그토록 군중과 종교 권력자들은 예수를 죽이고 싶어 했다. 실로 여론과 군중의 승리였다. 이제 사형만 집행하면 되었다.

예수의 십자가 행보

형이 확정되던 순간에 군중들의 마음은 어땠을까. 종교 지도자들의 마음은 또 어땠을까. 그들은 기뻤을까. 후련했을까. 모르긴 해도 허전했으리라. 뭔가 홀린 듯이 예수를 죽이라고 했지만, 막상 예수의 사형이 결정되고 나니 허무함이 한없이 밀려왔으리라. 그토록 그들이 싫어하던 로마의 권력 앞에 예수도 그들도 모두 무릎 꿇은 결과이기 때문이다. 적어도 겉으로 보기엔 그렇다.

군중들의 눈앞에 예수는 초라했다. "그의 옷을 벗기고 홍포를 입히며 가시관을 엮어 그 머리에 씌우고 갈대를 그 오른손에 들리고 그 앞에서 무릎을 꿇고 희롱하여 이르되 유대인의 왕이여 평안할지어다 하며"(「마태복음」 27:28~29) 로마 병정들이 놀려 대는 것을 보니 연민의 정이 밀려왔을 게다. 이리저리 희롱당하는 예수를 보면서 마치 자신들과 자신들의 조상이 로마에게 희롱당하는 것처럼 느꼈을 게다. '유대인의 왕'이라 불리는 청년이 힘없이 유린당하는 모습은 군중들로 하여금 한없는 좌절감에 빠지게 했다. 자신들을 해방시켜 줄지도 모른다는 희망은 이미 물거품처럼 산산조각이 난 지 오래다. 그렇다. 지금 그들의 왕이 로마 병정에게 무참히 짓밟히고 있는 셈이다.

지금 로마 병정들은 예수의 메시아 콤플렉스를 자극했지만, 예수에겐 더 이상 문제가 되지 않았다. "그에게 침 뱉고 갈대를 빼앗아 그의 머리를 치더라"(「마태복음」 27:30)는 모욕과 "희롱을 다한 후 홍포를 벗기고 도로 그의 옷을 입혀 십자가에 못 박으려고 끌고 나가니라"(「마태복음」 27:31)는 강압에도 예수는 그저 묵묵히 따랐다.

많은 사람들은 예수가 직접 골고다 언덕까지 십자가를 지고 간 것으로 알고 있다. 영화의 극적 리얼리티를 위해서도 영화조차 예수가 직접 십자가를 지고 골고다 언덕을 힘겹게 올라가는 장면으로 묘사한다. 하지만 복음서들을 보면 "그들이 예수를 끌고 갈 때에 시몬이라는 구레네 사람이 시골에서 오는 것을 붙들어 그에게 십자가를 지워 예수를 따르게 하더라"(「누가복음」 23:26)고 기록되어 있다. 초반엔 예수가 십자가를 짊어졌지만, 얼마 있지 않아 구레네 사람 시몬이 십자가를 대신 지고 따라갔다. 정황으로 봐서는 억지로 붙들려 강제로 십자가를 지고 간 것으로 보인다. 시몬은 도대체 무슨 잘못일까. 시몬 입장에선 '재수 옴 붙은' 상황이다.

이때 "또 백성과 및 그를 위하여 가슴을 치며 슬피 우는 여자의 큰 무리가 따라오는지라"(「누가복음」 23:27)는 모습은 한 편의 영화다. 누가의 기록에 의하면 구경 나온 많은 백성들이 예수를 보고 있었다. "백성과 및"이라는 누가의 표현은 마치 구경 나온 평범한 백성과 예수를 위하여 가슴을 치며 우는 백성을 구분하는 듯 보인다. 하여튼 가슴을 치고 울며 따르던 큰 무리는 여성들이었다. 당연하다. 예수의 어머니 같은 가련한 여성들을 위로하고 희망을 줬던 예수가 아니었던가. 누구보다 아웃캐스트, 즉 여성들을 사랑했던 예수가 아니었던가.

드디어 예수가 십자가 위에 우뚝 섰다. "예수를 십자가에 못 박고 두 행악자도 그렇게 하니 하나는 우편에, 하나는 좌편에 있더라"(「누가복음」 23:33)는 구절대로 행악자도 예수와 함께 다른 십자가에 우뚝 섰다. 「마태복음」에 따르면 그들은 강도들이었다. 그들 또한 그 사회로부터 버림받은 존재들이었다. 사실 누군들 처음부터 강도짓을 하고 싶었을까. 사회의 부조리와 로마의 압제로부터 시달리다 궁지에 몰려 그랬을 가능성이 크다. 그들의 범죄는 엄연히 처벌받아야 하지만, 그들의 존재는 긍휼히 여김을 받아야 마땅했다. 그들 또한 예수가 그토록 사랑하던 아웃캐스트였다. 예수는 죽음의 순간까지도 아웃캐스트와 함께 했다. 사실은 소외되고 거부당한 자신의 콤플렉스와 함께했다.

예수의 처형 사건은 정치적 사건

이쯤하고 숨을 고르기 위해서 예수의 죽음의 의미를 되짚어 보자. 예수의 죽음을 보수적인 기독교 시각에서야 당연히 인류 구원을 위한 대속의 사건이요, 신의 아들이 십자가에서 피 흘린 희생의 사건이라고 볼 것이다. 그것은 예수를 메시아이며, 구원자라고 설정해 놓은 매뉴얼에 따라 보는 시각이다. 그것은 틀리지도 바르지도 않은, 단지 기독교적일 뿐이다.

하지만, 여기서 우리는 좀 더 객관적으로 예수의 죽음을 바라보자. 김규항은 그의 책 『예수전』에서 "예수가 어떤 사람이었는가에 대한 해석이나 의견은 매우 다양하다. 사랑과 용서의 결정체, 영성가, 비폭력주의자, 하느님의 아들 등등. 그런 모든 해석이나 의견을 존중하더라도 절대 생략되어서는 안 되는 게 있다. 그것은 바로 예수가 지배 체제에 의해 사형 당했다는 사실이다. 예수와 관련한 모든 해석과 의견들은 예수가 왜 사형 당했는지를 설명할 수 있어야 한다"[14]고 주장하고 있다. 그렇다. 어떤 식으로 예수를 설명하든 복음서의 기록에 따르면 예수는 당시의 권력 놀이에서 희생당한 사람이었다. 권력가들의 입장에서 보면 예수는 '설치다가 죽었던 것'이다. 죽음을 자초한 돈키호테가 바로 예수였다.

신학자 마커스 보그도 그에 대해 한마디 거든다. "처형 방식과 십자가에 걸린 명패―유대인의 왕, 즉 가이사에 대항하는 왕―는 그가 대역죄 혹은 반란 죄목으로 빌라도에 의해 사형 선고를 받았으며 로마인들에 의해 처형되었음을 가리키고 있다. 역사적 예수에 관해 무엇보다도 분명한 사실은 그가 정치적 반역자로서 처형당했다는 사실이다"[15]라고. 예수의 죽음은 철저히 정치적 사건이었다는 것이다. 예수의 죄목은 십자가 꼭대기에 쓰인 대로 '유대인의 왕'이었다. 예수가 유대인의 왕을 자처했고, 군중들도 그를 유대인의 왕이라고 떠받들었던 결과물이다.

"예수는 왜 죽임을 당했을까? 이러한 질문에 대한 법률적인 해답은 분명하다. 그의 죄목은 그를 죽음으로 이끈 형틀에 명시되어 있다. '유대인의 왕.' 예수를 처형할 수 있는 권한을 가진 유일한 인물이었던 본디오 빌라도는 그의 정치적 정체성에 초점을 맞추었다. '네가 유대인의 왕이냐?' 이것이 바로 네 개의 복음서에서 한결같이, 똑같은 그리스어로 빌라도가 던진 질문이었다. 그것만이 빌라도의 유일한 관심거리였

---

14) 김규항, 앞의 책, 255쪽.
15) 마커스 보그, 앞의 책, 244쪽.

다"라고 게리 윌스는 앞의 견해에 쐐기를 박는다. "예수는 스스로 유대인의 왕이라는 것을 부인하지 않는다. 세 개의 공관 복음서에서 한결같이, 빌라도가 유대인의 왕인지 물었을 때, 예수는 '당신이 그렇게 말하였소'라고 대답한다. 그것은 하나님 나라를 전하는 그의 메시아적인 직위이다. 하지만 로마―혹은 그 외―의 통치권과 대등하게 맞서거나 함께 분류될 수 있는 직위는 아니다. 빌라도는 그것을 몰랐거나 혹은 알고 싶어 하지 않았던 것이다. 그의 시각으로는 종교적 왕권도 여전히 왕권인 것이다. 혹은 더 나쁜 것일 수도 있는 것이다"[16]라고 게리 윌스는 당시 예수의 죽음 상황을 설명한다.

예수의 십자가의 칠언

다시 십자가 현장으로 돌아와 보자. 예수가 십자가상에서 했다던 이른바 '가상 칠언'을 살펴볼 필요가 있다. 예수가 죽음의 순간에 한 일곱 마디 말을 따라 예수의 심리 흐름을 살펴볼 필요가 있다.

첫째, "아버지여 저희를 사하여 주옵소서!"(「누가복음」 23:34)다. 죽음의 순간에 아버지인 신에게 자신을 해코지하고 죽음으로 내몰았던 군중과 권력자들 모두를 용서하고 있다. 사실 이 문제는 벌써 겟세마네 동산에서 해결을 본 것이다. 자신의 콤플렉스와 화해하고 '쇼부'를 본 예수에겐 어쩌면 그들을 용서하는 것은 쉬운 일이었으리라. 사실 예수 자신을 용서하기가 어려웠을 테니.

---

16) 게리 윌스, 앞의 책, 178~179쪽.

둘째, "내가 진실로 네게 이르노니 오늘 네가 나와 함께 낙원에 있으리라"(「누가복음」 23:43)다. 이 부분이 마치 기독교인이 믿는 것처럼 예수가 천국의 주인이고, 죽고 나면 바로 강도들과 천국에 간다는 말일까. "참된 삶은 세계에 대한 인간의 관계이다. 생명의 진행은 새롭고 보다 높은 관계의 건설이고 따라서 죽음은 이 새로운 관계로 들어가는 입구이다"[17]라는 톨스토이의 말은 예수가 지금 어떤 선언을 하는지 알 수 있는 대목이다. 예수는 지금 자신의 죽음을 통해 영원한 세계정신으로 거듭나고 있는 중이다. 옆에서 함께 죽어 가던 강도들과 '새롭고 보다 높은 관계'를 건설하고 있는 중이다.

셋째, "여자여 보소서 아들이니이다"(「요한복음」 19:26~27)다. 자신의 어머니를 다시 한 번 보고 있다. 자신을 이 세상에 있게 한 근본으로서의 어머니다. 또한 자신의 콤플렉스의 근원지이기도 하다. 그녀가 없었다면 자신도 없었거니와 자신의 콤플렉스도 없었을 테니. 예수의 인생 내내 '소외된 자에 대한 사랑'의 에너지의 원천은 바로 어머니에 대한 연민의 콤플렉스였고, 나아가서 어머니의 무조건적인 사랑이었다. 그것은 곧바로 자신의 어머니를 닮은 신을 창조하고, 동일시하고, 투사하는 데 이르렀다. 죽음의 순간에 어머니를 생각하는 것은 예수에게 지극히 당연한 일이었다.

넷째, "엘리 엘리 라마 사박다니"(「마태복음」 27:46)다. 번역하면 "나의 하나님 나의 하나님 어찌하여 나를 버리셨나이까?", 예수의 고난과 죽음 자체보다 더 고통스러웠던 예수의 절규다. 사실 겟세마네 동산에

---

17) 톨스토이, 지경자 옮김, 『톨스토이의 인생론』(홍신문화사, 1987).

서 이미 이 사안을 두고 땀을 피처럼 흘리면서 신과 한판을 벌였다. 아니 자신과 한판을 벌였다. 하지만, 마지막 순간에 한 번 더 외치는 것은 일종의 퍼포먼스다. 생각보다 컸던 육체의 고통 앞에서 자신이 처한 지금의 고통을 절감하는 자의 외침이다. 자신의 죽음보다 더 두려웠던 버림받는 순간, 소외되는 순간, 거부당하는 순간에 대한 강렬한 외침이라고 할 수 있다.

다섯째, "내가 목마르다"(「요한복음」 19:28)다. 피를 쏟고 쏟았으니 목이 마를 수밖에. 피가 흐를 때 몸에 있는 수분까지 모두 흐른다는 것은 상식이다. 예수가 당한 육체적 고통이 얼마나 극심했는지 알 수 있다. 아무리 고상한 명분으로 예수의 죽음을 포장한다 하더라도, 예수 자신에겐 여전히 당하고 싶지 않은 고통의 순간일 뿐인 것이다.

여섯째, "다 이루었다"(「요한복음」 19:30)다. 참으로 대단하다. 최후의 순간에 이런 선언을 하다니. 그래서 사람들은 그를 성인, 즉 다 이룬 인간이라고 할까. 세상에 태어나서 최후의 순간에 이런 선언을 할 사람이 도대체 몇이나 될까. 그런데 도대체 예수는 무엇을 다 이루었단 말인가. 콤플렉스 차원에서 보면 '자신의 콤플렉스와의 화해'를 완전히 이루었다고 볼 수 있다. 카를 융이 말한 것처럼 '대극의 통합, 대극의 화해'를 이룬 것이다. 종교 체험을 할 때 그러한 맛을 살짝 본 예수는 이제 최후의 순간에 '대극의 통합'의 피날레를 장식하고 있는 것이다.

일곱째, "내 영혼을 아버지 손에 부탁하나이다"(「누가복음」 23:46)다. 예수는 진정 신과 화해했다. 자신의 영혼을 그에게 수납했다. 바꿔 말하면 자신 또한 신을 수납한 것이다. 이것은 심리적으로 자신을 있는 그대로 받아들이는 완성의 지점이다. 불교식으로 말하면 해탈이요 열반이다. 모든 것을 하늘에 맡기겠다는 장엄한 선언이기도 하다.

예수의 죽음과 부활은 예수의 길

그렇다면 예수는 왜 십자가의 죽음을 선택했는지 심리적인 의미로 살펴보자. 우리의 의문을 해결하는 고리로 "십자가의 예수는 자신의 방식으로 고통을 받고, 십자가 아래 여성들은 그들 나름의 고통을 받는다"[18]는 로버트 A. 존슨의 말을 사용하고자 한다. 그렇다. 예수는 자신의 방식으로 고통을 받은 것이다. 그것은 자신의 콤플렉스와 상처를 쓰다듬으며 예수가 선택한 길과 방식으로 가고 있는 것이다. 바꿔 말하면 예수는 충분히 십자가 처형을 당하지 않을 수 있었다. 그가 당시의 권력에 도전하지 않았더라면, 성전에서 '깽판'을 치지만 않았더라면, 안식일에 병자를 고치는 의료 행위만 안 했더라면, 자신을 들어 신의 아들이라고 선언만 하지 않았더라면 말이다. 하지만 예수의 운명은, 더 적합하게 표현하자면 예수의 콤플렉스는 십자가를 선택했다. 그러한 최후를 불러들였다. 사실 그것이 예수의 길이고 운명이었다. 그 누구도 대신 가 줄 수도 없고, 감히 엄두도 낼 수 없는 예수만의 길이었다.

그런 면에서 예수가 말한 "내가 곧 길이요 진리요 생명이다"란 말은 진실이다. 그렇다고 하면 로버트 A. 존슨의 말대로 십자가 아래 여성들도 나름의 고통을 받으며, 자신들만의 길을 가고 있는 것이다. 예수가 자신의 길을 가면서 "내가 곧 길이요 진리요 생명이다"라고 한 것처럼 십자가 아래 여성들도 그렇게 선언할 수 있다. 왜냐하면 십자가 아래 그녀들도 그녀들만의 길을 가고 있기 때문이다. 예수가 선언한 진실은

---

18) 로버트 A. 존슨, 고혜경 옮김, 『신화로 읽은 여성성』(동연, 2006), 86쪽.

사실 인류 모두에게 해당한다 할 것이다. 우리 중 누군가가 오롯이 자신만의 길을 가는 사람이 있다면 바로 그는 자신에게 길이요 진리요 생명인 것이다. 기독교도들이 그토록 말하는 '예수를 따라간다'는 것은 바로 이런 의미이리라.

예수는 지금 소위 '승화'라는 방어기제를 훌륭하게 치러 내고 있다. "본능적 욕구나 참아 내기 어려운 충동 에너지를 사회적으로 용납되는 형태로 돌려쓰는 방어기제이다"라는 승화가 지금 예수에게 이르고야 말았다.

이 승화는 예수의 죽음 이후 부활이라고 하는 열매로 맺어졌다. 여기서 예수의 부활이 육체적 부활이냐 아니냐를 두고 논하는 것은 무의미하다. 톨스토이가 말한 대로 예수는 '새롭고 보다 높은 관계'로 승화되었다. 예수는 죽고 난 다음에 부활한 것이 아니라 심리적이고 정신적인 차원에서는 이미 최후의 순간에 부활은 시작되었다.

부활의 아침에 "안식일이 다 지나고 안식 후 첫날이 되려는 새벽에 막달라 마리아와 다른 마리아가 무덤을 보려고 갔더니"(「마태복음」 28:1)라는 사건은 이미 예고되었다. 그녀들은 그 시대에서 최고 '밑바닥'들이었다. 여성이라는 것, 창녀 출신이라는 것 등이 바로 그것이다. 그녀들은 예수가 가장 사랑한 여성들이었다. 예수의 상처를 보상 심리라는 것으로 만족하게 하기엔 그녀들만큼 좋은 사람들이 없었다. 그녀들은 예수에게 어머니적이었고, 신적이었고, 이상적이었다.

이렇듯 여성 제자들은 무덤으로 뛰어갔지만, 남성 제자들은 숨어 있었다. 그렇기에 부활 이후 예수의 행보는 오히려 바빴다. 두려움과 슬픔에 떨고 있는 제자들을 일일이 만나서 위로하고 힘을 주고, 또다시 사명을 주느라고 말이다. 예수가 살아생전 했던 제자 양육보다 죽어서 부활한 이후 했던 제자 양육이 훨씬 효과적이고, 효율적이었다는 것은 참으로 아이러니한 일이다.

어쨌든, 사생아 구설수에 시달렸던 갈릴리 나사렛의 목수 요셉의 아들 예수는, 이제 콤플렉스와 화해한 열반의 예수, 해탈의 예수로 부활하고 있다. 그래서 그는 바야흐로 세계정신으로 우뚝 서고 있었다. 십자가에서 우뚝 선 것처럼.

참고 문헌

가와이 하야오, 햇살과나무꾼 옮김, 『어린이 책을 읽는다』(비룡소, 2006)

가와키타 요시노리, 김석희 옮김, 『아들은 아버지의 뒷모습을 보고 배운다』(작가정신, 2009)

게리 윌스, 권혁 옮김, 『예수는 그렇게 말하지 않았다』(돈을새김, 2007)

권삼윤, 『자존심의 문명 이슬람의 힘』(동아일보사, 2001)

권수영, 『프로이트와 종교』(살림, 2005)

권영흠 옮김, 『토마에 의한 복음서』(스틸로그라프, 2005)

김규항, 『예수전』(돌베개, 2009)

김명수, 『안병무』(살림, 2006)

김용옥, 『기독교 성서의 이해』(통나무, 2007)

김정훈, 『역사서』(바오로딸, 2007)

나종근 엮음, 『무함마드』(시공사, 2003)

닐 도널드 월쉬, 조경숙 옮김, 『신과 나눈 이야기』(아름드리미디어, 1997)

W. 휴 미실다인, 이석규 옮김, 『몸에 밴 어린 시절』(가톨릭출판사, 2005)

W. B. 클리프트, 이기춘 옮김, 『융의 심리학과 기독교』(대한기독교출판사, 1984)

로버트 A. 존슨, 고혜경 옮김, 『당신의 그림자가 울고 있다』(에코의서재, 2007)

로버트 A. 존슨, 고혜경 옮김, 『신화로 읽는 여성성』(동연, 2006)

마광수, 『마광쉬즘』(인물과사상사, 2006)

마커스 보그, 김기석 옮김, 『예수 새로 보기』(한국신학연구소, 1997)

마크 W. 베이커, 이창식 옮김, 『심리학자 예수』(세종서적, 2002)

매튜 맥케이, 박애선 옮김, 『자신의 분노를 이기는 방법』(시그마프레스, 2004)

멀린 스톤, 정영목 옮김, 『하느님이 여자였던 시절』(뿌리와이파리, 2005)

메리 노튼, 손영미 옮김, 『마루 밑 바로우어즈』(시공주니어, 2002)

민희식, 「예수는 한때 불교 고승이었다」, 『주간중앙』 1986년 10월 26일

민희식, 『법화경과 신약 성서』(불일출판사, 1995)

박노자, 『박노자의 만감일기』(인물과사상사, 2008)

박승숙 외, 『나는 그림으로 아이와 대화한다』(인물과사상사, 2007)

박종수, 『융 심리학과 성서적 상담』(학지사, 2009)

박찬국, 『에리히 프롬과의 대화』(철학과현실사, 2001)

반영억, 『사랑합니다』(성바오로, 2009)

베레나 카스트, 이수영 옮김, 『나를 창조하는 콤플렉스』(푸르메, 2007)

송기원, 『인도로 간 예수』(창작과비평사, 1995)

송상호, 『모든 종교는 구라다』(자리, 2009)

송상호, 『문명 패러독스』(인물과사상사, 2008)

알렉산더 히슬롭, 안티오크 번역실 옮김, 『두 개의 바빌론』(안티오크, 1997)

앤 라이스, 김혜림 옮김, 『뱀파이어와의 인터뷰』(황매, 2009)

앤 라이스, 이미선 옮김, 『어린 예수』(비채, 2007)

앤 배리 율라노프, 이재훈 옮김, 『종교와 무의식』(한국심리치료연구소, 1996)

앨벗 놀런, 정한교 옮김, 『그리스도교 이전의 예수』(분도출판사, 1994)

에드워드 윌슨, 이한음 옮김, 『인간 본성에 대하여』(사이언스북스, 2000)

에리히 프롬, 문국주 옮김, 『불복종에 관하여』(범우사, 1996)

에리히 프롬, 김형익 옮김, 『건전한 사회』(범우사, 1990)

에리히 프롬, 박민경 옮김, 『사랑의 기술』(선비, 1990)

에리히 프롬, 이상두 옮김, 『자유에서의 도피』(범우사, 1990)

에크하르트 톨레, 노혜숙 옮김, 『지금 이 순간을 살아라』(양문, 2008)

엘리자베스 클레어, 김영환 옮김, 『불제자였던 예수』(나무, 1987)

엘리자베스 C. 프로페트, 황보석 옮김, 『예수의 잃어버린 세월』(동국출판사, 1987)

M. 스캇 펙, 손홍기 옮김, 『아직도 가야 할 길 그리고 저 너머에』(열음사, 2004)

요아힘 예레미아스, 한국신학연구소 번역실 옮김, 『예수 시대의 예루살렘』(한국신학연구소, 1988)

윌리스 반스토운, 이동진 옮김, 『숨겨진 성서 1~3』(문학수첩, 1994)

윌리엄 E. 핍스, 신은희 옮김, 『예수의 섹슈얼리티』(이룸, 2006)

유재덕, 『성경 밖에서 만나는 재미있는 성경 이야기』(호산, 2004)

윤석산, 『동학교조 수운 최제우』(모시는사람들, 2004)

윤청광, 『불경과 성경 왜 이렇게 같을까』(서울출판미디어, 1998)

이드, 『예수 평전』(종교와비평, 2007)

이요엘, 『고고학자들의 카리스마를 클릭하라』(평단문화사, 2003)

이주향, 『이주향의 치유하는 책읽기』(북섬, 2007)

잭 도미니언, 염동철 옮김, 『인간 예수』(NUN, 2009)

J. 모러스, 박웅희 옮김, 『콤플렉스, 걸림돌인가 디딤돌인가』(성바오로, 1997)

제임스 패커, 노광우 옮김, 『성서 시대의 일상생활』(성광문화사, 1992)

제임스 프리만, 남송현 옮김, 『성경 속의 생활풍속 따라잡기』(아가페출판사, 1997)

조철수, 『예수 평전』(김영사, 2010)

존 드레인, 이중수 옮김, 『예수와 4복음서』(두란노서원, 1984)

지그문트 프로이트, 이윤기 옮김, 『종교의 기원』(열린책들, 2004)

최명덕, 『유대인 이야기』(두란노서원, 1997)

콜린 윌슨, 이성규 옮김, 『아웃사이더』(범우사, 1989)

크리슈나무르티, 권동수 옮김, 『자기로부터의 혁명』(범우사, 1999)

톨스토이, 지경자 옮김, 『톨스토이의 인생론』(홍신문화사, 1987)

틱낫한, 류시화 옮김, 『틱낫한의 평화로움』(열림원, 2002)

폴 투르니에, 정동섭 옮김, 『강자와 약자』(한국기독학생회출판부, 2000)

폴 틸리히, 강원룡 옮김, 『새로운 존재』(대한기독교서회, 1990)

하루야마 시게오, 반광식 옮김, 『뇌내혁명』(사람과책, 1996)

한국일어일문학회, 『모노가타리에서 하이쿠까지』(글로세움, 2003)